新版 子どもの教育の歴史
その生活と社会背景をみつめて

江藤恭二
―――
監修

篠田　弘
鈴木正幸
加藤詔士
吉川卓治
編

名古屋大学出版会

まえがき

　今から4半世紀も前に，私は編者の一人として『子どもの生活と教育の歴史』(川島書店，1966年) という著作を公にしたことがある。それはテキストをめざした総勢21名から成る共同著作であり，若手研究者の仕事として未熟な点も多く含まれていたが，比較的好評裡に世に迎えられ，数次の版を重ねた。その「まえがき」で，私は「…現代社会において子どもは真に守られているであろうか。…社会における子どもの育成・擁護は未だ不充分としか思われない。…現代の教育研究は，テクノロジーの発達と国際的視野の拡大とによるめざましい〈教育爆発〉の時代のかげにおかれている疎外された子どもたちの生活と教育とを真摯にとりあげなければなるまい。」と述べ，従来，偉大な教育思想家・実践家や教育制度改革のかげにおかれがちであった子どもの姿を教育史の主軸に据えて，まさに「子どもによって充たされた教育史」の叙述をめざそうとしたものであった。しかし，その志向や意図に比べて実質が充分に伴わなかったことをあらためて今認めざるをえない。

　その後25年の歳月の間に，わが国で子どもの教育や習俗をめぐる社会史的アプローチが積極的に展開されてきたことは周知の通りである。その展開過程にあたって，フィリップ・アリエス (Philippe Ariès) の *L'Enfant et la vie familiale sous l'Ancien Régime*, Plon, 1960 (訳書名『〈子供〉の誕生――アンシャン・レジーム期の子供と家族生活――』杉山光信・杉山恵美子訳，みすず書房，1980年) の公刊・普及などが強力な導火線になっているように思われる。その後同じアリエスの『〈教育〉の誕生』(中内敏夫等共編訳，新評論，1983年) が世に出，さらに中内氏を中心に『叢書・産育と教育の社会史』(全5巻，新評論，1983〜85年) 等々が相次いで刊行され，子どもの教育史への社会史的・構造史的アプローチの可能性が切り拓かれつつある。

　本書は名古屋大学教育史研究会のメンバー32名による共同著作であり，最近の研究成果を視野に入れながら，子どもの教育の歴史をその社会背景と生活

実態に目配りしつつ概観したものである。25年以前の著作のさいの共同執筆者のうち7名が本書の執筆に参加しているが，本書の内容はその構成や叙述形式において想を全く新たにして取り組んだものといえよう。

　あらためて述べるまでもないが，ヨーロッパに成立した近代歴史学・歴史叙述は，一般に市民社会や国民国家の生成発展の跡をたどり，その発展に寄与した歴史諸事象（人物や事件）を一定の時間的系列の中に配置するというパターンを示してきた。その典型的なものは，過去から未来へ進むにつれて世界がより開明的なものになっていくという，18世紀のコンドルセなどに代表されるいわゆる「進歩史観」であろう。しかし，このような歴史の捉えかたのみでは歴史叙述は次第に色褪せていかざるをえないであろう。そこであらたに，直線的で表層的な時間意識による歴史の捉えかたに代って，質的・心性的要素を孕んだ時間，または回帰的・円環的な時間意識による歴史叙述が登場してきている。これまでの教育史研究は，思想史とか制度史によるアプローチが主流をなしてきたが，これからはさまざまな史的局面における個人・集団・世代のライフ・キャリアの再編成と分析に，より力を注ぐことが重要な課題になるであろう。さらに，国際化社会の急激な進行のなかで，世界全体の歴史を構造的に捉えるためには，西欧本位の単一的時間のみで歴史叙述に臨むわけにはいかず，対象への視野の拡大と深化が望まれるのである。

　かといって，本書が上述のような歴史把握のための問題意識を叙述に適用しているとはいいがたい。歴史的時間の多層性やそれへの分析的視角を叙述に生かしていくためには，なお多くの資料の参看や歴史意識の錬磨が求められてこよう。そのため，本書においては子ども，ひいては若者の教育の歴史叙述をできる限り世界史的な視野の中で，社会背景や生活に着目しつつ試みているとはいえ，新しい統一的歴史観に立った意欲的叙述はさらに今後の継続的課題としなければならないであろう。

　本書は，編者の名古屋大学停年退官にさいしての記念出版の一環として企画されたものである。企画・編集にあたっては共編者の名古屋大学教授篠田弘，神戸大学教授鈴木正幸の両氏が指導性を発揮し，また編者の名古屋大学在職中に親しく交流のあった諸兄姉が協力して執筆を分担してくれている。出版に当

たって尽力された各位に心から感謝したい。子どもをめぐる教育史的探求の輪がますます拡がり，その歴史認識の眼がより構造的に深化していくことを期待しつつ，まえがきの筆を擱くことにする。

1991 年 10 月

編者を代表して　江藤　恭二

新版へのまえがき

　『子どもの教育の歴史―その生活と社会背景をみつめて―』も，1992年4月に初版を発行して以来，版を重ねること9刷にいたった。その間16年の歳月を経たことになり，執筆者たちの当時の所属も多く変動している。

　本書の執筆メンバーは，名古屋大学教育史研究会に属する者たちであるが，その後新メンバーも加わり，研究会事務局の体制も変わった。今回編集者を増やし，執筆者を数名加えていることは，このような変化に対応してのことである。

　本書刊行の趣旨については，旧版「まえがき」で詳しく述べているので，ここで繰返し述べることは控えたい。

　近来，教育改革や教育再生といった呼び声が為政者の側から声高に叫ばれている。それは時として「温故知新」の精神を忘れた性急な声として響いてくることが否めない。教育変革の機（とき）にこそ，先ず過去における教育の変遷，現在の問題状況に至る因由を鮮明にすることが肝要であろう。

　IT社会，国際化社会の急激な変化の渦中にあって，冷静に一歩退いて，子どもひいては若者の教育の歴史叙述を，社会背景と生活実態に即して問題史的にまとめ上げるのが本書の課題であることをあらためて確認したく思う。

　本書が子どもや若者の真に幸せな未来を願う各位の学習の一助になることを心より望みたい。

2008年1月

江藤　恭二

目　次

まえがき　i

外 国 編

第1章　中世から近代へ―資本主義成立以前― ……………2
1　子どもをとりまく社会の近代化　2
2　市民階級の子どもの生活の変化と教育思想　12
3　学校教育と子育ての実態　19
　　Column ①　古代ギリシャの教育　8

第2章　資本主義の成立・展開と子どもの生活 ……………30
1　イギリス　30
2　フランス　46
3　ドイツ　61
4　アメリカ　75
5　ロシア=ソビエト　93
6　中国　103
　　Column ②　パブリック・スクール　39
　　Column ③　点字の考案と視覚障害児教育の発展　51

第3章　現代の教育 ……………115
1　20世紀の世界と子ども　115
2　20世紀の子ども観と教育改革―近代教育思想の発展と動揺―　122
3　現代の育児と教育の実態　129
4　新時代の教育　139
　　Column ④　現代の教育改革　128

日 本 編

第1章　近代国家への歩みと生活・教育の動向 ……………152

1　近世の子ども　152
2　明治維新と近代学校の成立　161
3　文明開化と子どもの生活　172

  Column ⑤　家訓にみる子育て　158
  Column ⑥　女子教育―津田梅子の奮闘―　169
  Column ⑦　ある青年教師の明治維新　179

第2章　資本主義の成立・展開と生活・教育の変化 ……………182

1　天皇制国家体制の確立と展開　182
2　教育の制度と実態の展開　192
3　資本主義と子どもの生活・文化　203
4　戦時下の子どもの生活と教育　214

  Column ⑧　学歴社会の誕生　195
  Column ⑨　近代家族の登場と子育て　212

第3章　戦後復興と生活・教育の再出発 ……………224

1　新しい教育の理念と制度　224
2　新教育の実施　235
3　戦後の子どもの生活と文化　245

  Column ⑩　戦後の幼児教育　233

第4章　経済の成長・停滞と生活・教育の変容 ……………254

1　経済成長と教育　254
2　子どもの生活と教育の変化―高度成長から低成長の時代へ―　262
3　グローバリゼーションのなかの生活と教育　270

あとがき	295
年　　表	297
図表一覧	306
人名索引	308
事項索引	312
執筆者紹介	316

外 国 編

第1章

中世から近代へ
――資本主義成立以前――

1　子どもをとりまく社会の近代化

中世ヴェネツィアの少年の東洋への憧れ

　13世紀のヴェネツィアは，中世ヨーロッパではもっとも繁栄した都市であった。当時，南ロシアから中国にわたるモンゴル大帝国に派遣された教皇や君主の伝道使節がもち帰った無数の話が，市民の間で大変な関心をよんでいた。ここで育った少年マルコ・ポーロが，これらの話を熱心に聞き，南ロシアに商取引のために出かけたまま行方不明の父や叔父を思いながら，ますますモンゴル大帝国への憧れをかきたてられたのも当然といえるだろう。彼が15歳になった1269年に父たちは9年ぶりに帰国した。以後彼が彼らの東洋での体験談をあまりに喜んで聞き入るので，1271年に再度出発するおりには，彼らはマルコ少年を連れていくことにした。

　マルコら3人が中国で，第5代の汗（王）位を継ぎ東アジアを支配したフビライ汗に拝謁したのは1275年であった。マルコは，その後中国に滞在し，フビライ汗の寵臣として17年間仕えた。マルコ・ポーロ『東方見聞録』は，東洋での経験を聞くために彼のもとに殺到するイタリアの人々に応えるために書かれたものである。このなかで，マルコは，驚嘆の言葉で諸都市の繁栄，とくに南宋の首都となって以来非常に栄えていたキンサイ（杭州），その町・施設・市民のすべてについて語っている。

1 子どもをとりまく社会の近代化

「キンサイは世界中でもっとも大きな都市である。……ここはまたもっとも高貴な都市で，もっとも優れた商品を取り引きする都市だ……」と，マルコ・ポーロと同様な賛辞を中国旅行記のなかに書きとどめたのは，同時代人，イタリアの修道士オドリーコ・デ・ポルデノーネである。さらに，彼は「私は毎日あの国に帰りたいと思っている」と記し，東洋への断ちがたい憧憬を表現した。

このような13世紀のヨーロッパ人のいくつかの中国旅行記にみられる賛辞や憧憬は，中世のアジア大帝国や中国の文化がヨーロッパより進んでいたことを示すものである。しかし，イエズス会の宣教師マテオ・リッチ（中国名は利瑪竇）が17世紀初頭に中国を訪れたときには，彼は，中国やイスラムの科学の輸入によってヨーロッパで発達した諸科学・技術を，中国に伝授することができたのである。彼が中国からヨーロッパに伝えたことは，世界最古の試験制度である「科挙制度」についてであった。18世紀末には，アジア大帝国（イスラム諸帝国と中国の清帝国）時代は終わりに向かい，イギリスを先頭とするヨーロッパのアジア・アフリカへの侵略が激しくなる。この時期以降に，世界資本主義の成立と世界の歴史的な一体化が進む契機となる「ヨーロッパの時

図1-1 マテオ・リッチと徐光啓

マテオ・リッチ（左）は，1601年北京に居住を許され，中国の伝統を重視しつつ布教活動を行い，官僚で学者でもあった徐光啓らを改宗させた。徐光啓は，マテオ・リッチから西洋の学問を学び，エウクリデスの『幾何原本』などを翻訳した（パリ国立図書館蔵）。(『朝日百科世界の歴史76 17世紀の世界1』1990年)

代」が始まるのである。このヨーロッパを中心とした世界の近代化は，なぜ生じえたのであろうか。ここでは，中国やイスラム社会と比べて遅れていた中世ヨーロッパの社会と教育が，どのように近代化されていったかみてみよう。

「東洋ルネサンス」の西欧への影響

　ヨーロッパをはじめとする世界の大勢は，中世から 18 世紀末にいたる時代には，騎馬民族やイスラム勢力，特にトルコ族やモンゴル族，漢民族，満州族などのアジア大帝国から多大の影響をこうむった。とくに注目しなければならないものは，中国の宋の時代（960〜1279 年）の三大発明（活字印刷術・火薬・羅針盤）である。これは，それより 3 世紀後の「西欧ルネサンス」にインパクトを与えたといわれる画期的なものであった。そのため，宋代は，東洋史研究者によって「東洋のルネサンス」あるいは「宋ルネサンス」と呼ばれている。この背景には，君主独裁体制のもとで農業・手工業が推進されて多くの産物が取り引きされるようになった結果，キンサイ（杭州）をはじめとする商業都市が繁栄し文化が栄えるという状況があった。

　宋の三大発明は，まず，商人によって，アジア・アフリカ・ヨーロッパにまたがるアラブ帝国（630〜1258 年）を築いたイスラム勢力に伝えられた。この帝国では，専制君主化したカリフ（予言者マホメットの後継者）の産業と文芸の保護によって，東西貿易が栄え，イスラム文化が発達した。このなかで，中世ヨーロッパが異教として忘れ去ろうとしていたギリシア・ローマの古典文化や東方の自然科学の発達が，受け継がれていたのである。西アジアやスペインでのめざましい文化の発展は，少数の冒険的なキリスト教修道僧の留学や，セルジュク・トルコ族が 1071 年に占領した聖地エルサレムの回復のために引き起こされた十字軍の遠征によって，ヨーロッパにもたらされることになる。

十字軍運動が西欧世界にもたらしたもの

　ゲルマン諸民族の同化と教化におおわれた中世のキリスト教世界は，中国やイスラム文化圏と比べると，あらゆる点で遅れをとっていた。古代ギリシャに生まれ古代ローマにおいて継承された学校制度は，東方と比べて優れた成果を

もたらしていたが，異教の制度として，4世紀に廃止されてしまった。中世の西欧においては，司教が管理する中央の本山学校と，修道院学校が重要な教育機関となり，学校はほとんど聖職者養成のためにのみ存在した。聖職者以外の学校として，教会儀式に加わる少年を聖歌隊員に育てるために初等学校（唱歌学校，教区学校）が発達すると，大きな本山学校や修道院学校は，神学を最終目標として「自由七科」（三学〈文法・修辞・論理学〉と四科〈算術・幾何・天文学・音楽〉）を教える中等学校（文法学校）に発展した。

11世紀の終わりまで，西洋は単純な信仰の時代を生きた。教会は，貴族の子どものための騎士教育をふくむすべての諸学校をその統制化におき，イスラム科学を「魔術」と見なす視野の狭い知識階級（聖職者，貴族）を育てた。「蛮族」の侵略により通商の途絶えた諸都市は，司教の君臨する単なる教会町と化していた。

このような時代に200年間におよんだ十字軍運動は，西欧世界が，社会の面でも子どもの教育の面においても，中世から近代に移行する上で重要な契機となったのである。

十字軍の遠征は，一般民衆の間にキリスト教への一体感や国民意識を目覚めさせるとともに，自分たちの文明よりもはるかに発展したイスラム文化圏との接触によって，従来の来世的な関心に代わって現世での新たな関心と願望を生じさせ，キリスト教の信仰に関する疑問と探究精神をもたらした。大きな本山学校では，宗教の諸問題を論理的に分析し，教会の教義を権威ある古典的注釈書によって検討する「スコラ哲学」が盛んになっていった。12世紀になると，神学と並んで，法学（市民法，教会法）と医学が専門的学問に位置づけられ，学校の教員や大学教員の教授免許を発行する権限をもつ大学が誕生した。

十字軍の最大の成果は，都市生活を復興させ，新しい社会階級や自由な知識階級を勃興させたことである。十字軍の移動によって海陸の交通が盛んとなり，東方貿易が発達した。その主導権を握った北イタリア諸都市を中心とする地中海貿易圏が栄え，さらにフランドル，イギリス，ドイツの諸都市を中心とする北欧貿易圏が発達した。このような自由な商業や産業の振興による貨幣経済の発達は，自然経済に基づいていた封建諸勢力の崩壊をうながし，農奴の解

図1-2 イタリアのサレルノ医学校

改宗したユダヤ人学僧コンスタンティヌスが，1065年頃ヨーロッパ医学の3人の祖（古代ローマのガレノス，古代ギリシャのヒッポクラテス，イスラム教徒アヴィセンナ）の医学書および医術について講義を始め，ヨーロッパ最初の医学校を成立・発展させた（『カバリー教育史』1985年）。（『朝日百科世界の歴史49　学院と学生生活』1989年）

放とともに，商人・銀行家・職人などの市民階級を台頭させた。これらの新興市民階級は，封建領主の圧制が当たり前の時代に，メンバーを守るために同業者組合（ギルド）を組織するようになった。

　大学の誕生と発展もまた，専門知識を身につけたいという機運の高まりのなかで組織された，学生あるいは教師の学問ギルド（ユニヴァーシティ，カレッジ）によるものである。12世紀には，大学はラテン語を共通言語とするほぼ共通の勉学システムとして，イタリアやフランス，イングランドに6校成立し，さらにヨーロッパ各地に広がった。大学の設置には，13世紀後半からは教皇や神聖ローマ皇帝，国王などの特許状が必要とされたが，15世紀には80校に達した。大学の真理探究への志向は，長い間教会の承認する範囲に限られていたとはいえ，結局は自由な研究や合理的思考を目覚めさせ，近代精神を培ったといえよう。後述のルネサンス運動や宗教改革の指導者は，大学で育成されている。

西欧ルネサンス運動と中等教育の近代化

　13世紀になると，上記の新興市民階級のギルドは富を蓄積して豊かになり，社会的に有力となってきた。諸都市のいくつかは，その封建領主が特に金に窮した場合，自由と特許状を買い取ることによって，自治都市となった。マルコ・ポーロの出身地ヴェネツィアが1100年ごろに既に自由都市国家であったように，強大な絶対主義国家の発達する以前に，ヨーロッパには数百におよぶ

事実上の都市国家が実在した。これらの都市では新興の市民階級が，まもなく教会当局にたてつき，子どもに対する教育（徒弟教育，都市学校）の主導権を手にいれ，聖職者や貴族と張り合って学問の保護者となった。

　なかでも，いちはやく司教の支配を打倒して，小さな都市国家となったイタリア諸都市の経済的発展はめざましく，西欧ルネサンス運動の口火を切る新しい知識階級を育んだ。14, 15世紀は，「疫病駆けめぐり世界の3分の1は死に絶えたり」と年代記作者フロサワールが証言したペストの襲来による人口の激減や，長期的な不況，戦乱により，ヨーロッパ全域が長期の社会経済的危機に見舞われた。この時代に，イタリアでは富を蓄積していた上層市民が中心となって，「ローマ帝国の政治的知的遺産の直接の相続人」という自覚のもとに，イスラム文化から古代ローマ・ギリシャの文化遺産や自然科学を受け継ごうとする運動がおこった。ペトラルカがキケロの『雄弁家論』を1333年に発見したことを皮切りに，1410年代までに全盛期の古代ローマ教育論の詳細が知られるようになっていた。大富豪や当時の数人の教皇は，この運動に共感し多大の財政援助をした。

　この「愛国的熱情をもった」運動はルネサンスと呼ばれ，15世紀半ばまではイタリア内での運動であった。この運動には，古典研究を神学の体系化や解釈のための手段としかみない教会の学者や大学人の大半は参加しなかった。ルネサンス運動は大学外で起こり，その拠点を文学研究アカデミーにおいた。アカデミーは，プラトンのアカデメイアをモデルとして，貴族の保護下で主要なイタリア都市に設置されたものである。運動には，内外の若い学生たちや，東ローマ帝国滅亡（1453年）前後にイタリアに逃れてきたギリシャの学者も参加した。この運動は，古典による人間性探究と人間形成をその目的とすることが認識されるにつれて，教養を意味する古いローマの言葉（フマニタス）から派生した「人文主義」として知られるようになり，若い学徒によって，フランスやイギリス，ドイツなど他の国々に広がった。

　古典研究を人間形成，教育の問題として最初に宣言したのは，ヴェルジェーリオである。人文主義的教養観に基づく古典研究が大学で講じられた時には，下位の学問として黙認されるようになり，その教育的成果はもっぱら大学教育

> Column ①

古代ギリシャの教育

　古代ギリシャといえば、後の西洋文明の起源であり、その学問・人間的芸術・民主政治のモデルである。そして、アテネやスパルタに代表される古代ギリシャの自治都市ポリスではオリエントの先進文明に学びながら独自の文化圏が形成され、言語や文化を共有する人々のあいだで同一民族としての意識が芽生えていた。彼ら

アテネの学校

はみずからを「ヘレネス」と呼び、異民族を「バルバロイ」と呼んで区別した。
　ポリスは少数の支配者と圧倒的多数の奴隷から構成されていた。奴隷制を維持するためにヘレネスの特権意識を高める政治体制がしかれており、バルバロイの侵略を防ぐ目的で軍事訓練が重視された。ポリスは幾多の争いとそれによる異文化の混交によって成立した政治的・文化的空間であり、その特徴は子どもに対する教育方針にも反映されている。
　スパルタでは男子は7歳になると親元を離れて寄宿制の学校に入れられた。その教育目的は優秀な兵士を育てることにあり、読み書きを教えることはほとんど行われなかった。厳しい身体の鍛錬によって、子どもはいかなる苦痛にも耐えられるよう訓練され、ときには飢えをしのぐために盗みを働くことまで教えられた。女子もまた親元で身体の鍛錬を課せられていた。管理と規律のもとで心身を鍛える教育方針は、いまなお「スパルタ教育」の名で知られている。
　一方、アテネには紀元前5世紀くらいから富裕層のための学校が存在した。当時の史料には子どもが笛やハープといった楽器を教師から習っている様子が描かれている。同地では子どもの身体を鍛える訓練だけでなく、詩の朗読や音楽教育といった情操教育もなされた。これらはホメロスの叙事詩に示された教育を体現したものとされる。また、女子は家中にいるべきとされ、スパルタのように男子とともに体育競技会に参加することはなかった。こうした教育方針はその後プラトンの「哲人教育」へと結実する。彼の私塾アカデメイアは、ポリスの利害を超えた真理への探求心を育成するものであり、「アカデミー」の語源となっている。

の下位の中等教育に近代化をもたらしたことであった。
　イタリアの人文主義者たちは、旧来の聖職者養成を主目的とする文法学校と

異なり，都市国家を担う知的人材を育てることを主眼とした新しい中等教育を
つくりあげた。ここでは，人間諸能力の全面開花を理想として，人文主義的学
習と昔の騎士教育（体育・礼儀・作法・経験）が結びつけられ，新しい中等教
育は多くの都市に新設された「宮廷学校」に適用された。このような教育課程
は旧来の中等教育よりもはるかに優れていると評価され，ギルド・メンバーの
子どものための初等学校にも附置されるようになった。古典研究に基づく新し
い中等教育は，17世紀初めまでにフランスやドイツなど他の諸地方に広まり，
その後初期の理想を失って形式化しながらも，ヨーロッパの中・上流階級の中
等教育を19世紀中葉まで支配したことは，第3節で述べる通りである。

　イタリア・ルネサンス期の人文主義者たちのその他の重要な成果には，古代
人の生活や歴史などの綿密な古典文献による考証と，芸術家や「魔術師」に
よってはぐくまれた実験・観測がある。そこには，近代的な科学精神の芽生え
がみられるからである。この時期に宋の三大発明が改良発明されることによっ
て，ヨーロッパの技術水準は，ようやく，中国，イスラム世界に肩を並べるま
でになった。14世紀の初頭には羅針盤がナポリで完成され，マルコ・ポーロ
らの大探検時代が始まった。特に重要なものは，聖職者による知識の独占に終
止符を打つことになる，13世紀以降の製紙法と15世紀の印刷術の改良発明で
ある。

宗教改革と就学義務の主張
　イタリア・ルネサンスは，運動家に「愛国的熱情」を呼び覚まし古典や科学
の発見などの成果をもたらした。そこには異教化の傾向こそあれ，宗教改革を
喚起するものは全くなかった。それに対して北欧（イギリス，ドイツ，北海沿岸
低地諸国，北部フランス）に伝播した人文主義運動は，非難の的になっていた
中世教会の腐敗を正し，宗教的信仰の拠りどころをスコラ学者ではなく，初期
の教父やギリシャ語・ヘブライ語の聖書原典に求めようとする「新しい宗教的
熱望」を目覚めさせた。新人文主義の学問的成果に基づいて，ルターやフラン
ス人神学者カルヴィン，その他の宗教改革者たちは，すべての宗教的権威の源
泉は教会ではなく聖書である，と主張したのである。

この運動は，特にドイツ諸大学に深い影響を与えた。ドイツでは，新人文主義的学問が先端的に導入され，いくつかの拠点大学が15世紀末に出現し，この学問を基盤としてヴィッテンベルク（1502年）など4大学が新設された。神学教授ルターや人文主義者・ギリシャ語教授メランヒトンが教鞭をとっていた，ヴィッテンベルク大学は，宗教改革の牙城となっていった。

　なぜ北欧人文主義運動が宗教改革への熱情を喚起し，なぜルターの宗教改革は，多くの諸侯と人民を味方に結集して成功できたのであろうか。この背景には，教皇みずからが聖地回復の大号令を発して出動させた十字軍の失敗によって教会や教皇権の威信が失墜した結果，戦費の乱用に対する民衆の不満が積もり積もっていたことがあった。教会は，ヨーロッパ全土の5分の1から3分の1といわれる広大な土地を納税免除で所有しぜいたくな生活を送りながら，貧しい民衆に重い教会税を課し，イタリア人で占められた高位聖職者は派遣国に居住しないで権限を行使していた。世俗権力としての教皇政治は，教会分裂（1378～1417年）など権力闘争にあけくれ，イギリスのウィクリフやボヘミアのフスらが，その1世紀半後にルターが行ったように，聖書の綿密な研究によって教皇の要求や教会の教えの多くの間違いを発見して改革運動をした際には，残虐な弾圧をするのみであった。

　1517年にルターが免罪符の販売に抗議することから始まった宗教改革運動は，印刷術によって全ドイツに2週間，西欧の主要な中心地に1カ月のうちに知れ渡った。この運動で主張された「万人司祭主義」（キリスト者はすべての神の前で，真に教会的身分に属すると見なす立場）と「聖書主義」（信仰のよりどころを聖書のみに求める立場）は，神と人との仲介者として身分特権をもっていた聖職者層の存在を否定することにつながり，中世ヨーロッパの教会と社会秩序を根底からくつがえすことになった。この本来の原始キリスト教に帰ろうとする運動は，古代に帰ろうとした点と，台頭した市民階級による中世的な束縛からの解放を目指す運動であった点で，ルネサンス運動に共通している。

　宗教改革運動は，人文主義的な素養をそなえた都市の市民階級や農民階級に支持されながら，スイス，ネーデルランド，フランス，イギリスなどにもすみやかに拡大した。改革勢力のあり方は多種多様だったけれども，宗教改革は，

封建貴族やカトリックの聖職者たちの権力や富を中産階級と専制君主の手に移し，ヨーロッパの多くの地域に政治的・宗教的・文化的独立をもたらした。プロテスタントによる個人の主体的判断の強調は，政治運営への個人参加と民主主義政権の発展を促し，ルター，特にカルヴィンの天職概念は，マックス・ウェーバーがいうように，利潤追求に対する伝統的な宗教上の抑制をとりのぞき近代資本主義を推進する精神を培った。

宗教改革における「聖書主義」や「万人司祭主義」は，民衆教育への関心を高めた。聖書はラテン語でなく民衆の言葉である国語で翻訳され，各国の国語と文学を発展させる契機を与えている。信徒の子どもすべてが聖書を学ぶために，母国語学校の設立と義務就学が主張され，イギリスのコレットやジュネーブのカルヴィン，ドイツのプロテスタント諸侯が新しい学校を創立した。義務就学の思想はルター派とカルヴィン派に深く根づき，ドイツではワイマール公国（1619年）やゴータ公国（1642年）で，英語圏ではマサチューセッツ植民地議会（1642年）が最初に立法化した。義務就学制度は，プロイセンで18世紀中頃までに徹底的に推進されドイツ全体に影響を与えた。スカンジナヴィア諸国においても義務就学思想が早くから根づき，18世紀初めにヨーロッパで識字率の高かったのはこれらの諸国とドイツであった。

義務就学が主張されてから実際に世界で実現されるまでには，3世紀以上を要した。宗教改革運動後は，16，17世紀のヨーロッパ全体を疲弊させた宗教戦争によって信教の自由と寛容が，18，19世紀の市民革命によって政治的自由と政治的権利が獲得された後，万人共通教育が普及するためには更なる闘争が必要であった。市民革命によって獲得された人権宣言には，労働者階級や障害者・女性・子どもの権利は度外視されていたからである。

参考文献
カバリー，E. P.，川崎源訳『カバリー教育史』大和書房，1985年。
木村尚三郎編『封建社会の崩壊』東京創元社，1985年。
謝世輝『世界史の変革』吉川弘文館，1988年。
上智大学中世思想研究所編『ルネサンスの教育思想　上』東洋館出版社，1985年。
中屋健一編『近代社会の成立』東京創元社，1988年。

パウア, E., 三好洋子訳『中世に生きる人々』東京大学出版会, 1979 年。

2　市民階級の子どもの生活の変化と教育思想

子どものライフスタイル ―「若者期」―

　中国やイスラム社会と比べて遅れていたヨーロッパが近代化されて「ヨーロッパの時代」を招来する中世から 18 世紀末にかけて, 子どもの生活にはいかなる変化があったであろうか。この節では, 子どものライフスタイルの伝統と変化を旧中国と比較しながらみてみよう。

　中世から 18 世紀末にいたるヨーロッパでは, 子どもの数が非常に多かった。この原因には, 少なくとも 16 世紀までは, 避妊の処置が取られなかったことがあげられる。もう 1 つの原因は, 今日の年金や保険にあたるものが当時は子どもであったことにある。当時の平均寿命は 30 歳ほどであり, 生まれた子どもの半数以上が 20 歳まで生き延びることができた地域はわずかしかなかった。非常にわずかの特権的なエリート層を除いて, 生活状態は厳しく, 生存のあり方は「不潔で野蛮でしかも短命」であった。老後を保証してくれ親よりも長生きする子どもを得る確率が最低限 60%になるためには, 一家族あたり少なくとも 4 人の子どもがいなくてはならなかったはずであると, イギリスの歴史人口学者リグリーは見積もっている。

　人口の大部分を占める農民層や手工業者層の場合, その財産は 2 人の大人と少数の子どもを養うだけで精一杯であった。家族が過剰な子どもたちの負担から解放されるために, 子どもたちは, 7〜8 歳の時期に仕事を始めた。大部分の子どもたちは, はじめは近隣の富裕な世帯へ召使あるいは非公式の徒弟として移り住み, やがて 10 代になると, 公式の徒弟となるかその他の就労機会にありつくことができる町に移っていった。マクファーレンは, 14 歳から結婚までの間に, 男子の 3 分の 2, 女子の 4 分の 3 が主として他家での召使として親元を離れて暮らしていた, と見積もっている。他家での召使となった子どもたちは, 受け入れ先の子どもと平等に取り扱われ, まったく同一の作法でその

家の家長の権威にしたがった。

　少数の特権エリート層の子どもたちの生活も，7歳の時期が区切りとなった。封建領主の子どもは7歳まで男女とも家庭教師の監督下におかれたが，その後，男子は小姓として仕えながら騎士教育を受けるために宮廷に，女子は家庭教師の下にとどめられる場合を除いて教育のために修道院に送られた。聖職者を目指す子どもは，7歳から聖職者教育のための僧院（ラテン語）学校に送られた。親元を遠く離れる時期は，生家の富に応じてさまざまではあったが，ほとんどの場合14歳までであったようである。この時期の若者は，文法学校や大学に，徒弟あるいは教会の見習僧として送り出され，学校，親方や司祭の監督下におかれた。

　教会と領主の権威のもとに，あらゆる権利が主として家父長やギルドの親方たちに握られていた当時の社会では，若者たちは常に経済的，社会的および法律的に低い，半依存的な状態にとどまらざるをえなかった。この半依存的な状態は，20代の半ばか後半の結婚により自立を達成する時期まで続いた。この期間を一般の人々は「若者期」と呼んだが，そのなかでは今日の「思春期」「青年期」という発達段階はまだ認められていなかった。その要因は，第一に，思春期と結びついた身体上の成長が今日よりも非常にゆっくりとしていたことがあげられよう。16世紀半ば頃のある百科事典によれば，身体的な能力が完全に達成されるのは，20代後半あるいはしばしば30代の初めになってであった。第二の要因は，半依存的な状態に入る7〜8歳の時期に，子どもたちはすでに大人の仲間入りをしたことにある。彼らは，ルイ13世が早くも5歳の誕生日には大人の服装をさせられていたように，「小さな大人」としての男らしさ・女らしさをはっきりと表す服装を身にまとい，大人の世界の礼儀作法と大人びたことば遣いを許された。また，当時の子どもたちは，現代の子どもたちよりもずっと幼い頃から大人のおおっぴらな性行動の場面にさらされていたため，自分の身体の生物学的な変化に対処する上でそれほど困難を感じなかったことがあげられる。第三には，社会移動が非常に少なかったために，職業の選択が今日のような青年期固有の大きな課題とならなかったことがあげられる。

図1-3 小さな大人
(Weber-Kellermann, I. : *Die Kindheit*, Insel Verlag, 1979)

旧中国の「読書人」の子どものライフスタイル

　旧中国の子どものライフスタイルも，ヨーロッパの伝統的な家族の子どもにおける場合とほぼ同様であった。子どもの人生の区切りは7～8歳で，この時期に教育や仕事が開始されている。彼らが独裁的な家父長制のもとに，半依存的な状態におかれたのも同様である。しかし，旧中国の伝統的な家族は，①上流階級における一夫多妻主義，②農民層を大半とする民衆における極端な「男尊女卑」の風潮，③試験社会を背景とした教育熱の3点において，決定的にヨーロッパの伝統的な家族とは異なっていた。

　旧中国では，中産階級が少なく，ごく少数の支配階級である「読書人」と大部分の農民とで構成されていた。「読書人」とは，宋時代に，それまでの貴族を中心とする官僚の世襲制が廃止され，家柄によらず広く人材を集めることを主眼とした科挙試験の採用によって台頭した文人官僚層をいう。厳しい科挙試験に及第するには経済的・時間的な余裕を必要としたため，官僚となれる者はおのずと上層の，荘園を所有する地主や地主化した都市の大商人および「読書人」の子どもに限られた。

中国人は，孟子の「不孝に三あり，後なきを大とす」という言葉が示すように，祖先崇拝の伝統によって子孫の断絶を最大の不孝と考え，1931年の民法改正まで法律によって多妻主義が認められていた。支配階級においては，家父長は複数の妻を持ち，子どもの数も多かった。その際，祖先の霊を祭る跡継ぎとして男子が重んじられ，とりわけ貧しさのゆえに子どもの数がおのずと制限された農民の家庭では，嫁入りに金のかかる女子よりも労働力としての男子が望まれる風潮が強かった。このことは，たとえば「一人の女児は盗人三人分，三人の男児は竜九匹分」というようなことわざに端的に表現されている。

　子どもの教育における旧中国の特色は，家庭における，3歳からの父母への敬意を教え込むしつけ教育と，科挙試験合格を目指した読書人階層の男子の受験勉強にみられる。女子は，「婦人は才（学）なきをもって徳となす」ということわざにあるように，勉学の機会を与えられることはほとんどなく，女子のための学校は清帝国時代末（20世紀）まで存在しなかった。女子とは対照的に，男子は，宋代に官僚登用のための科挙試験制度が成立して以降清帝国時代末の1905年に廃止されるまで，立身出世（「升官発財」）のためにはまず試験に合格しなければならず，4，5歳頃から7，8歳頃にかけて受験勉強を開始した。受験勉強を支えるための学校も発展していた。古くからの国立の中央学校と地方学校制度とともに，宋代には書院（私立の学校）が発達し，さらにこれらの高水準の学校制度の底辺に多数の私塾がみられたのである。

　旧中国におけるこのような伝統的な家族の子どものライフスタイルが近代化されるのは，第2章第6節に述べるように，清帝国時代になってからである。

ヨーロッパの市民階級における教育熱

　宋代以降の科挙試験の制度は，旧中国においては，貴族階級にかわる読書人層の台頭，およびこの階層の男子に早期の受験勉強の開始というライフスタイルの若干の変化と，そのための書院や私塾の流行をもたらした。ヨーロッパでは，都市社会の成長と中産階級の台頭が，子どもの教育をめぐる伝統を変えつつあった。都市の生活が，発達した商工業に主要な基盤をおくようになるにつれて，労働の分業が進み，職業選択の幅がしだいに広がった。小市民的農民や

都市の小売り商人または手工業者の子どもたちは，家業を継ぐか，独立して同じ仕事を始めるか，あるいは学問をして聖職者か学者，官吏や公証人見習いまたは書記になるかというような職業選択の幅をもっていた。いずれの場合も子どもたちは教育を必要とした。特に家業を継ぐ場合は，商人をはじめとするこの中産階級の人々の仕事が，売買や債務の記録保存などのためにラテン語と母国語の識字力を必要とするものであったため，子どもたちは幼年時代から近隣の文字教師のところに通って，一通りの読み・書き・計算の教授を受けるようになった。

　これによって，従来の教会的学校制度のほかに，近代教育の先駆的形態である「世俗的学校制度」が成立した。とはいえ，学校では子どもたちは仕事の見習いといくらか似たやり方で学んだのであり，学校は必要不可欠な制度ではなかった。一般には，依然として，学校での教育は生活の中でおこなわれる教育より劣っていると考えられていた。そのため，都市学校は既存の僧院学校を模倣したもので，教授の方法は子どもの発達や人生の選択のために配慮されたものではなく，従来の暗記中心の詰め込み教育が踏襲された。教師についても特別な訓練が必要であると考えられることはなく，さまざまなレベルの学校教師が毎日使用する共通の仕事道具は，子どものしつけについての伝統的な考えに従った棒とムチであったのである。

　「子ども」というものが人々の関心にのぼり，その教育，特に学校教育が近代化されるには，以下に述べるようなさまざまな思潮を経なければならなかった。

「ムチによる教育方法」と教育改革論

　ヨーロッパ社会の近代化が進む15世紀から17世紀にかけての時代には，その前後の世紀と比べるときわめて豊富な教育論が登場した。そのため，この時代をドベスは「教育の面でのルネサンス」と呼んでいる。このうち，伝統的な「学問伝授論」や「見習い論」・「作法論」が，僧院学校や新しい都市学校の教師たちによってさまざまに著された。ここに共通してみられる特徴は，子どもの発達段階と生活環境の違いを無視した，機械的な訓練の反復，「アメとムチ」

による教育方法の主張である。宗教改革者ルターすら,「ムチによって父親はわが子を地獄から救い出すことができる」と説いている。当時では一般的であったこのような考えに対して,革新的な教育論はルネサンス運動のなかで,エラスムス,ラブレー,モンテーニュ,エリオット,モア,カンパネラなどの人文主義者によって提出された。

　これらの革新的な教育論のなかでは,実用的な知識や母国語教育の重要性,体育への評価,指導過程における子どもの自発性の必要性が主張されている。特に注目されるのは,カトリック系の人文主義者ヴィーヴェスが,『学問論』(1531年)で,教師は伝達する能力と技量を大切にすべきであると述べ,子どもの個人差に即した指導から,さらには女子教育や障害児教育の指導にまで関心を示していることである。また,ヴェルジェーリオが,若い王子に献じた『子どものすぐれた諸習慣ならびに自由諸学芸について』(1402年)で,学芸の伝授は自然の恵みである子どもの善なる能力を引き出すべきものだと述べている点である。このような論議のみられる15～16世紀に,語源学者の考証によれば,「動物の類似の行為を含まず,人間だけに固有の〈悟性を引き出す〉行動」という今日の意味の「教育」の概念が確立した。しかし,人文主義者の関心は,主に都市の特権的市民(成人男性)や支配層の生き方にあり,「宮廷人」と「紳士」「教養人」を理想とした古典によるエリート教育のあり方が考察の対象となった。ここで,西ヨーロッパのエリート層の育成を何世紀もの間にわたって方向づけた「一般教養」の理念が確立されることになったが,子どもの問題は周辺部におかれたのである。宗教改革運動のなかでは,信徒の子どものすべてが聖書を学ぶために母国語学校への就学義務が主張され,ドイツの諸邦やスイス,アメリカを中心として近代的な学校制度の整備が進められた。けれども,その後の宗教戦争と社会的危機によって実際に改革の実績があったのは,エリート学校の宗教改革に従う人文主義的な再編においてであった。

　この時代にもっとも教育改革の成果を上げたのは,イタリアやフランスなどのローマ教会に忠誠であり続けた諸国において,反宗教改革運動の指導者と教員の養成に熱心であったイエズス会である。先述のマテオ・リッチによって伝えられた中国の「科挙制度」から教育の場での競争原理が導入されるととも

に，人文主義や宗教改革のもとで試みられていた教育改革案を取り入れて（ただし，特に力が注がれていた個性の発展は除く），高度の教育が実施された。ベーコンが評価したように，イエズス会の教育は当時の最善のものとみなされ，多くのプロテスタントの子どもすらひきつけるほどであった。

「17世紀の危機」と子どもへの注目

　伝統的な教育を改革する必要性は，市民階級の成長とその家庭生活の変化につれて，ルネサンスや宗教改革，反宗教改革の運動のなかで認められてきた。市民の子どもの将来や，プロテスタント信者・カトリック信者の育成のために，「教育」そのものが問題とされ始めた。この問題意識が「教授学」として飛躍的に体系化されたのは，17世紀のヨーロッパ「全般的危機」の時代に生きたラトケとコメニウスらによってであった。この危機の時代に，宗教の統一とヨーロッパの平和を熱望した両者は，次代をになう子どもの教育全般に注目した。当時の進歩的な思想や近代科学に学んだ彼らは，その必要性を「子ども」「人間」についての認識論から説き起こした。

　ラトケは，「人間の理性はなにも書かれていない書字板のような物で，あらゆる種類の事柄を書き込む可能性を秘めているものである」と述べている。ラトケによって，それまで聖職者と同一視されていた教師は，子どもの観察に基づいて授業を管理する専門家と位置づけられ，教員養成の必要性が主張された。コメニウスは，発見されて話題となった狼少年の例を引きつつ，「人間が人間となるためには教育が必要である」と論証した。彼は，子どもの感性や実生活に即して教育を改革するために，子どもの発達段階ごとにその教育論と教科書を著している。両者は，宗派や性，身分の別を越えて教育の機会を与えるために教科書編纂（たとえば，史上最初のコメニウスの子ども向きの絵本，ラトケの晩年の教科書編纂）などの改革事業を試みている。

　カバリーがマルカスターとともに「初期の不運な教育改革家たち」と呼んだ両者の先駆的な改革論は，あまりに進歩的であったゆえに全体として理解されることはなく，その一部が受け入れられたにすぎない。19世紀初頭までに受容されたものには，①彼らが主張したラテン語教育方法の合理化，②学校への

実科の導入（たとえば，ペティ，フランケ，またゼムラーによる実科学校の設立），③「子ども」に関する認識（ロック，ルソー，ペスタロッチなど），④理論的な教育学の体系化（ヘルバルト）があげられよう。

　ラトケの人間の理性についての認識論はロックの精神白紙説にみられるものではあるが，イギリスの近代市民社会のイデオローグであったロックは，すべての子どもの教育ではなく，市民階級と労働者階級の子どもの教育を区別して論じた。また，フランスの市民革命に影響を与えたルソーは，「子どもの教育は，社会人の養成ではなく人間の育成のためにある」と唱えながら，男子と女子の教育を区別した。このような18世紀の進歩的な教育思想の中にみられる矛盾は，第3節にみるように，それらの背景となった当時の社会や学校教育の伝統と実態にねざしていたといえるであろう。

参考文献
アルベルティほか，前之園幸一郎ほか訳『イタリア・ルネッサンス期教育論』明治図書，1975年。
梅根悟監修『世界教育史大系15　ロシア・ソビエト教育史I』講談社，1976年。
加地伸行『世界子どもの歴史9　中国』第一法規出版，1984年。
金子茂編『現代に生きる教育思想4　ドイツ(1)』ぎょうせい，1981年。
ギリス，J.R.，北本正章訳『〈若者〉の社会史―ヨーロッパにおける家族と年齢集団の変貌―』新曜社，1985年。
コメニュウス，J.A.，鈴木秀勇訳『大教授学I』明治図書，1986年。
津田純子「ラトケの教育改革思想について―日本におけるラトケの宗教性をめぐる限定的評価の再検討―」『名古屋大學教育學部紀要　教育学科』通号38，1991年。
ドベス，M.，ミアラレ，G.，波多野完治ほか監訳『教育の歴史I　現代教育科学2』白水社，1977年。
宮澤康人編『社会史のなかの子ども―アリエス以後の〈家族と学校の近代〉―』新曜社，1989年。

3　学校教育と子育ての実態

聖職者の言葉，民衆の言葉

　　初めに言葉があった。言葉は神とともにあり，言葉は神であった。これは初め

から神とともにあった，そして敬虔な修道僧の務めとは異論のない真理と断言しうる修正不可能な唯一の事件を慎ましやかな頌読によって日々に反覆することであろう。それなのに〈私タチハイマハ鏡ニオボロニ映ッタモノヲ見テイル〉。

(エーコ『薔薇の名前』東京創元社，1990年)

ボローニャ大学教授エーコの小説『薔薇の名前』は，世界的な記号論学者が本格推理小説を手掛けたという話題性も手伝ってベストセラーを記録した。この小説は14世紀北イタリアの修道院を舞台に貴重な書物を巡る連続殺人という推理小説的内容を扱いながら，宗教・政治・経済の分離にしたがって中世の社会構造や世界観が崩れていく様相を描いた作品である。

ところで，そのなかの興味深いエピソードに，主人公であるドイツ人の見習修道士が修道院の近辺に住むイタリア娘と全く言葉が通じないままロマンスを展開するくだりがある。それまで修道院の中のイタリア人の聖職者たちとは，何の不自由もなく言葉をかわしていたにもかかわらずである。これは主人公の話すラテン語が，修道院に代表される特殊なネットワークの中でのみ通用する言葉だったことを意味している。ラテン語は当時のヨーロッパでは，地域や国を超えて知識階級の間でのみ通用する言語であった。

ラテン語による学校教育と文字文化

中世ヨーロッパでは，大学を例外とすれば「学校」とは聖職者の養成を目的としたローマ＝カトリック教会の勢力の下にある宗教機関だった。これらは9世紀頃から興隆した大聖堂や修道院の付属学校（僧院学校）といったスタイルで発展した。そして12世紀以降，これらの学校は大学の神学部に接続し，学生は主としてアリストテレス哲学によるキリスト教の思想解釈を中心としたスコラ哲学を修めるようになった。彼らは一般大衆に対するキリスト教義の普及を使命とする聖職者となることを志したのであった。そして聖職者は当時の宗教上の公用語だったラテン語を使って教義を理解することを要求されていた。中世末期以降にラテン語学習をカリキュラムの中心とする学校教育が発展した最初の理由はここにあった。

ルネサンスや宗教改革運動といった文化的背景，絶対主義の進行などの政治

的原因を受けて，16世紀前後から「学校」から大学に連なるコースでは聖職者以外の職業を志す子どもの数が飛躍的に増した。彼らが目指したのは絶対主義国家の柱である官僚や法律家・医者などの専門職，すなわち世俗的エリートだった。このエリート養成校ではラテン語中心のカリキュラムが組まれており，国によって程度の差こそあるものの，その後おおむね19世紀末までエリート校といえばラテン語といった図式がヨーロッパでは続いた。民衆の日常生活では全く使われることのなかった「死語」であるラテン語がこれほど長い間重要視されるようになった背景を中心に，当時の文字文化のもつ意味を概観してみよう。

　16世紀当時の学校再編期にラテン語が重視された事情には，宗教的理由に加えて大きく2つの理由を考えることができる。その1つは当時の教育関係者がルネサンスの代表思想であるヒューマニズムに基づいて，学生がギリシア・ローマの古代文明に直接ふれることを主張していたという思想的背景である。オランダ生まれのヒューマニスト，エラスムスは『学問方法論』において子ど

図 1-4　17世紀ヨーロッパのラテン語学校
（『中国大百科全書』中国大百科全書出版社，1985年）

もが 7, 8 歳になった段階で古典語学習を重点的に行うことを薦めている。「言語は学習順序として第一の位置を占めるべきものであり，初めからギリシア語とラテン語の両方を学習すべきである。……それというのは，何よりもこれら 2 つの言語による文献の内に，人類にとって極めて重要だと思われる知識のすべてが含まれているからである」と。

　そしてもう 1 つの現実的な理由として，宗教・文学などのジャンル，古代・現代といった時代に関係なく，当時の学術的な本はすべてラテン語で書かれていたという事情があった。つまり文字を使った教育を行う際には，生徒はラテン語で読み，書き，考える学習をすることが必要だったということである。ヒューマニストたちがラテン語と並んで学習を奨励していたギリシア語やヘブライ語を，実際のカリキュラムに備えていた学校がラテン語のそれに比べると遙かに少なかったことも，第二の理由が現実的なものだったことを示している。

　当時の書物が日常生活では全く用いられないラテン語で書かれていたことは，母国語でできていた音声文化と古典語で成立していた文字文化の間に明らかな境界があったことを意味する。ラテン語は学問の世界を日常生活から区別し，それを用いる者と用いない者との間にエリート・非エリートに相当する境界線を設定するシンボルとなった。市民階級向けの学校が主にカレッジやホール（学寮）といった，外の世界と隔絶された閉ざされた空間であったこともこの象徴性を押し進めたと思われる。総じてラテン語学習は日常とは異なる世界に入ったことを明らかにする，イニシエーション（通過儀礼）であった。

　ラテン語の重視は，学術的書物をラテン語が独占する状態が終わり，母国語による科学教育が声高に主張された 18 世紀の啓蒙主義時代においても依然として続いた。エリート養成校のカリキュラムの第一線からようやくラテン語が退き始めたのは 19 世紀後半に入ってのことである。特に 18 世紀後半以降は，産業革命による社会の急激な変化に対応できないまま創設期と同様にラテン語教育を守り続けるエリート校に対し，「われわれのパブリックまたはハイアー・スクールは，1750〜1840 年の間，アルフレッド王以来，最悪の状態にあった」などといった批判が集中した。

しかしその一方，エリート養成校がラテン語を重視し続けたことによって，ラテン語と縁の薄い階層（労働者，農民，商工業者など）はこの学校系列から常に隔離されていたのである。このことは，学校教育のもつ社会階層の再生産機能が，人間の全体的完成という教育理念よりも，現実的に優先されてきたことを明らかに表している。

民衆にとって学校とは

さて，このようなラテン語によるエリート教育を受けることのできた子どもは，全人口の内，どの程度の割合を占めていたのだろうか。社会史家ストーンの研究によれば，イングランドにおいて第一次世界大戦以前に最大の高等教育収容人口を記録したのは 1630 年代であるが，この年代の高等教育在籍者数は 17 歳の男子人口の 2.5％に過ぎなかった。つまり国民の大部分にとってラテン語学校は自分と無縁の存在だった。

一般民衆を対象とした学校教育は，教区教会など末端の宗教機関や，商人・手工業者のギルドが経営する小規模な学校で，初歩的な母国語教育を中心として行われていた。これらの初等教育を広めようとしたのは，宗教改革を推進したプロテスタントとプロテスタンティズムに改宗した絶対主義君主たち，そして彼らに対抗したカトリック系諸教団であった。なかでも「万人司祭主義」と「聖書主義」を信奉するプロテスタントたちは，カトリック教徒と異なり，聖書の熟読によるキリスト教の普及を目指していた。このため彼らは聖書を各国語に翻訳し，布教の準備作業として民衆が自分で聖書を読める程度になることを期待して，彼らに対する母国語教育を積極的に進めたのであった。

したがって民衆学校のカリキュラムは，その大半が読み書きの初歩とキリスト教のカテキズム（教義問答書）による宗教教育であり，場合によってせいぜい初歩的な計算がこれに付け加えられる程度のものだった。このため教育内容は民衆の生活や職業に直接利益をもたらすものとはいいがたく，それを裏付けるように子どもたちの学校への出席ははなはだ不規則なものだったといわれている。

ここで目的とされていたのは宗教的問答を通して，自分より上に存在するも

のへの服従，ひいては社会的・政治的秩序の維持を，民衆に植え付けることにほかならなかった。民衆の子どもにとって神と絶対君主は自然な形で合体しており，国家がこれらの学校の拡充を認めていたのもこの点に1つの理由があると考えられる。

　この種の学校の成果を示すものとして，国民レベルでの識字力の上昇がしばしば問題とされる。これは正確な証拠に基づく統計とはとうてい呼べないものであり，特に17世紀当時の資料としては例えば結婚に際しての婚姻登録簿への署名など，非常に不確かなものを用いざるをえないという問題を抱えている。とはいえ前述のストーンは図1-5のような識字力上昇の様相を概算しており，注目に値するものといえるだろう。

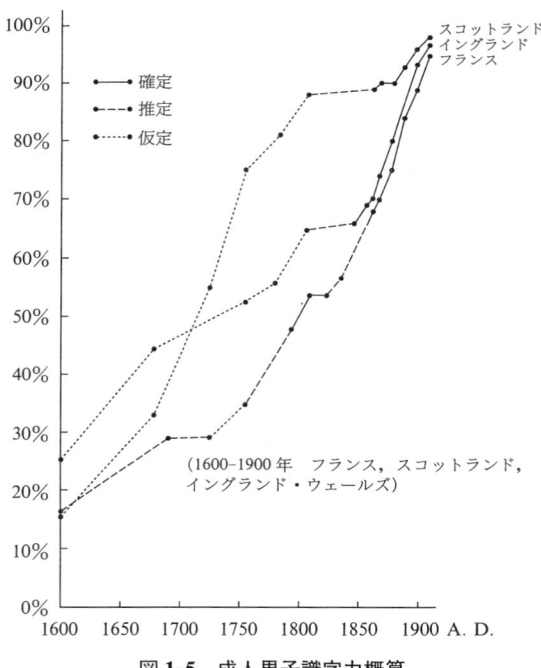

図1-5　成人男子識字力概算

（ストーン，L.，佐田玄治訳『エリートの攻防―イギリス教育革命史―』御茶の水書房，1985年）

プロテスタントによる母国語教育運動は，いわば書き言葉によるエリート文化の部分的な受容を通して，伝統的なオーラルな手段による民衆文化を抑圧する性格をもっていた。牧師や教師などはこれら2つの異なる文化の媒介者であり，ラテン語に象徴されるエリート文化を母国語という通俗化した形式で民衆に教え，民衆の魔術・呪術・占星術といった宗教世界をキリスト教秩序のなかに組み込むことを目指していた。ストーンが示した識字力上昇のカーブは通俗化したエリート文化，つまり「大衆文化」が過去の民衆文化を圧倒して行く過程ともいうことができるだろう。

　18世紀以降の産業革命の進行は，単なる従順な民衆の育成にとどまらない，資本主義社会を支える労働者の形成を学校教育に要求した。そのため民衆を対象とした学校は，職業的準備を中心とした断続的な機能の改革を余儀なくされた。このため，この時代から各種の実験的な学校が登場するとともに，国家による教育への介入が活発化し，教育方法や教育内容を中心とした，学校教育の近代化が顕著に進むことになるのである。

根強い伝統的社会の子育て

　母国語による民衆学校が登場するまでは，民衆間での知識の伝達はすべて，家ないし共同体内部でのオーラル・コミュニケーション（口伝）によって行われてきた。特に共同体の役割は重要であり，極端にいえば個々の家族は地域共同体という大きな枠組みの一部分に過ぎず，人は共同体を単位として生活していた。家族は生活を維持することが精一杯で，構成員を保護できるほど強力な組織ではなかった。すでに述べたように，子どもの過半数は10代半ばには親もとを離れて他の富裕な家に住み込み，多くの奉公人と親族で構成された「拡大家族」や共同体のなかで大人と一緒に働き生活をともにしながら，生きる術を学び成長した。

　このような隣人や親族の影響を以前ほど強く受けない「閉鎖的で家庭的な核家族」が登場したのは16世紀後半から17世紀にかけてのことといわれる。しかしこの動向はあくまでエリート社会におけるものであり，民衆間に核家族的意識が登場するのはまだ先のことである。

同様の傾向が子育ての問題にもみられる。母親が育児に自ら関心をもつようになったのは近代になってからのことである。アリエスによれば，中世社会では幼児は人間とは違った生物であると考えられていた。幼児は神の意志で生まれ，神の意志で死に，仮に生後間もなく死んだとしても大人の同情や哀れみを受けるには値しない存在だった。極論すれば，当時の母親は2歳以下の幼児の育て方には無関心であった。

　その具体例としては乳母養育とスワドリングという当時の育児慣習を挙げることができるだろう。乳母養育といっても，自分の家に乳母を雇って母親の目の届く範囲で育児を行わせるような上流階級の習慣と混同してはならない。当時，働かなければならない母親は遠く離れた田舎の乳母に金を払って，生まれたばかりの自分の子どもを預けていた。そして運よく2年間の里子期間が過ぎると，母親の下に子どもは帰っていった。しかしこの乳幼児に対して乳母による十分な愛情が注がれていたり，プロフェッショナルな育児態勢がしかれていたとは到底考えられない。田舎の家族が里子を引き受ける理由は，その多くが貧困による経済的なものであった。そのような家が他人の子どもを預かったところで，十分な保育どころか不潔な環境と不注意な育て方の下で，2年の間に子どもが死んでいく場合の方が多かった。

　またスワドリングとは包帯状の布でこのような子どもたちをぐるぐる巻きに堅く包んで放置しておく「巻き産着」の習慣をいう。子どもたちは手足を動かすことも，周囲のものとたわむれることもできなかった。この習慣は特に里子を受け入れた農村地帯で頻繁にみられ，なかには自分が仕事で外出する際に巻き産着で包んだ子どもを釘に吊しておいたという事例もあった。産着をよく取り替えていればいざ知らず，絶えず締め付けられた状態では身体の発達に害があったことは

図1-6　スワドリング
（図1-3と同書）

当然考えられる。また周囲の大人たちが，何の反応を示すこともできない縛り付けられた子どもを積極的にあやそうとするはずもなく，彼らが子どもに対して一般的に無関心だったことは容易に想像できよう。

このような育児に対する母親の無関心状態が変化したのは，やはり16世紀から17世紀にかけてのことだとアリエスは述べている。ただしその変化はまずエリート階層において現れ，一般民衆にまで浸透したのは早くとも18世紀の末のことと考えられる。また階級や地域によってはさらに次の世紀を待つ必要があった。

学校教育と国家権力・宗教権力の関係

西洋近代教育はその重要な特徴として，宗教権力からの自由の獲得と，国家権力を中心とした公共団体による教育に対する財政的配慮をあげることができる。しかしながら社会背景に基づいて，各国の学校教育はこの点についてもかなりの違いをみせている。ここでは主に宗教改革と市民革命に視点を置きながら，現代にまで色濃く残っているその違いをイギリス，フランス，ドイツ，アメリカを比較してみよう。

16世紀中盤以降のイギリスは国教会を中心としながら，プロテスタントとローマ＝カトリックが混在する状態が続いた。イギリス国教会とは，当時の宗教的分裂状態から生じる弊害を少なくするために国家権力が権威づけを行ったいわばカトリックとプロテスタントの折衷宗教である。このような曖昧な宗教体制に対して激しく反抗したのが，純粋なプロテスタンティズムを信奉するピューリタンと呼ばれる宗派である。

このピューリタンたちは当時形成されつつあった国教会体制下のエリート養成学校システムに対抗して，17世紀のイギリス革命期に非国教徒アカデミーと呼ばれる私営の学校を経営した。このアカデミーはラテン語学校に比べて広範な内容を含むカリキュラムを備え功利主義的実用を目的とした点で，近代教育の特徴の1つであるリアリズムを色濃くもった先駆的な例としてしばしばあげられる。ただし，一定の階層の再生産や階級移動などといった社会的機能を明確にもっていなかった点で，国教会体制の学校の陰に隠れた存在だったこと

は否めない。いずれにせよ，イギリスでは国家ないし一定の宗教が，そこから学校が解放されるべき対象として強調されることは少なかった。諸国に先立っていちはやく学校経営母体の世俗化が行われた一方で，カリキュラムの世俗化はさほど速く進行せず，むしろ国家権力が宗教的権威をさまざまな意味で利用していた点に特徴がある。

フランスでは，宗教改革期にプロテスタンティズムに対するカトリックの勢力回復を目的としてパリで結成されたイエズス会が，絶対王政と結びついてユグノーなど他の宗教派閥を弾圧し，教育界を支配した。エリート養成校のコレージュから民衆対象の初等学校であるプチテコールまでがイエズス会の監督下にあり，他の宗教団体が経営する学校は軒並み圧迫を受けた。特にコレージュはカリキュラムの古典語偏重に対する厳しい批判や，フランス語や近代科学を重視すべきであるといった要求を受けながらも，社会的優位を保っていた。これは王権とイエズス会の癒着によって，中産階級の子どもにとっては社会的昇進の登竜門としての現実的効果が続いていたからと考えられる。このようなイエズス会の独占状態が破綻するのは18世紀後半のことである。

革命を契機としてフランスの学校教育の変革が顕著になった。フランス革命には市民革命の特徴としての経済的要因と連環した構造的政治改革といった側面に加え，国家権力を中心とした啓蒙思想によるカトリック宗教権力の打倒，すなわち信仰に対する理性の勝利といわれる性格がある。つまり革命によってアンシャン・レジーム時代の学校系統は解体されたが，同時に学校教育の場から宗教的要素の排除が行われ始めたのである。その後100年以上の葛藤を経て，現代ではフランスの公立学校には宗教の授業は存在しない。その代わりとして週1日，日曜以外に学校以外の場で神父・牧師から教義を教わる日が認められている。このように，フランスは学校を宗教権力から独立させる一方で，コンドルセ以降の公教育論議が示すように，国家権力による学校教育のサポートという面にはむしろ積極的な側面がある。

ドイツはルターによって宗教改革が諸国に率先して行われた国として知られている。しかしながら特定の宗教勢力と王権の癒着や，それに基づいた特定の教育機関による政治エリートの独占的育成といった構図は強く現れない。また

イギリス・フランス・アメリカほどのドラスティックな「下からの」市民革命が起こらなかったこともあって，それらの国々と比較すれば，中世社会の特徴である「国家権力からの教会の自由」が完全には破壊されることなく保たれていた。このため，例えばフランスとは逆に，ドイツの学校は宗教権力から脱却することよりも国家権力が学校教育へ介入することを阻止する側面をもっていた点が注目される。

アメリカの学校教育の歴史は17世紀のイギリスからニュー・イングランドへの大量移住に端を発している。この集団は主に国教会から迫害を加えられたピューリタンたちであり，新天地に自分たちの理想国家を建設しようという精神が旺盛であった。例えば，1642年にマサチューセッツ植民地議会によって制定された教育法は，ドイツのゴータ学校令と並ぶ世界最初の義務教育法だった。その内容は素朴で抽象的なものだったとはいえ，カルヴィン主義に基づく原罪の克服と神への服従をきわめて厳格な態度で教化するピューリタニズムの特色が十分に現れたものである。このような神権主義体制は18世紀後半には徐々に崩壊し，公立学校での宗教教育は縮小の道をたどったが，アメリカ社会と学校教育の近代化は一般にこの後のことと考えられている。

参考文献
アリエス，Ph.，中内敏夫・森田伸子編訳『〈教育〉の誕生』新評論，1983年。
エーコ，U.，河島英昭訳『薔薇の名前　上，下巻』東京創元社，1990年。
近藤和彦編『西洋世界の歴史』山川出版社，1999年。
ショルシュ，A.，北本正章訳『絵でよむ子どもの社会史―ヨーロッパとアメリカ・中世から近代へ―』新曜社，1992年。
ストーン，L.，佐田玄治訳『エリートの攻防―イギリス教育革命史―』御茶の水書房，1985年。
ストーン，L.，北本正章訳『家族・性・結婚の社会史―1500年-1800年のイギリス―』勁草書房，1991年。

第2章
資本主義の成立・展開と子どもの生活

1　イギリス

産業革命と工業化社会の進行

　イギリス（グレイト・ブリテン）では，18世紀の後半から産業革命が始まり，生産の機械化と工場制度の普及がみられた。それとともに都市化が次第に進展し，イギリスの社会は農業社会から工業社会へと変貌をとげることになる。
　この工業化の様相を，まず国民総所得の面からみてみると，1810年代を除き，年1.5ないし3％の成長をとげた。そして，世紀中頃にはまさに「世界の工場」としてイギリスは世界経済に君臨した。産業部門別の国民所得はどうかというと，工業部門の国民所得はそれまで首位であった農業部門を早くも1821年に追い抜き，以後，農業部門のそれに対しまさに圧倒的な成長をみせた。特に50年代以降になると工業・商業部門の成長が目ざましく，商業部門もまた農業部門を追い越した。
　次に人口動態についてみると，イギリスの人口は1740年代中頃から増加しはじめ，その後19世紀を通じても顕著な増加傾向を示している。17世紀末には530万程度であったのが1801年には1069万に倍増し，1831年には1637万，1851年には2088万，そして1871年には2616万に達したのだった。このような人口増加は，経済発展による雇用機会の増加，ギルドの弱体化・徒弟修

行規則の廃止にともない早婚・多産の傾向が生まれたことによる出生率の上昇ということのほかに，種痘など医療技術の進歩，公衆衛生の改善などによる死亡率の低下などに起因すると考えられる。

ただし，人口は全国一律に増加したわけではなく，新興の工業都市やその周辺の農村における増加率がもっとも高かった。19世紀の第二四半期に，首都ロンドンの人口は200万，それを追って，リヴァプール，マンチェスター，バーミンガム，グラスゴウ，シェフィールド，リーズといった工業都市が10万都市に躍進している。かつて1700年頃はイギリス人の4人のうち3人までが農村に住んでいたが，工業化の進展につれて農村人口の比率が低下し，1851年の国勢調査において都市人口がはじめて農村人口を凌駕するに至った。

生活環境の変化

こうした農村社会から都市的な工業社会への移行という現象は，人びとの生活にどのような変化をもたらしたのであろうか。これをめぐって生活水準論争があるけれども，全体としてみれば，19世紀の工業化の進展によって人びとの生活水準は向上し，生活内容が豊かになったことは否定できない。しかし，その一方，工業化の過程で特に都市の労働者などは悲惨な状態におちいったことも知られている。貧困，失業，疾病，非行・犯罪，無知，道徳的退廃などといった19世紀イギリスの社会問題は，そのほとんどが工場労働と都市的な生活から生まれたものであった。

工業化・都市化は，その進行につれて旧来の生活環境や生活パターンが崩されたという点で教育史上大きな意味をもっている。一般に，工業都市では，人口の密集と不潔なスラム街という劣悪な生活環境が生み出されたうえに，かつてのような共同体的紐帯もみられなかった。しかも，機械の採用により労働が単純化した部門では多数の女性や児童の雇用がすすみ，彼らまでも1日のうちの長時間を劣悪な労働条件のもとで過酷な労働を強いられるようになったのである。雇用の形態が変化して女性と児童の工場労働がすすむにつれ，家族のあり方が変わったということも注目される。農業であれ，家内工業であれ，大半の商業であれ，かつては1日中，戸主の監督の下に家族単位で労働するのが普

通であったが，工場は夫と妻，父と子を切り離し，労働の場における家族の紐帯を切った。工場労働では家族が離れて労働を行わなければならず，母であっても子どもの衣服を縫ってやることすらできないという事態になり，また，生産単位として家族がもっていた職業教育などの機能をも失わせることになったのである。

　工業化・都市化のもたらす社会的なひずみと矛盾は，1830年代，40年代にもっとも集約的にあらわれた。とくに都市域における労働者は概して悲惨な生活状況に置かれていただけに，都市人口が急膨脹したこの時期，彼らの死亡率が非常に高く，その家族を含めた平均寿命は16～20歳ほどであった。エンゲルス『イギリスにおける労働者階級の状態』（1845年）には，まさにこの時期の都市労働者の状態が具体的に描かれている。

　この時期，劣悪この上ない生活状況・労働環境から労働者とその家族を守り彼らの福祉を確保するには，それまでの教区や民間レベルの活動ではあまりにも不十分となり，自由放任の風潮に抗して政府がやっと対策に乗り出すことになった。そうした政策としては，工場法（1833年，1847年），鉱山保安法（1842年），公衆衛生法（1848年）などがあり，後の福祉国家政策の源流と目される。この種の国家干渉政策は順次，実施されるようになるけれども，1870年代までは，全体としてはなお自由放任と「安価な政府」を理想とする自由主義が国家の政策基調をなしていたといわれる。教育についても民間の自発的な自助努力に委ねられており，初等教育法が成立し公教育制度が始まったのは，イングランドとウェールズは1870年，スコットランドは1872年のことである。

　工業化・都市化がもたらす社会的なひずみは，工業化を担った新興のブルジョア階級と労働者階級，それに以前からの支配階級である地主階級の間における三つどもえの闘争となってあらわれた。軋轢と闘争が激しかったのはやはり1830年代，40年代であって，選挙法改正や穀物法廃止をめぐる運動，あるいは労働者階級の選挙権獲得を目指しておこったチャーチスト運動などがその代表例である。

　だが，こうした騒然たる状況は1850年代，60年代になると一変し，いわば

激動と改革の時代から安定と繁栄の時代を迎えた。この時期のイギリス経済は年平均3％程度の成長率で着実な増大をみせ，工業はもちろん，農業もそれ相応に著しく発展した。工業化による富は社会にあふれ，中産階級を豊かにうるおしたのについで，労働者階級をも次第にうるおしていった。そうしたなか，都市公園や公共図書館・博物館が普及し，社会の上下各層が共通の場所で娯楽と学習を共にすることがはじまった。また，労働者の平均的生活水準が向上し，数度の工場法における労働時間の短縮などによって娯楽にあてられる余暇が拡大しはじめたことから，1840年代の鉄道敷設ブームによって全国に張りめぐらされていた鉄道網を利用した行楽が，多くの労働者の生活習慣の一部として確立することになった。

子どもに適った娯楽

産業革命は社会を大きく変え，人間観を一変させるとともに，子どもに対する認識・子どもの処遇にも変化をもたらした。時代精神であるロックの経験主義哲学，ルソーの啓蒙主義による人間観の変化に加えて，都市における中産階級の勃興による読者層の増加，家庭内における女性の地位の向上などを背景として，子どもへの関心が呼びおこされた。

18世紀以降のイギリスにみられた子どもへの関心の高まり，子どもの処遇の変化を示す特徴的な事例をあげるとすれば，次の諸点が重要であろう。

第一に，子どもにふさわしい娯楽が与えられたことが注目される。例えば，おもちゃ産業が登場し，それ以前にはみられなかった子ども用のパズルやゲーム，着せ替え人形用の家などの玩具が多数あらわれた。また，子どもを読者とする児童文学が誕生し，子ども向け出版業も本格的に登場した。1744年にニューベリがロンドンで世界最初の子どものための本屋を開き，娯楽を考慮に入れた美しい本を発行している。1750年から1814年までの間に，20人ほどの作家によって2400点もの子どもの本が出版されたのだった。

子どもが小さな大人，あるいは大人の未完成品とみられていた時代には，子どもにふさわしい娯楽など考えられず，大人になるための礼儀・道徳・宗教などを教える本が子どもに与えられていた。また，理性尊重の時代を反映して，

図2-1　ニューベリ『靴ふたつさんの物語』(1766年版)
(『復刻・世界の絵本館　オズボーン・コレクション』ほるぷ出版，1981年)

本は知識と教訓の伝達を主な目的としていた。しかし，子どもは独自の内面をもっているという認識が深まるとともに，子どもを読者とする文学が誕生することになった。はじめは子どもの興味をそそりながら教化するにすぎなかったが，やがて19世紀に入り，人間の成長には想像力が不可欠であることが理解されるようになるにつれて，空想的な物語が生まれた。『グリム童話集』(1812年)や『アンデルセン童話集』(1835年)の翻訳紹介にみられるようなメルヘンへの関心の高まりをへて，世紀後半にはファンタジーが誕生している。なかでも，キャロル『ふしぎの国のアリス』(1865年)は児童文学を教訓臭から解放し，子どもの本に楽しさをもたらした点で新紀元を開いた。

「子育て書」の増加

第二に，「子育て書」に対する社会的需要の高まりが特筆される。ここでいう「子育て書」とは，妊娠・出産から子どもの栄養補給・離乳・病気の予防法・歩行訓練，さらには訓育・職業指導の初歩など，一人前になる社会的形成

にかかわるマニュアル本であり，ロック『教育に関する考察』(1693年) のほか，ラヴェット『初期教育としつけの改善についての助言』(1815年) やティックナ『母親と乳母のための子育て指針』(1839年) などがその好例である。すでに16世紀初めにこの種のマニュアル本が出現し，その後出版件数はおおむね増加の傾向を示すが，産業革命に伴い生活基盤が構造的に変動し，階層分化が進行すると同時に，かつてみられたその土地・集団に特有の情報伝達網も分断された結果，マニュアル本の価値が以前にも増して高まることになった。とりわけ1810年代から1840年代にかけて「子育て書」が激増しており，子どもの発育と形成に対する当時の人びとの新たな関心の高まりがうかがわれる。19世紀後半に入ると「子育て書」はさらに氾濫するが，この時期は，子ども一般についての子育て知識というより，子どもの年齢段階をはっきり意識し，それぞれの年齢段階ごとの子育ての内容が非常に多様になっている。

なお，子育てといえば，スワドリングと呼ばれる育児慣習と乳母養育という慣行を廃して，手足がかなり自由に動く下着を用い母乳によって子育てをする様式が普及したことについても，触れておかなければならない。この新しい子育て様式は，北本正章の指摘によれば，「最初はピューリタン家族の間にしか広まらなかったが，18世紀半ばを過ぎると，中産階級を中心に広まり，母親の子育てに割く時間も以前に比べてかなり長くなった」。育児方法のこのような変化は医学的な立場からの啓蒙活動によるところもあるが，何よりも，その背景として「18世紀のイギリスで家族生活一般にたいする態度の変化があり，深部での子どもにたいする態度の変化が生じていたこととかかわ」りがあると考えられる。

子どもの生活と教育の保護・改善

第三に，就労児童の保護と教育保障を目指して立法措置が講じられたことも，見逃すことができない。資本主義の発展，とくに産業革命の進展に伴い，働く児童の苛酷な労働，道徳的退廃，心身両面にわたる虐待などが大きな社会問題となったとき，有識者による人道的心情と思想に基づいた教育活動とともに，児童を保護するための立法活動が展開されたのである。長時間労働から児

童を保護し，最低限の保健衛生と教育の確保を目的とした 1802 年の工場法にはじまり，その後も，オーエンの努力による 1819 年法をはじめ何回も規定が改善され，適用範囲と保護の内容が拡充されていった。

このオーエンは児童労働の問題に関心を向けた先覚者の 1 人であって，グラスゴウ近郊のニュー・ラナークの地で経営していた紡績工場で人道的な改善をなしたうえに，工場法の制定に尽力してその改善を全国に広めようとした点で，特に注目される。彼は労働時間の短縮，10 歳未満児の就労廃止などの措置を講じたし，労働者住宅の改善，医療施設の開設など労働者の生活環境を整備することにも努めた。1816 年には工場のまわりに性格形成学院と名付けた校舎を設け，昼間制の幼児学校と小学校，青年・成人労働者用の夜間学級を開設し，自著『新社会観』(1813 年) で示した性格形成論を実施に移したのだった。人間は環境の産物であるため，できるだけ早期から教育的に望ましい環境におく必要があるという考えから，とりわけ幼児学校を重視し，そこでは体罰

図 2-2　オーエンの性格形成学院における授業

(Dale, D.: *Robert Owen and the Story of New Lanark*, Moubray House Press & New Lanark Conservation, 1987)

の追放，感覚に訴える直観教授法の導入，実物教授・野外での遊戯や作業の重視，唱歌・ダンス・遠足の採用など，新しい子ども観・教育観に基づく幼児教育の実験を試みている。

このような改善を全国的なものにするため，オーエンは議会に対し工場法案を提出するが，そこでは，10歳未満の児童労働の禁止，18歳未満の年少者による1日10時間半以上の労働および夜業の禁止とともに，労働時間のうち1日30分間は読・書・算を教えるべきであることが規定されていた。しかしながら，この法案への反対は強く，1819年に成立したときオーエンの意図はほとんど実現されていなかった。工場法が実効をあげるようになるのは，1833年法において工場監督官を設置し，工場主は13歳未満の者を週12時間就学させるべしという規定を実施させるための権限を監督官に付与してからである。しかし，なお十分でなく，やがて工場児童の利用できる公立学校の設置が急務であることが認識され，公教育制度の樹立が提唱されることになる。

このほかにも，いろいろな方法でもって，工業化社会における子どもの生活と教育の保護・改善が目指された。例えば，ラスキンは芸術教育を提唱し，産業革命と分業がもたらした人間疎外を克服する道を示した。特に「なぐり描き」のような自発的な絵画表現が子どもの創造力と個性を伸長することの意義を認めていた。チャーチスト運動の指導者の1人ラヴェットは，労働者階級の教育権を保証するという観点から普通教育制度を構想したが，そのなかで，すべての子どもは知的・道徳的・身体的諸能力を潜在させているという前提にたち，それを全面的・調和的に発達させることを主張している。やや時代が下り，19世紀末になると，マクミランはキリスト教と社会主義の理念に支えられながら，児童労働の禁止のほか，子どもの健康の改善を期して学校浴場・学校給食・学校健康診断などの導入に尽力した。

民衆の教育

産業革命以前は，個人が経営する私塾とキリスト教会の運営する慈善学校と呼ばれる小規模な教育機関などとが，民衆の初等教育を担っていた。どちらも簡単な読み書きや計算を教える程度のものであった。私塾のなかには婦人が女

児に対して裁縫を中心に教えるものや乳幼児を単に預かる託児所的なものもあり，これらはおかみさん学校とよばれた。また慈善学校では，キリスト教の教えがカテキズムと呼ばれる教義問答書を中心にして教えられた。この他，最下層の子どもを収容する労働学校やボロ服学校などもあった。

　産業革命期に急速に普及したのが日曜学校と助教法学校である。助教法学校とは，年長の優秀な子どもを助教（monitor）に採用し，教師の指導のもとで助教が他の児童を教育するモニトリアルシステムという一斉授業の方式がとられた学校をいう。図2-3はその授業風景である。助教が少人数のグループに分けられた児童を教えている。教師はその様子を監督している。どのように指導したらよいかについては，あらかじめ教師から助教に指示が与えられていた。モニトリアルシステムは教員不足を補うためにベルとランカスターとがそれぞれ考案した教育方法であり，不就労の民衆児童に対する安上がりの教育をという要望にこたえるものであった。助教法学校は教育効果をあげるためにさらに賞罰制度も採用していた。優秀な児童には，バッジ，メダル，衣服などの賞品が与えられた。逆に遅刻，ずる休み，授業中の私語，教師に逆らうなどをした

図2-3　助教法学校

(Lawson, J. & Silver, H.: *A Social History of Education in England*, Methuen & Co. Ltd., 1973)

Column ②

パブリック・スクール

　イギリスの「パブリック・スクール」は貴族や紳士階級の子弟の教育機関として，現代にいたるまで多くの政治家，外交官，軍人，学者，文化人等，国家のリーダーを輩出してきた。現代では，いくつかの教育改革を乗り越えて公立学校とは一線を画して，公費の助成を受けない私立の「インデペンデント・スクール」と称されることが一般的である。1869年創立の中等学校長協会の会員校をパブリック・スクールと称し，現在約250校を数える。一般的にパブリック・スクールといえば，イートン校やハロー校など歴史の古い名門9校をさすことが多い。

　今日，名門パブリック・スクールといわれる学校の多くが14～16世紀にかけて創立されている。当初は貧しい家庭の給費生を多く受け入れたが，17，18世紀頃から高額の授業料を払う貴族・新興ブルジョアジーの子弟を私費生として多く受け入れるようになり，特権的な学校になっていった。18世紀後半から19世紀前半にかけて一時，衰退に向かったが，アーノルド，バトラーらの校長が改革に努め，19世紀の半ばには中産階級以上の富裕層のための特権的私立中等教育機関として復活した。今日よくいわれるパブリック・スクールの特徴として，①全寮制の自治的共同生活を通した規律の訓練，②クリケットやフットボールなど団体スポーツを通したフェア・プレーの精神，強固な意志の涵養，③宗教教育に基づく人格陶冶，④名門大学進学の準備教育などがあげられるが，これらはこの時代にできあがった。

　戦後のわが国の教育は，民主化と機会均等を目指し，全体として教育水準を高めることに努めてきた。基本的にはエリート教育は否定された。しかし，戦前の旧制高校と重ね合わせながら，国家社会の指導者層を育成するエリート教育の必要性についてしばしば論議されてきた。旧制高校への懐旧の念とともにエリート教育への憧憬が存在するといってもよい。近年，中・高の一貫教育を行う中等教育学校の設置が可能となり，進学校を目指す私立学校のなかには受験教育と一線を画し，パブリック・スクールをモデルとして，優れた人格と学力を兼ね備える社会のリーダー育成を教育目標とする学校が現れてきた。名門イートン校をモデルとして最近開校した愛知県の海陽中等教育学校はその好例といえよう。

場合には，さまざまな罰が与えられた。たとえば，物置に監禁する，逆さ吊りにする，後手に縛って道化師帽をかぶせてさらし台にかける，そして学校を除籍するなどといった罰である。

もう一方の日曜学校は，当時社会問題になっていた労働児童の日曜日における生活の荒廃を阻止し，週日労働を妨げずに初等教育を授けることを目的に 1780 年に創設された。そこでは，主に宗教教育と読み方の基礎が教えられ，従順で勤勉な子どもの育成が目指された。日曜学校は半世紀程の間に 150 万人もの子どもが在籍するほどに普及し，産業革命期の民衆教育の中軸を担った。1820 年代以降には，日曜学校や助教法学校に通うには幼すぎる子どもたちを対象にした幼児学校も数多く設置された。

政府の介入

19 世紀にはフランスやドイツも産業革命を次々に成し遂げてきたために，政府や産業界は国民が最低限度の読み・書き・計算ができなければ，両国に自国の工業生産力が追い抜かれると危機感をいだくようになった。政府はすでに 1833 年から民衆の教育機関に対して補助金の支給を始めていたが，1862 年に出来高払い制を導入し，視学官が査定した児童の学業成績に応じた補助金を支給するようになった。また，工場労働者を中心とする労働運動の激化に伴い，民衆教育の向上なくしては労働者の生活は良くならないという考えが広まり，民衆の子どもの就学を公的に整備することが強く求められるに至った。それらの結果，1870 年に初等教育法が公布され，地方自治体に学務委員会（School Board）が設置された。この法律の定めるところにより，地方税から経費を支出して初等学校が必要数設置され，全児童の就学が保障されることになった。

学校生活の実態

公的に整備された初等学校においては，どのような教育が行われていたのであろうか。1888 年時点のキャンベル校（Campbell School, 1812 年創立）を例にとって学校生活をかいまみてみよう。この学校は，イングランド中部の都市ノーサンプトンの市街地にあった。当時は大半の学校は騒音のひどい都市部の道路沿いに位置していたが，この学校もその例外ではなく，窓を開けると授業に支障をきたすほど人通りの多い通りに面していた。

もともと同校の建物は 1 軒の私宅を改造し，教室を単に建増ししたもので

あったので，教室は児童にとって快適なものではなかった。例えば窓が大変高いところにあったために景色は全くみえないばかりか採光も不十分であった。しかもその窓は街路の騒音を避けるために夏でも授業中に開けられることはなく，そのため異様な臭いが漂うほどであった。冬は広い部屋に小さなストーブが1つしかないため，厳しい寒さの日には，ストーブから離れた座席の児童は手がかじかんで動かなくなり勉強どころではなかった。

　机と椅子は床に固定された長机と長椅子であり，児童は8，9人が1列に並んで腰掛けた。身長などに応じて椅子の位置や高さを調整することができなかったので，児童は窮屈な姿勢を強いられ，移動にも不便であった。またトイレはというと，教室から離れた戸外に設けられていて，児童にとって利用しづらいものであった。当時の学校では，屋根もなくふきさらしでバケツで水を汲んできて流すトイレが一般的であったが，キャンベル校の場合には幸いにも水洗式のトイレで屋根もついていた。運動場も用意されていない学校が多かったが，キャンベル校にはあるにはあった。しかし高い塀で外部と区切られていたので，まるで刑務所の中庭のようであった。

　学年編成や進級の制度はどのようになっていたのであろうか。多くの学校がそうであったように，学年は1級（standard I）から7級（standard VII）までに分けられていた。7歳で1級に入学し，年度末に視学官（inspector）による試験を受けて合格すると進級することができた。試験に落ちれば1年間その級に留まらなければならなかったが，優秀ならば教員の判断により飛び級をして2段階以上も上の級にあがることができた。そのため，在籍している級と年齢とは必ずしも一致せず，1つの学級にさまざまな年齢の児童がいた。例えばバースのある学校では，4級には10歳（29名）と11歳（29名）の子どもを中

図 2-4　児童の補導
(*Britain's Children Changing Britain*, No. 4, Univ. of London press, 1984)

心に8歳（2名）から15歳（1名）までの子どもが在籍していたというように，幅の広い年齢の子どもが各級にいたという記録が残されている。そのうえ1学級あたりの児童数がたいへん多く，1888年時点のキャンベル校の場合平均78名であり，なかには90名からなる学級すらあった。

　授業は断片的な知識の暗記を中心に進められていた。最重要科目とされていたのは宗教であった。その授業ではキリスト教の教えを問答形式でまとめたカテキズムとよばれる小冊子を児童全員が暗唱させられた。宗教の授業は道徳の授業も兼ね，信仰心や善行などが大いに奨励された。宗教の次に重要な科目とされたのは，「読み」「書き」「算数」の3科目であり，これらの科目はスリーアールズ（3R's）と総称された。例えば「読み」の授業では，入学時にはアルファベットから始めて初歩的な書物を読み，6級にもなればシェークスピアやミルトンのような難解な作品まで読んだ。「読み」の教科書は1人に1冊与えられ，多くの児童はそこに載っている文章を暗唱した。「算数」では，1級で加法，減法，乗法が，2級で除法が，3級で金額計算が，そして4級では分数，小数，単比例，単利計算が教えられた。

　以上の科目の他にも，学習成果があがれば政府から補助金が支給される科目が若干ながらあった。なかでも政府は正確な言葉の話し方を全国に普及させるため，文法教育の普及に力を入れていた。その他，地理，歴史，幾何，代数，理科，歌唱，外国語などにも補助金が支給された。ただし当時の初等学校では，これらの補助金支給対象科目のうち2科目までを教えるところが大半であったが，キャンベル校では5，6科目も教えられており，一時期にはフランス語まで教えられていた。

　このように一般民衆レベルの初等学校では，19世紀後半においてもなお不十分な点が多かった。しかも就学率は1886年当時においては76％程度でそれほど高くはなかった。教室環境の整備，教員の質の向上，学年制の定着，教育課程の高度化などの問題の解決は，20世紀を待たなければならなかった。

児童労働の惨状

　19世紀前半期に工場法を制定する努力が続けられていったが，過酷な児童

労働が即座に撤廃されたわけではなく，至るところで法の網の目をくぐって児童の酷使が続けられた。児童労働の悲惨な実例としてはよく炭坑での労働が取り上げられるが，他にもさまざまな業種で児童の酷使がなされていた。ここでは今まであまり取り上げられることのなかった煙突掃除の少年の例を取り上げてみよう。

　当時，煙突掃除を業務とする清掃業者には5，6歳から10歳ぐらいまでの男子が雇われていて，住居や事務所の煙突のススを取り除く作業をさせられていた。彼らは煙突の内壁をブラシでこするだけではなかった。塩水の中で皮膚をこすって固くしたうえで煙突の内壁を自分自身の皮膚でこすりながらはい登り，文字どおり体ごとススを除去したのである。煙突の太さは30センチ四方のものが多かったので，年少の少年しかこの作業をすることができなかった。煙突少年の酷使が始まったのは，18世紀に入り住居や事務所の暖房用に石炭が大量に消費されるようになってからのことである。煙突少年を使わずに機械を利用して煙突のススを掃除するには，当時の技術水準では煙突をかなり太く作らざるをえなかった。そこで安価ですむ小さな煙突が設置され，煙突少年が重宝されたわけである。また機械で清掃すればススの塊が煙突から下に落ちてカーペットや家具を汚しかねないため，業者だけではなく依頼者側でも煙突少年が歓迎されていたのである。

　煙突少年には不幸な者が多く，不義の子どもなど出生上歓迎されないといった事情により母親から業者に売られた場合も少なくなかった。このために彼らは人間らしく扱ってもらうことができなかった。例えば，彼らはススで真っ黒になった顔や体を石鹸で洗ってもらうことがほとんどなかった。また嫌がる子どもを無理矢理煙突に入れて，暖炉に火をたき下からいぶりだすような形で掃除をさせた例もあった。このような過酷な仕事のために，少年たちは皆健康を害するようになり，幼くして癌で亡くなる者が多かった。

　このような残虐な酷使に対して，人道的な見地から年少者による煙突掃除を禁止するための運動が1770年頃より始まった。けれども当時はいろいろな障害があり，清掃業者が煙突少年を雇うことを禁止する法律が制定されたのは，ようやく1840年になってからのことであった。それでもその法律の罰則規定

が緩いことや，太い煙突に改造する費用が高くつくことを嫌がる人たちの思惑もからんで，清掃業者による煙突少年の酷使は依然として続いていた。その後1875年になって，煙突少年を雇用していないことを警察が確認したうえで毎年清掃業者の事業免許を更新するということに法改正がなされたことにより，この残虐な慣習がようやく廃止されたのであった。

　このような悲惨な状況のなかにあった働く児童は，はたして学校に通うことができたのであろうか。働く児童がかろうじて通えた学校は，労働を妨げない日曜学校と夜間学校であった。教育条項を含んだ工場法が成立してからは，児童の労働時間が制限されかつ学校の出席証明書が要求されるようになったので，働く児童もおかみさん学校，私営普通学校，公営学校に通うことができるようになった。

図 2-5　煙突少年
(Elizabeth, L.: *Children at Work 1830-1855*, Longman, 1981)

育児環境の改善

　乳幼児死亡率は19世紀になると徐々に低下しはじめ，20世紀に入ると大幅に低下した。このことを裏付ける全階級にわたる正確な統計資料は存在しない。しかし貴族階級のものだけが残存しており，それによると表2-1のように乳幼児死亡率が低下してきたことがわかる。

　乳幼児死亡率の低下は，以下に示す複合的な諸要因の結果と考えられている。すなわち分娩技術の進歩，スワドリングという習慣の廃止や母乳による子育てなどにみられる育児習慣の改善，ワクチンの開発など医学の進歩による疫病の流行の減少，上下水道の整備による衛生環境の改良，農業生産性の上昇や輸送手段の発達によってもたらされた輸入穀物の増加などによる民衆の栄養状態の向上，その他がその要因である。

表 2-1　貴族階級の新生児のうち 5 歳までに死亡した子どもの数の割合

両親が結婚した年代	1700-1799	1800-1849	1850-1899	1900+……
死亡率 (%)	27.7	16.7	7.7	1.7

(Glass, D. V. & Eversley, D. E. C.: *Population in History*, Edward Arnold, 1965 より作成)

　19 世紀になるとミルクによる人工栄養が，18 世紀後半にすたれた乳母養育にとってかわって次第に普及するようになった。19 世紀の初頭には殺菌法が開発されていなかったためにミルクを飲んで下痢を起こす赤ん坊も多かったが，1890 年頃には殺菌処理の技術が導入され，さらに 20 世紀に入ると滅菌処理されたミルクが市場に大量に出回るようになった。こうして乳児は栄養を衛生的なミルクから安定して摂取できるようになったことから，乳児の死亡率が劇的に減少した。

　この結果，少産少死型における育児方式に変わり，そのことが 1 人の子どもを親が手をかけて大切に育てるという風潮を生み出した。特にこの時期の中産階級にあっては，家庭において女性が担う育児と教育の役割が強調され，良妻賢母が理想とされるようになった。このようにして，労働者階級の女性が工場労働に駆り出されたのとは対照的に，中産階級では家庭に縛られる女性のイメージがつくりだされていったのである。

参考文献
青山吉信・今井宏編『概説イギリス史―伝統的理解をこえて―』新版，有斐閣，1991 年。
加藤尚武ほか『現代哲学の冒険 2　子ども』岩波書店，1991 年。
北本正章『子供観の社会史―近代イギリスの共同体・家族・子ども―』新曜社，1993 年。
小林登ほか編『新しい子ども学 2　育てる』海鳴社，1986 年。
松塚俊三『歴史のなかの教師―近代イギリスの国家と民衆文化―』山川出版社，2001 年。
宮沢康人ほか『世界子どもの歴史 6　産業革命期』第一法規出版，1985 年。
ロースン，J.・シルバー，H.，北斗・研究サークル訳『イギリス教育社会史』学文社，2007 年。

2　フランス

工業化と経済発展

　フランス革命以前から農村工業がすでに発達していたが，革命による封建制度の崩壊によって，産業活動は急速に活発化していった。19世紀前半にはイギリスから先進技術が導入されて工業化が始まり，産業革命が幕開けした。フランスは工業国として急速な発展を遂げていったが，イギリスと比べて後発資本主義国であったため，世紀半ばすぎまで保護主義的政策をとらざるをえなかった。また，前世紀からの伝統的な労働集約型の職人的工業が，資本主義的工業生産システムと並行して存続していた。

　この1世紀間に工業生産はめざましく増大し，飛躍的な経済成長による繁栄の時代が到来するが，それはまた，フランスの植民地支配によって支えられてもいたのである。

ブルジョア社会の成立

　フランス革命を経て政治的実権を握ったブルジョア階級は産業革命をなしとげ，時代の支配勢力となった。工業化の進展とともに都市の人口は急膨張し，生活環境が悪化した。窮乏化する労働者や民衆は，ブルジョア権力に対して権利要求をかかげてデモやストライキを起こし，騒乱が頻発した。革命と労働運動に彩られた激動の時代が19世紀半ばすぎまで続いたのである。

　世紀後半以降，経済発展による生活水準の向上によって，都市を中心に小市民的な中間階層が出現し，家族中心の新しい生活様式が浸透していった。また，低賃金，劣悪な労働条件，子どもや女性の長時間労働などが多少は改善されたことで，労働者の生活条件は向上したが，依然として大きな貧富の格差は残されたままであった。

　商品経済の進展から恩恵を受けた農村では，近代化の波のなかで，伝統的な村落共同体を支えていた社会的な人間関係のネットワークは解体と変容をせまられ，古くからの慣習はすたれていった。

この時代はまた，国家による国民の統合が，公教育と兵役制度をとおして進行していく過程でもあった。家庭は，これらと協同して規律と秩序意識を教えこむ場として重視された。教育による「善良なる市民」の育成は，管理化のすすむ産業社会の安定に不可欠であった。

中央集権化が強化されていくなかで，公用語としてのフランス語や，歴史，地理などの教育をとおして，「国民」意識の醸成が図られた。その一方では，地方の伝統文化や言語がしだいに周縁に追いやられていった。また，西欧文明優位の意識によって植民地支配が正当化され，帝国主義的侵略の実態に対する批判は，ほとんど起こらなかった。

国内では70年代以降，物質的繁栄が続き，「ベル・エポック」と称される時代が出現した。ジャーナリズムの発達や大衆文化の興隆は，いわゆる「世紀末」の爛熟と退廃の社会状況を生み出し，そこに胚胎する不安と危機は，やがて第一次世界大戦の勃発によって現実のものとなった。

多産多死から少産少死へ

フランスの人口を長期的にみると，16世紀（1500〜1800万人）から18世紀前半頃（2500万人）までは緩やかに上昇し，後半から急速に増大していく。それは，人口危機を招いた飢饉，ペストなどの疫病の流行が後退していったことや，さらには，産業革命による経済成長と農業生産の向上などによるものであった。19世紀には前半の3300万人から後半には4000万人近くに増加したが，他のヨーロッパ諸国に比べてその増加率は低い水準にとどまっていた。

人口増加率の低さは，出生率の低下によるところが大きい。人口1000人あたりの年間出生数は，18世紀中葉では約40人，18世紀末では37人，19世紀初頭では32人，さらに中葉では28人〜23人，20世紀初頭では22人〜20人へと低下し続けた。

出生率の低下をもたらしたのは，産児制限であった。避妊を罪悪視するカトリック教会の教えが権威を失いつつあったことや，子どもに対する心性の変化，すなわち，子どもへの積極的な関心がブルジョア家庭を中心に広まっていったことなどが，原因としてあげられる。1人の女性から生まれた子どもの

図 2-6　家族の団らん（19 世紀）
(Lequin, Y. éd : *Histoire des Français XIXe–XXe Siècles, Un peuple et son pays*, Armand Colin, 1984)

最終的な平均数は，19世紀前半の3人または4人から世紀末には2人に減少した。少産によって教育投資効果を高め，社会的上昇をめざす小規模家族が一般化したのである。

無名性から家族の中心へ

18世紀から19世紀にかけて，子どもに対する親の意識は大きく変わっていった。ルソーが『エミール』の冒頭にかかげた，子どもは無垢な存在であるという宣言は，原罪説にたつカトリック教会への挑戦ともいえるほど大胆な主張であったが，すでに都市ブルジョア層の家族感情のなかでは，現実のものとなっていた。天真爛漫な愛らしさ，汚れのない心の純粋さによって，子どもは積極的な価値の体現者となったのである。

このような意識の変化は，子どもの死に際して墓石にきざまれた墓碑銘や生前に生きうつしの子どもの彫像に，端的にあらわれている。かつて子どもは，とりわけ1歳に満たない場合，貴族や富裕な市民の子であっても，教会内に埋

葬される親とは別に，教会外の共同墓地に下層民とともに葬られるのがふつうだった。

19世紀には，子どもはこのような無名性から脱却し，かけがえのない存在として家族の中心に位置づけられるようになり，親からこまやかな心遣いと周到な配慮を受けた。こうした親子間の親密な関係は，ことばづかいにも表れた。子どもに対するよびかけは，他人行儀の〈vous〉から，うちとけた〈tu〉に変わっていった。ブルジョア家庭に典型的に表れた，子どもに対する親の，このような意識・態度の変化は，社会的上昇を目指す広範な層に広まっていった。

すでに18世紀末から，家族内では子どもは男女ともに平等に扱われなければならないという傾向がブルジョア家庭のなかにみられるようになり，これは均分相続法として，のちにナポレオン法典のなかで法制化された。しかし，農村では19世紀になっても，伝統的な男尊女卑の風潮は強かったのである。

産業化社会と子どもの保護政策

急激に人口の膨張する都市を中心に，劣悪な労働条件のもとでの児童労働と少年犯罪が問題とされるようになった。

例えば，1830年代のアルザスでの例をみてみよう。「立ったまま，1日16時間から17時間，少なくても13時間，閉めきった所で持ち場を離れずにいることは，もはや長時間労働とか仕事などではなく，拷問である。6歳から8歳の子どもが，食事も貧しく粗末ななりで，朝は5時から遠く離れた仕事場へと向かわなければならず，夕刻には疲れきって家路につくのである」(「綿毛産業の現場から」Heywood, C., *Childhood in Nineteenth-century France*, Cambridge Univ. Press, 1988)。また，「手をたたいたり，壁に頭を打ちつけたりして，眠いのをこらえようとしたが，無駄だった」(同上書) と，児童労働の個人的体験を回想する一節からは，当時の過酷な現実がうかがえる。

湿っぽく，綿くずのただよう，換気の悪い労働環境や貧しい食事などは，肺結核やこれと関連する瘰癧(るいれき)などを引き起こし，深刻な社会問題となった。

1830年代末では，繊維産業（綿・毛・絹）の労働人口のうち，7歳から14

歳の年齢層は48万人から63万人であった。

1841年から児童労働に対する法的規制が加えられるようになったが，それは形だけのもので，状況の改善はほとんどなされなかった。

少年犯罪は世紀前半では年間100名以下（感化教護院送り）だったのが，世紀半ばすぎには年平均2500人以上にのぼった。

急増する少年犯罪や養育機能を失った貧困家庭の増大とともに，捨子の激増（1809年6万2000人，1833年13万1000人）も大きな社会問題となった。これらに対し，監視と教育による矯正，家庭訪問などによる援助，捨子収容施設や保育所の設置，未婚の母への生活扶助などの福祉政策が，徐々に拡げられていった。また1865年以降には，パリやリヨン，ボルドーなどに児童保護協会が設立された。1874年のルセル法は，国家による監督のもとで，おもに田舎の雇われ乳母によって養育される2歳以下の幼児の生命と健康をまもることを目的とする画期的なものであった。

教育への多様な試み

産業化社会の進展のなかで，都市を中心としてさまざまな矛盾が生じていた。こうした現実に対し，文明批判の立場から共同生産と共同生活によって成り立つユートピア，「調和社会」を構想し，そのなかで教育の理想を追究したのが，空想的社会主義者といわれるフーリエであった。そこでは，人間の内的生命力としての「情念」を全面的に解放することにより，自由でのびやかな，調和のとれた発達が可能となるのである。

同じ系譜に属するサン・シモンは，新興ブルジョアジーの立場から，労働と教育を中軸とする産業社会への変革を説いた。産業の進展による社会全体の繁栄と幸福の増進は，多数をしめる労働者・民衆に充分な教育機会を与えることで達成されると考えた。

このサン・シモンの思想に共鳴し，教育機会をうばわれていた障害者に教育を受ける権利を保障し，人間としての尊厳の回復を目指したのが，セガンであった。彼はすでに「アヴェロンの野生児」の療育で高名であったイタールの業績に学んで障害児の教育にとりくみ，のちにアメリカに渡って，精神障害者

> Column ③
>
> ## 点字の考案と視覚障害児教育の発展
>
> 　教育の最初の段階は，文字を獲得することから始まる。文字を介して思考，表現，文化遺産の伝達が可能となる。ところが，障害のため文字を読み書きできなかった者は長い間教育の対象外とされ，慈善事業に頼って生きていくしかなかった。
> 　視覚障害者教育の最初の試みはフランス政府通訳官であったアユイによって行われた。彼は1784年，パリに盲学校を創設し，視覚障害者に糸紡ぎ，裁縫，製本などの手職を訓練するとともに，活字を紙に強く押しつけて浮き出させた文字（線字）を工夫して，フランス語，歴史，数学などの教育を試みた。そして，その成果として視覚障害者にも文字を介した知識教育が可能であることを証明した。
> 　アユイの試み以降，点を組み合わせた文字（点字）が考案されたが，自身視覚障害者であったブライユによって視覚障害者に弁別しやすい6点式の点字として改良され完成された（1837年）。19世紀半ばにはフランスでブライユ点字が公認された。さらに1870年代にはイギリスで線字に対する点字の優位性が社会的に認知され，ブライユ点字が定着する。一方，アメリカでは新たな点字が考案され，また，線字も改良され広く普及したが，触知覚による弁別の観点から次第に点字が優位になっていく。アメリカの点字とブライユ点字のどちらが視覚障害者にとって有効かという論争が起こり，両者が国際的に統一されたのは20世紀に入ってからである。点字が視覚障害者用の文字として確立した背景には，線で構成された文字に比して点で構成された文字は弁別しやすく（読みやすい），器具を用いれば点を穿ちやすい（表記しやすい）からという理由がある。視覚障害者の職業教育は古くから慈善事業として行われてきたが，それは一芸を身につけて社会の重荷にならないで生きていくためであった。視覚障害者は読み書きができないから教育は授けられないと考えられていた。しかし，視覚障害者が文字（点字）を持つことができるようになって，普通教育の対象となる可能性が出てきた。欧米において視覚障害児の就学義務制が実施され始めるのが19世紀後半である。これは，点字が確立し普及が進む時期と一致している。視覚障害児教育における普通教育の発展に点字の果たす役割は非常に大きなものがあった。

のための施設医師協会の結成や，障害児のための通学制の学校の設立に指導的役割を果たした。

　セガンは，神経生理学の観点から感覚機能の訓練を基礎において，子どもの好奇心や興味に訴える，一人一人に即した教育を提唱した。さらに，集団のな

かで助けあい，学びあうことが障害児の発達をうながすことに着目し，この方法が一般の子どもにも適用できると考え，これを生理学的教育と称した。また，障害をもった人たちにとって地域に開かれた施設や学校が欠かせないことを主張したセガンは，現代のノーマリゼーションの先駆者ともいえる。

このような個別教育をさらに科学的，実証的に追究したのは，ビネーであった。子どもの精神発達に関する観察と実験が，教師の協力のもとでくりかえされ，知能テストが誕生した。ビネーが強調したのは，子どもの個性と適性に応じた教育であり，発達の遅れのある子どもへの早期からの個別指導であった。

これらと対照的に，ブルジョア支配層の教育要求に応じて学校を設立したのは，ドモランであった。生活から遊離した古典中心の教育への批判から，ドモランはイギリスの実践例にならい，1899年，生徒の自治に基づく寄宿制の学校をロッシュの田園のなかで開いた。英語やドイツ語を重視し，労働体験をとおして教育を生活と結びつけるこの学校からは，将来の産業界の指導者が養成されていった。それは，植民地分割競争が激化する時代に，有能な人材を必要とする産業ブルジョアジーの要請にかなった学校であった。

教育への実践的なとりくみとは別に，社会事象としての教育を客観的な研究対象としたのが，デュルケームであった。国家的統合を義務教育をとおして推進していた時代に，デュルケームは教育を若い世代に対する「社会化」としてとらえ，内発的な成長よりも，社会の要請する価値と規範の内面化に力点をおいた。「規律の精神」と「社会集団への愛着」などの念を育成することで，社会に適応することが目指されたが，それは結果として，画一的で権威主義的な「公教育」の現実を正当化することにもなった。

第一次大戦後の国際的な新教育運動の高まりのなかで，すべての子どもに発達の可能性を認めるセガンやビネーらの精神は，教育への権利の主張を基軸として，第二次大戦後，教育の民主化をねらいとしたランジュヴァン・ワロン改革へと受け継がれていった。また，学校に印刷機をもちこみ，表現活動を重視するなかで，自由な精神をもつ自立した人間の育成を目指したフレネは，こうした流れのなかに位置づけることができる。

子ども観の変容と家族・学校

アリエスによれば，子どもは，17世紀には無視され，18世紀にそれが発見され，19世紀には専制君主となったとされている。子どもは，18世紀以降，家族という集団のなかで第一の地位を占めるようになっていく。彼によれば，17世紀以前においては，子どもそのものが無視され，その独自性が考慮されることはなかった。18世紀になると，子どもに対する意識がめばえ，子どもに対する教育的配慮が出現する。子どもを中心として描く芸術作品が生まれ，子どもを題材とする文学作品，やがては子ども向けの文学がつくられ，子ども服が考案され，大人とは違った子どものための遊びができあがり，大人のみだらな世界に子どもを巻き込むことに慎重になったりした。こうした事態は，大人が，子ども期は大人とは違うものであるというこれまでになかった心性――子どもは大人とは違った固有の性格と人格をもっており，純粋無垢な存在であるという意識のめばえ――をもちはじめたことを表している。そのため「子供は人生に入っていくためには十分成熟していないこと，子供を大人たちと一緒にし混淆するに先立って，ある特殊な体制のもとに，世間から隔離された体制のもとに置いておく必要があることが認められる」ようになる（アリエス，Ph.，杉山光信・杉山恵美子訳『〈子供〉の誕生』みすず書房，1981年）。大人とは違う純粋無垢な子どもを大人の社会から引き離す体制が家族と学校であり，親子で構成される縮小された閉鎖的な近代家族が出現し，教育に対する新しい配慮の結果として学校は発展を遂げてゆく。

アリエスの17世紀以前の子どもに対する無関心，無視というテーゼに対する批判がないわけではない。それ以前の社会においては，子どもの保護，世話の仕方は今日と比べると異質ではあったが，子どもは十分慈しまれていたし，子ども，とりわけ赤ん坊の生とか死にも無関心であったわけではないというものである。ただ，この時期に，子どもに対する意識，扱い方が変化したことは事実であろう。

家族のなかの子ども

フランスにおける18世紀の子ども観の変容は，当時の人口変動と関わりが

ある。フランスのそれは，同時期のヨーロッパの国々に比べると，異なった特徴をもっている。18世紀末以降，出生率の低下が他国にさきがけて起こっていた。19世紀以降，産業革命が始まってからどの国でもそれが進行するが，フランスではフランス革命以前に起こり，政治的，社会的変革よりも先にみられた。また18世紀後半以降フランスでは，乳幼児死亡率も低下し，18世紀末にいたるフランス社会の人口動態上の特徴は，子どもの多産多死型から少産少死型への移行であるといえよう。こうしたフランスの18世紀末の人口動態上の変化は，さまざまに解釈される。例えば出生率の低下は，他国に比べてフランスでいち早く開始された産児制限という慣行にあるとされる。この産児制限の動きもいろいろの要因が考えられよう。死亡率低下による人口増加のため出生を抑制するという単純な人口調整のためのメカニズムを反映したもの，カトリックの性＝生殖という習俗からの解放という宗教的要因などが考えられるが，それとともに，家族のなかでの子どもの位置付けが変化したことを反映したものであるとも説明される。子どもはかけがえのないものであるという考え方が強くなればなるほど，多くの子どもよりは少数の子どもを産んで大切に育ててゆきたいという親の意志が産児制限にむかわせ，やがては「子ども2人時代」に突入していったと考えられよう。また，乳幼児死亡率の低下については，17世紀末以来の子どもの高い死亡率の原因を伝統的な産育を担う産婆と乳母のせいにする非難がおこり，産児・育児を近代的な産科医と小児科医に委ねて合理的に行う医療化（médicalisation），もしくは科学的な育児書による「育児学のパストゥール革命」がその原因であるとされる。いわば，子どもの生命に対する関心が高まっていったことの現れである。

18世紀後半以降，子どもはかけがえのないものであるという心性がめばえ，子どもの生命に対する関心が増加してゆくが，同時に，子どもへの関心の減少を示唆するともいえる捨児は逆に増加している。1670年以降，パリでは捨児養育院が整備されていく。1772年に，そこに受け入れられる捨児の数は最高の7676人が記録されている。子どもに対する関心が高まる時期に最高の数が登録されるのである。街頭に置き去りにされる捨児は減少の方向に向かったとはいえ，捨児養育院に捨てられる児の数は増え，顔をみられずに子どもを委ね

図 2-7　家族のなかで子どもが意識された時期
　㊤アンシャン・レジーム期の社交生活。子どもが描かれたまれな例。
　㊦夫婦と子ども中心の家族。19 世紀。
(Gélis, J., Laget, M., Morel, M-F.: *Entrer dans la Vie*, Gallimard, 1978)

図 2-8 捨児養育院（パリ）と「回転箱」（19世紀）
（図 2-6 と同書）

ることができる「回転箱」の採用がより容易に子どもを捨てることができるようになるという皮肉な結果を生み，18世紀を通じて捨児が増大していった。とりわけ，18世紀後半には，私生児だけではなく，嫡出子もその2割から3割を占めていたとされる。ただこの現象も，第一の原因は貧困ではあろうが，育てていくために相応しい子どもの数というそれまでになかった考え方が発生していた可能性も考えられよう。そこには，育てられない子どもを捨児養育院なら大切に育ててくれるだろうという民衆の期待が込められていたのかもしれない（捨児については，二宮宏之「七千人の捨児」『全体を見る眼と歴史家たち』木鐸社，1986年）。

　いずれにしても，18世紀末以降，フランスでは，子どもに対する関心が高まり，子どもの生命に対する配慮が生まれ，少なく産んで大切に育ててゆくという意識がめばえていった。

親子関係の変貌

　18世紀末以来，子どもに対する心性が変容することによって，家族のなか

での親子関係はどのように変化したのか。もちろん，社会のあらゆる階層，地域において子どもへの関心が変化し，親子関係もそれまでにないものとなったわけではない。ここでは，セガレーヌの研究に基づいて各階層ごとの19世紀の親子関係について概観してみよう（セガレーヌ，M.，片岡陽子・国領苑子ほか訳『家族の歴史人類学』新評論，1987年）。

　子どもの数を減らし，十分に世話をし，教育を受けさせることによって，健康で教育の行き届いた子どもを強く願うのはブルジョア階層の家庭から始まってゆく。そのため，医療制度と学校制度に依存する割合は高まっていった。両親と医者と教師が子どもの産育に際して同じ目標をもち，共通の計画を実現してゆこうとする。ブルジョアの子どもは両親の期待を一身に受け，医療制度と学校制度に組み込まれて生活をするようになる。また両親の役割にも変化が生じ，家長としての父親が子どもの教育の責任者であるが，日常的な親子関係は，（実際には乳母に手助けされながら）母親が受け持ち，母親という役割に独自の存在価値が与えられる。ブルジョアの家庭において，子どもが学校に委ねられる割合が大きくなるにつれて，就学年数が延長し，子どもとも大人とも違う青年期という年代が出現する。つぎに，農民の家庭は，ブルジョア文化と被支配階級の家庭の文化の双方の特徴をもつ。学校が子どもという労働力を奪い，従来の農民文化を破壊する敵だと考えられる一方で，学校で優秀な成績を修めることによってその境遇から抜け出させるために子どもの教育に熱心になる家庭もあった。19世紀の農民の子どもは，こうした2つの文化の接点に身を置いていた。工業化の進行によって，伝統文化を喪失した労働者の家庭では，子どもに対する態度も一様ではなかった。そこでは，将来のことを考えずに，子どもが数多く生まれるという伝統的な多産型が残存していた。労働者の家庭にとって，数多くの子どもは収入源であり，老後の保険でもあった。しかし20世紀になると，ブルジョア階層の家族観が農民，労働者といった民衆の間にも浸透し，眠りと酩酊の場所でしかなかった家庭が，一家団欒の場所へと変化し，子どもに対して特別の関心を抱き，少なく産んで大切に育てるという「人口動態上のマルサス主義」が波及する。

異質の文化のもとでの産育

親子関係が階層によって異なるように，地域によっても違いがみられた。ここでは，19世紀の農村社会での出産から育児にいたる慣行についてみてみよう（ルークス，F., 福井憲彦訳『〈母と子〉の民俗史』新評論，1983年を参照）。農村社会では，綿々と伝承されてきた慣行が19世紀になってもなお残存していた。

出産は，当初は夫と祖母といった家族と，近くの女性，手助けをする産婆とでなされていた。出産は，軽くすませること，とりわけ出産を早めることが第一に考えられた。出産は社会的には入団儀礼であり，儀礼を受ける者の苦痛と，その苦痛を克服することが求められた。子どもが誕生すると，すぐに子どもの全身が洗われる。それはぬるま湯で行われ，虚弱の子が生まれた場合にはブドウ酒のたぐいが湯に加えられ，時には子どもに少量のブドウ酒が飲まされることもあった。それには治療力があると人々に考えられていた。人生の第二の入口は洗礼である。それはできる限り早く行われなければならなかった。洗礼のために教会へつれて行くのは助産婦であり，母親は洗礼には出席しない。母親は出産後の祝別式を受けるまでは不純なものとみなされ，家から出てはならなかった。赤ん坊は洗礼を受け，母乳によって育てられるが，きわめて早いうちから粥が与えられる。このように早くから粥を与えることは，今日では新生児の生命に危険を与えるものとして非難される。しかし，母親たちが怠慢のゆえにそうしたのではなく，彼らなりに必要と感じて粥を与えていた。子どもは産着によって首までうずもれ，身体の形にぴったり合った狭い揺り籠に寝かされた。この産着は，親が安心して仕事に従事できるよ

図2-9 トゥルニケによる歩行訓練

（ルークス，F., 福井憲彦訳『〈母と子〉の民俗史』新評論，1983年）

うに子どもを動けないようにしておくためではなく，身体を支えることに第一の目的があった。身体の形づけをするものであった。産着が必要でなくなると，子どもは四つ足の歩行器，もしくはトゥルニケと呼ばれる回転台に支えられ，歩行訓練がなされた。

　現代のわれわれのイメージからすると考えられない慣行でもって子どもは育てられたが，今日の慣行と異なるとはいえ，子どもは絶え間ない心づかいに包まれていた。子どもはか弱い存在であるということから，日常での危険を避ける方策がとられ，病気の予防，治療についても数多くの慣行が存在した。たとえば，寄生虫から子どもを守るため哺乳瓶に少量のブドウ酒，アルコール類を混ぜたりもした。こうした予防の措置は，近代的なそれとは大きく異なっていたが，子どもへの心づかいと世話が常に意識されていたことの表れであり，決して子どもに対して怠慢であるとか，関心がなかったというわけではない。いわば，現在とは違う異質の文化のもとで産育が行われていたのである。これら

図 2-10　温度計つきのガラス製哺乳瓶（1886 年）
（図 2-6 と同書）

の方策はすべて子どもの死に対する恐怖に由来するものであった。子どもの死は見なれたものではあったが，それは無関心に受けとめられてはいなかった。

ルークスによれば，19世紀末以降，子育てに関して3つの時期区分が考えられる。第一期は現在のものとはまったく異なる民間伝承の時期，第二期は，1930年代を中心とする自宅出産の後退と，子どものしつけにおいて従うべき規則，衛生の規則や食事を規則正しく与えることが強調される時期，そして現在，ふたたび厳格さの緩和された方向にもどりつつある。

学校化社会の到来──監視の時代──

大人とは違うけがれなき子どもを大人の社会から引き離し，隔離する体制が，家族とともに学校であった。子どもの教育に対する新しい配慮の結果として学校は発展を遂げてゆく。

中世の学校は，生徒たちの年齢もまちまちで，習熟度に応じたクラス分けもなされておらず，大人と子どもが混ざって授業を受けていた。アンシャン・レジーム期以降，子ども時代が意識され，大人から子どもを引き離すため，子どもの教育に関心を抱くようになったブルジョアの家庭では，子どもを学校に委ねるならわし，学校化（scolarisation）の慣行が発生する。ブルジョアの家庭は，子どもを社会から隔離して年齢ごとのグループに分けて教育するものとして17世紀に発達したコレージュに子どもを委ねた。コレージュは，ある意味では子どもが規律・訓練によって守られ，閉じ込められる場所でもあった。そのため，最も完璧な教育制度として，寄宿制度が出現した。

学校に子どもを委ねるという動きは，19世紀になると，民衆の間でも広まって行った。19世紀は「教育の時代」であった。あらゆる問題の解決は教育の普及にまつべきものと考えられ，政治の性格を変え，政府と民衆とを接近させるもの，国民的統一のための最良の装置，ほとんど読み書きのできない国民から，書き言葉があらゆる活動の鍵となる国民への転換による心的変化をもたらしてくれるものとして教育が考えられた。1863年に公教育大臣に就任したデュリュイは初等教育に関する調査を行ったが，それによれば，832のコミューン（全体の2％）には初等学校がなく，61％のコミューンには女性のた

めの教育施設がなく，7〜13歳のうち約30%の子どもは学校教育をまるで受けていない．しかし約402万人というおおかたの子どもは学校教育を享受するまでになっていた。そして，1880年代には教育の無償，義務，非宗教性の原則が確立され，一定の期間すべてのものが教育を受けるという公教育制度が完成する。こうした初等教育の再編成は，刑務所，工場，病院とともに学校がすべての民衆の子どもの規律・訓練の場，服従させられ，訓練され，従順な身体を造り出す監視施設になったことをも意味する。ブルジョアだけではなく，あらゆる階層の子弟の監視と規格化の装置として学校が機能し，民衆の無秩序と混乱を排除し，「国家のイデオロギー装置」（アルチュセール）としての側面を家族とともに学校が果たすようになっていく。

参考文献
天野知恵子『子どもと学校の世紀―18世紀フランスの社会文化史―』岩波書店，2007年。
ドンズロ，J.，宇波彰訳『家族に介入する社会―近代家族と国家の管理装置―』新曜社，1991年。
フーコー，M.，田村俶訳『監獄の誕生―監視と処罰―』新潮社，1977年。
藤田苑子『フランソワとマルグリット―18世紀フランスの未婚の母と子どもたち―』同文舘出版，1994年。
フランドラン，J. L.，森田伸子・小林亜子訳『フランスの家族―アンシャン・レジーム下の親族・家・性―』勁草書房，1993年。
松島鈞編『現代に生きる教育思想3　フランス』ぎょうせい，1981年。
宮澤康人編『社会史のなかの子ども―アリエス以後の＜家族と学校の近代＞―』新曜社，1988年。
森洋子『子供とカップルの美術史―中世から18世紀へ―』日本放送出版協会，2002年。

3　ドイツ

工業化の進行

　ドイツの工業化はイギリスやフランスに比べて遅れてはじまった。三十年戦争で国土が荒廃したこと，領邦制の下で統一国家の樹立が遅れたことなどがその原因にあげられる。また，18世紀末頃から次第に成長してきた繊維産業を

中心とするマニュファクチュアの成長を阻害していたのが、封建的農業制度とツンフト（ギルド）制度であった。

　ナポレオン支配下のプロイセンでは、シュタイン等の一連の改革により、封建的社会機構を資本主義的なものに変えていく試みがなされた。1807年の10月勅令は農民を封建的隷属関係から解放させた。また1808年の都市条例によってツンフト加入の強制が廃止され、営業の自由が宣言された。

　ウィーン会議でラインラントを手に入れたことはプロイセンの機械工業を中心とする工業化を押し進めた。1834年には関税同盟が設立され、1835年には最初の鉄道が敷かれた。1840年から50年の10年間の工業生産は1830年から40年の10年間の2倍半になった。このような工業化の進行は、その反面で年少労働者の酷使や工場労働者の飢餓暴動を日常化させ、三月革命を産み出していった。

　ではドイツにおける工業化は、民衆や子どもたちの生活をどう変えていったのだろうか。

パウペリスムス（大衆貧困状況）の出現

　パウペリスムス（Pauperismus）とは、機械化や工業化の進行により何ら生産手段をもたない低賃金労働者が、特に都市において社会の最下層民として増大していく状況をいう。

　都市の人口動態は、この大衆貧困状況を知るうえにも重要である。ここではプロイセンの王都であり、ドイツ最大の都市であったベルリンを中心にみていこう。ベルリンの人口は1822年に、市壁内外および軍関係者あわせて20万6309人であったのが1849年には41万2154人と約2倍になった。これは、毎年約1万人ずつ増加したことになる。増加人口の90％以上が市外からの流入者であり、職人、奉公人、日雇い、徒弟といった非自立的な補助労働者（Arbeitsleute）であった。やがて彼らの多くは、市外区を中心に貧民街を形成していった。

　次の言葉は1846年当時のベルリンの貧民街の状況を語っている。「プロレタリアートは商店の屋根裏や半地下、工場わきの小屋などに住んでいる。この社

会からはじきだされたかのように市北西部の市門の外に身を潜めているのは，ごく一部のプロレタリアートと，どうしようもない貧困者である」(川越修『ベルリン王都の近代』ミネルヴァ書房，1988年)。1850年当時，ベルリンの全世帯の約5分の1が家賃税を免除された貧困世帯であった。

貧民たちはどのような職種に就いていたのだろうか。企業家・商人などのブルジョアジーに対して貧民たちは労働者階級とよばれる。労働者階級はさらに①工場労働者，②手工業職人・徒弟，③手労働者，④僕婢，などに分けることができる。手労働者とは，日雇い人夫や洗濯女など手労働に従事する者をさし，僕婢とは女中や下働きの子どもたちをさす。

工場労働者の増加の状況をベルリンにみると，1816年に5864人であったのが1846年には2万2536人に増加している。また，手工業職人・徒弟に関しては，1816年に1万1151人であったのが1846年には3万164人に増加している。工場労働者の増大はドイツの機械製造業の大きな発展と密接な関わりをもつ。特にベルリンでは，1830年代の産業革命以降，鉄道の開設に伴い金属，機械工業が集中していた。

手工業職人・徒弟の増加はベルリンが依然「手工業都市」や「職人都市」の性格を失っていないことを語っているが，工業化以降，職人が様変わりしていった。工業化以前，都市の中下層民の子弟は12～15歳で親方の下に徒弟として入り，3～5年して職人となり，遍歴を経て親方となる道を選んだ。しかし，工業化以降は親方になる道を選ばず，通いの既婚職人となり工場職人やマニュファクチャー労働者といった職人労働者となる道を選ぶ者が増加したのである。

民衆の生活

働く人々の生活は，資本主義の発展によって必ずしも改善されなかった。むしろ，飢餓や貧困がひろがった。彼らは，1日15～16時間働くことも稀ではなかったが，賃金は非常にわずかだった。1825年にミュールハウゼンの市参事会は次のように述べている。「都市の住民は非常に貧しく，大部分が，ジャガイモと薄いスープだけで生きており，そして麦わらの上に寝ている」(木谷

勤編訳『世界の教科書　ドイツ民主共和国』ほるぷ出版，1983年)。1840年頃のベルリンの労働者の平均年収は175ターラーであったが，暗くて風通しの悪い安アパートに40ターラーもの家賃を払わねばならず，食費を切り詰めても残るものはほとんどなかった。さらに小売商人らによる投機的な価格のつりあげもあって，食料品の値段も高騰した。ライ麦やジャガイモなどの主食の値段は1840年から1847年までの8年間で約2倍にはねあがった。一度，病にかかるとたちまち困窮し，多くの男女が医師の治療を受けることなく若死にした。

　だが，都市の労働者よりも農村の手織工などの家内労働者の方がいっそうひどかった。1840年頃のシュレージェンでは，イギリスの近代的な機械によって大量生産された低廉な織物製品に対抗するため，問屋たちが手織工の製品を買いたたいた。当時の状況について作家ヴィルヘルムが次のように述べている。「私は度々，冬の悪天候の中を，飢えかじかんだ貧しい人々が，何マイルも離れた問屋に仕上った製品をもっていくのに出あった。家では妻や子供が父親の帰りを待っていた。彼らはもう2日半，ジャガイモのスープしか食べていなかった。織工は彼の商品につけられた値段にびっくりした。それはまったく情け容赦もない値段だった。彼は絶望にうちひしがれて家族のところへ帰った」（前掲『世界の教科書』）。

学校へ行けない子どもたち

　工業化は女性や子どもたちを低賃金労働力として要求した。貧民の子どもたちは家計を助けるために工場に働きにでるか，物乞いをしてうろつきまわっていた。1839年，プロイセンの工場法は，子どもが少なくとも3年間の学校教育を終了せず，満9歳に達していない場合の工場就業を禁止したが，1840年代半ばのベルリンでは6万6000人の就学義務年齢の子どもたちのうち，2万9000人の子どもたちが無知と放任のなかに生きていた。貧しい労働者は子どもを学校へやるだけの収入を得ていなかったばかりか，子どもが持ってくるほんのわずかな賃金さえもあてにしていたのである。

　また，都市の中下層民たちの教育に対する意識も子どもの就学を阻んだ。18世紀中頃から，ツンフトへ入るためには読み書きが出来ることと，教義問答の

図2-11　工場で働く子ども
(Plessen, M. L. & v. Zahn, P.: *Zwei Jahrtausende Kindheit*, Verlagsgesellschaft, 1979)

一部を暗記していることが求められていた。だが，例えば1820年頃のグリューンベルクの織物のマイスター900人の内，3分の1が非識字だった。彼らは，自分の子どもたちが学校へ行くことを無駄なこととみなしていたし，仲間が教養を身につけたいとラテン語を学んでいたりすると嘲笑したり制裁を加えたりした。

　農村でも子どもたちは，農作業や放牧，家内作業に使われろくに学校へ行かなかった。仮に行ったとしても，冬期間のみ学校へ行くということは農村では普通のことであった。親たちも学校へ行かせることは無駄と考えていたし，とくに娘に文字を教えたらラブレターを書いて恋愛事件をおこしかねないと牽制した。また権力者も，農村の子どもに必要以上に知識をつけさせると，自分の能力をもっとましな事に使おうと都市に出たがるとして，民衆の教育水準の向上を望まなかった。

学校へ行った子どもたち

　1833年に『エジンバラ評論』は「知識の水準では，イギリスの民衆は最低であり，ドイツの民衆は最高である」と述べている。家内工業やマニュファク

チュアの段階では，未熟練労働者の需要が高く，非識字が温存されていた。やがて工業化が進むと機械製造などの部門で専門的な知識をもった専門工が必要とされ，民衆と権力者側の教育要求が高まったのである。

　ある統計によればプロイセンでは，新兵の非識字率が1863年に6.1％であったのが1890年には0.8％に減少し，1895年にはドイツ全体で530万余の学齢期の子どもたちのうち，就学していないのは500人未満となったという。工業化の進行が子どもたちを学校へ行かせたともいえよう。

　では，子どもたちが行った学校の様子はどうだったか，少し時代を遡ってみてみよう。

　工業化以前の段階，都市や農村の中下層民の子どもたちに学校が教えたことは，ごく簡単な読み書きと教義問答の一部の暗記だけであった。だから学校も粗末なものであった。民衆の子弟が通った市立学校の多くでは，たった1人の教師がたった1つの教室で100人を越える生徒を受け持つことも稀ではなかった。教師に関しても教会の寺男や職人などが副業として教鞭をとった。傷痍軍人がろくに読み書きもできないのに教師になることもあった。教師としての彼らの俸給は非常に安かった。1789年のザクセンの教師の年俸は平均約80ターラーであった。

　教師たちの教え方はこうだった。聖書や教義問答の一部を生徒に暗唱させる。単語の綴りを機械的に教え込む。聖歌を暗唱させる。出来なければ，懲罰用のムチや定規がまっていた。当時は教室から悲鳴が聞こえれば聞こえるほど，その学校は良い学校であるという評価をうけたのである。

　このような状況は工業化が進んでも変わらなかった。1850年のブレーメンの小学校の女教師に関する次のような報告がある。「彼女たちが毎年同じように繰り返すことは，子供に読本を音読させ，単語の綴りを暗唱させることだけである。子供たちの知的能力を呼び覚まして鼓舞してやるとか，彼らの思考能力や言語能力を訓練させようなどと考える女教師は，ごくわずかしかいない。だから子供たちは，自分が現に音読している単純きわまりない物語さえ，内容がわからないのである」（エンゲルジング，R.，中川勇治訳『文盲と読書の社会史』思索社，1985年）。

少数の教師がこのような詰め込み主義や暗記主義を批判した。ライプチッヒの教師，ハイニッケは綴りの暗唱方式を「子供殺し」とまで酷評した。しかし，当時の一般民衆にとって暗記するということは，祈りの言葉を覚えることであり，学びすぎることは，知ったかぶりで，思い上がった横着者を生み出すことだったのである。だからブレーメン近郊のある村の父母たちは，1848年の革命直後の教育改革に対して反対する声明を発表したのである。

このようななかで，フレーベルやディースターヴェークなど子どもたちの本性とその自然な発達に応じた教育を行おうとする教師たちが出てきた。フレーベルは，子どもの興味や関心に則った，子どもの自然な

図 2-12 放課後の子ども
(Schiffler, H. & Winkeler, R.: *Bilderwelten der Erziehung*, Juventa, 1991)

成長を傷つけないような教育のあり方を模索してカイルハウ学園をつくった。この学園では詰め込み主義や暗記主義が排され，鞭や怒号のかわりに子どもたちの笑い声が溢れていた。また彼は子どもの遊びのもつ教育的な意義に注目して集団遊びやおもちゃを考案した。

やがて工業化が進むとともに彼は，家庭が崩壊し，路頭で放任されている幼い子どもたちのためにキンダーガルテン（幼稚園）をつくった。キンダーガルテンは遊びを中心にして子どもを教育する場でもあれば，工場労働に出ていく母親に子育てのあり方について教える場でもあった。

ディースターヴェークは，学校を真に民衆のものにするために，教会権力から学校を解放する学校の世俗化を訴えた。また彼は，学校を民衆自身が管理するための「学校組合」の結成を呼びかけた。経済的な困窮のあまり結婚もできずにいる教師のために，ディースターヴェークは教師の待遇改善を求めて政府とたたかった。

フレーベルにせよ，ディースターヴェークにせよ彼らは工業化の進行のなかで，働くものの立場に立った教育を求めたのである。

では次に，工業化のなかで子どもや青年がどういう生活や人生を送っていったのか，その家族関係等を中心にみていこう。

「全き家」

子どもの生活が家族のなかではじまり，家族のありかたに規定されることはいうまでもないが，学校・工場・病院などの社会的な諸機能がいまだ分化されず，その多くが家族のなかに包摂されていた時代においては，家族のありかたは子どもの生活にとって決定的であった。18世紀前半においても「家族」という言葉はドイツ語圏では一般に使われていなかったようである。そのかわり，この時代のドイツにおける家族の特徴を表すものとして「全き家」(ganze Haus) という言葉があった。「全き家」では「家父 (Hausvater)」，「家母 (Hausmutter)」とよばれた一組の夫婦を中核にその子どもたち，場合によっては親族，そして親族関係にない者たち，すなわち奉公人（ディーンスト・ボーテ）とよばれた者たちが共同して働き，寝食をともにしており，そのすべてが「全き家」の構成員であった。その頂点に立つ「家父」は，家における生産に関するすべての決定権，さらには妻や子をはじめ成員全体に対する支配権をもっていた。所帯と営業が分離していないこのような大家族制は貴族から農民，商人そして手工業者にいたるまで各階層に広くみられた家族形態であり，そこでの生活では厳格な家父長制にもとづいて確固とした規律と基準が支配していた。

農村における「全き家」はその典型的な例であったが，そこでは子どもの教育はほとんど考慮されなかった。「家母」として農作業と家政に忙殺されていた母親には，子どもの言うことを特別の注意をもって聞いたり，子どもの素質を伸ばしたりするような，子どもにかかわる余裕がなく，その必要もなかった。よそ者の奉公人にできるだけ早く取り代わるよう，子どもたちは小さい頃から農家の労働経済に統合され，農場が家族全員を維持するに十分な収益をあげられないときには，より豊かな農民のもとに送り出された。

図 2-13　大家族
(Weber-Kellermann, I.: *Die Familie*, Insel Verlag, 1984)

「家族」と「労働」との分離

19世紀初頭からドイツ帝国創設（1871年）までの時代は，政治・経済・文化などの全般にわたっての転換期であり，農業社会から都市化・工業化社会への移行の時代でもあった。伝統的な諸身分や諸集団は明確な階級社会へ再統合され，官僚制を特徴とする社会となり，都市の労働者階級が成立した。農村における貧民の大量発生とならんで，都市下層民のプロレタリアート化が顕著となった。教養市民層が国家的にも社会的にも特権を与えられた新しい「身分」を形成し，子ども・青年は階層別・階級別に明確に区分され，選別されるようになる。

このような歴史的過程で，生活領域としての「家族」と「労働」との分離が官吏層・知的専門職層（中等学校教師・法律家・聖職者・医師など）において次第に顕著になっていき，産業の構造的な転換によって，企業家，大商人，銀行家においてもみられるようになる。その結果，家族は「私的な生活」の場となり，「全き家」における生活様式と比べると，大きな変化が生じたのである。父親は唯一の経済的維持者となり，また責任者となった。このような階層にお

いては，子どもの教育が重要な意味をもつようになり，子どもの生活状態や生涯設計が変化した。少女は，将来の夫から求められる感情と知性をもつ娘へと育てられるようになり，息子たちには将来就くであろう職業のための長期にわたる教育と訓練が課されることになった。18世紀の初めには女子の学校教育はまったく等閑視されていたが，19世紀になって「中産身分」の娘たちのための学校が急速に普及した。男子に対する教育は，家庭教師を雇うか，市民学校（実科学校ともよばれた）やギムナジウムに在学するかの違いはあれ，親たちによって義務づけられていた。いいかえれば，将来，家族をつくる準備のための猶予（モラトリアム）が与えられるようになったのである。このことは貴族の息子たちにもあてはまり，彼らは遺産がない場合には伝統的な支配者とはなれず，将校や官吏という新しいエリートの道（軍人の養成機関である幼年学校やリッター・アカデミーがそのための経路となっていた）をとらねばならなかった。

図2-14　娘学校
（図2-12と同書）

子ども時代

このような階層では，子どもは家庭で「子ども時代」ともいうべき時期を過ごすことができた。それは保護と遊びの時代であった。彼らは労働する必要もなく，両親や，養育のために雇われた人々の教育的配慮を受け，おもちゃと子ども用の読み物のある子ども部屋が与えられた。その教育環境は，母親の愛と父親の権威によって，幼い時から子どもの振る舞いを両親の期待する規範に合致させるという目的をもっており，必要ならば体罰も行われた。敬虔と善なる

心が植えつけられるよう躾られ,「道端の子どもたち」(労働者や貧民のこどもを意味した)との接触さえ禁じられた。19世紀の初期までの「私的な家族」はこの意味では閉じられた教育環境であった。

　市民階層の家庭では食事時において親と子どもたちの関係が特徴的にあらわれていた。ある女性は次のように回想している。「テーブルにつくと私たち子どもは原則として話すことを許されず,それを許されるのは親に何かを尋ねられたときだけであった。親たちからは常に『背もたれに寄りかからないように,きちんと椅子に腰かけるように』注意され,料理の内容に不満を言うことは禁じられ,与えられた物はすべて食べなければならなかった」。親たちはどんな場合でも子どもが「口答え」するのを認めず,子どもたちには規律,義務を果たすこと,そしてなによりも服従を求めた。そこでは「父」「母」「子ども」という役割がきわめて公式主義的に定められており,その役割から逸脱するような「個性的な振る舞い」の余地はあまりなかった。子どもたちは特に父親に対してある種の「畏敬」を感じており,このような父と子の関係は母親によっても強められた。子どもたちは「小さな過ち」をした時は母親に叱られたが,過ちの程度が大きくなると母親が父親のほうに行くように命じ,父親が直接叱ったのである。しかし,子どもたちと父親の親密な交流が全くなかったわけではない。夏の休暇中などでは父と子,特に父と息子の関係はしだいに親密の度を増していったようである。父親は模型づくりやトランプ,蝶の収集の方法を教えたり,庭仕事を手伝わせたり,あるいは自分の仕事に息子が興味をおぼえるような話をしたのである。

子ども同士で過ごす子ども時代
　労働者や下層民の生活では両親は常に働いていたので,たいてい子どもたちは放任されており,「子ども同士で過ごす子ども時代」を経験した。貧しい人々の住宅状況は子どもたちに家庭的な「遊びの空間」を与えることがほとんどできず,子どもたちの遊び場は裏通りや街頭,作業場,そして原っぱであった。子どもたちは単純な労働,幼い弟や妹の世話をいいつけられていないとき,このような場所でボール投げ・九柱戯(ボーリング)・雪合戦などを楽し

んだ。彼らは集団で働き，また働かなくてもよいときでも子ども集団のなかで過ごしたのである。市民階層の子どもが「僕・わたし」という単数一人称で表される生活関係のなかにあったのに対して，彼らは「自分たち・みんな」という複数一人称をよく使った。義務教育を受けられる子どもの割合は次第に高まっていったが，貧しい子どもたちは家計を助けるために働かねばならなかった。農作業や人形づくりなどの手工業，そして工場で身体的・精神的な能力には何ら配慮されることなく彼らは酷使された。児童労働の全般的な禁止は19世紀末になってようやく実現したのである。

青年たちの葛藤

　市民階層の青年たち（男子）の多くは家庭での教育を終えると，大学に接続する正規の中等学校であったギムナジウムに進学した。そこで彼らを待っていたのはラテン語・ギリシア語という古典語を中心とする教養教育と学校・教師による管理体制であった。

　政治の反動化が教育の場にも及び始めた1820年代からギムナジウムにも教師のクラス担任制が導入されたが，これは学校内の規律を守り，生徒たちが放縦や政治的活動に走らないように監視するためのものであった。生徒に対する教師の管理は礼拝への督促から読書にも及んだ。生徒たちは読んだすべての書物のリストをつくり，年に4回提出させられたのである。教師が作成した生徒の考課表は，彼が公務員になった場合には一生ついてまわることになる。教師に

図2-15　子ども同士で遊ぶ子ども
Dskar Pletsch 画（図2-12と同書）

対してはこれと同じような勤務評定が校長によってなされ，校長に対しては視学官によってなされたのである。

　他の中等学校もそうであったが，ギムナジウムの生徒たちはかならずしも最下級の学年から入学していたわけではない。入学にさいしては口述試験と筆記試験が課せられ，筆記試験の内容はドイツ語と外国語の相互間の翻訳，数学，ドイツ語やラテン語の作文などであった。中途退学や転学する生徒の割合はきわめて高く，卒業試験に合格して大学入学資格（Abitur）を取得した者は生徒全体の1割程度であった。各学年ごとに修了試験があり，これに合格した者だけが進級できた。上級の各学年の修了証には，下級公務員・測量士・薬剤師などの職業資格，中級専門学校・士官学校進学資格などさまざまな資格が与えられており，等級づけられた資格制度が生徒たちの移動率を高める要因の1つになっていた。これらの資格のなかでも1年志願兵資格は生徒や親たちにとって大学入学資格に次いで重要な意味をもっていた。通常ドイツの青年には3年（または2年）の兵役が課せられていたが，この資格は兵役中の費用を自己負担するかわりに，兵役を1年に短縮することを認め，その後さらに予備役将校への道を開くものであった。1年志願兵資格は一般の企業などへの就職に有利であり，予備役将校という称号は，ミリタリズムが市民層にまで深く浸透していった19世紀後半のドイツ社会では1つのステイタス・シンボルとみなされたのである。

　生活や出世が保障されていたとはいえ，青年が両親や学校・社会のコントロールのもとでそれらの権威と何の葛藤もなく生活できなかったことは明らかである。両親たちは家族の社会的・文化的地位を将来にわたって確固としたものにするためにも，彼らの生活スタイルに青年たちを従わせることに努めなければならなかった。青年たちはたしかに労働する必要はなかったが，その代償として禁欲と自制心（とくに異性との交際の点で）という強制を受けねばならなかった。ここに「世代葛藤」の1つの原因がある。世代葛藤は19世紀以来の市民生活におけるドイツの歴史的社会的条件のもとで，次第に深刻な様相をみせていくことになる。世紀末から20世紀にかけて，物質的には恵まれたこれらの青年層からワンダー・フォーゲルに代表される社会に対する抗議運動を

先導する人物たちが輩出する。

青年時代のない青年たち

　葛藤と抗議は，長期にわたる青年段階をもっていた市民的生活の特殊な結果であったが，12歳や14歳で徒弟修業に入ったり，賃金労働者として日々のパンのために働かなければならなかった青年たちにとって，そのような葛藤は無縁であった。そのような心理的・社会的モラトリアムがなかったからである。彼らはこれとはまったく異なった葛藤に耐えねばならなかった。それは稼ぎを渡すこと（家族の生計に寄与するために）や取り分をめぐる親たちとの葛藤であった。あるいは労働条件や報酬をめぐる雇い主との争いであった。徒弟になった場合，親方の「父権的規律」のもとで3〜5年の徒弟奉公を終えて職人になると，技術をみがくため遍歴に出ることが義務づけられていたが，この遍歴さえも兵役によって2〜3年も中断をよぎなくされたのである。このような青年たちにとってモラトリアムは望むべくもなかったのである。彼らは働き，自らを厳然たる生活条件に適合させねばならなかった。また，貧しい青年労働者の生活状況のもとでは「禁欲」は意味をなさず，むしろ小さな幸せやわずかな快楽が求められることになる。結婚そして家族をもつことによる早い時期での自立は，寝るために夜だけ部屋を借りている孤独な境遇から逃れ出ようとしている者にとって切実な望みであった。しかし結婚はまもなく子どもという負担を生じさせ，貧困化のサイクルが新しい世代においても開始されるのは明らかであった。彼らは現実世界を変革しなければこの悪循環を断ち切れなかった。職人組合や労働組合を通じて広がった社会主義がこれらの青年層を結集していくことになる。

参考文献
上山安敏『世紀末ドイツの若者』三省堂，1986年。
川越修ほか『近代を生きる女たち――九世紀ドイツ社会史を読む―』未来社，1990年。
川名隆史ほか『路上の人びと―近代ヨーロッパ民衆生活史―』日本エディタースクール出版部，1987年。
クラウル，M.，望田幸男ほか訳『ドイツ・ギムナジウム200年史―エリート養成の社会史―』

ミネルヴァ書房，1986年。
長尾十三二『世界子どもの歴史8 近代ヨーロッパ―戦間期まで―』第一法規出版，1985年。
フレーフェルト，U.，若尾祐司ほか訳『ドイツ女性の社会史―200年の歩み―』晃洋書房，1990年。
Hermann, U., Familie, Kindheit, Jugend, in Jeismann, K-E./Lundgreen, P., *Handbuch der deutschen Bildungsgeschichte*, Bd. 3. 1987.

4 アメリカ

工業化の息吹

　アメリカでの最初の木綿工場はイギリスからの移民スレイターによるアークライト型紡績機を使っての1790年ロードアイランドにつくられた工場であった。これを契機に紡績工場の建設がニューイングランド地方で盛んになり，なかでもマサチューセッツ州ウォルサムに1813年建設された工場は，原綿から綿布製造までの工程を一貫して行う画期的なものであった。19世紀初めの工業の発達を促進したのは出港禁止政策と1812年戦争であって，これまで貿易と海運に従事していた資本家の関心を工業と国内開発にむけさせることになった。こうしてアメリカ産業革命は綿工業を中心として急速に進展していった。他方，鉄工業も1830年代に入ると機械や鉄道の需要に応じて北東部諸州で急速に発展した。やがて40年代に入ると，人口の増加，移民の激増，鉄道の発達，イギリスの穀物法の撤廃，カリフォルニアの金発見などがあり，これらはいずれも製造工業に好影響を及ぼした。製鉄，石炭，それによる蒸気機関の発達がみられ，手工業的要素は影をひそめ産業革命は南北戦争直前には完成をした。
　また，1807年のフルトンによる蒸気船を使っての実用航行の成功，1817年に始まったイリー運河の建設，また鉄道の建設や西部への幹線道路等の交通革命といわれるものが始まったのも19世紀の初めであった。こうした19世紀初めの「産業革命」と「交通革命」はアメリカがこれまでに経験したことのない

急激な流動性を社会にもたらすことになった。1830年代初めにアメリカを訪問したフランス人トクヴィルは『アメリカにおけるデモクラシー』(1835年,岩永健吉郎,松本礼二訳が,1972年,研究社より出版)の中で「合衆国の社会の様相ほど好奇心をかきたて,そそるのに適したものはないようにみえる。財産も思想も法規も絶えず変動している。人間の手が日ごとに自然の形を変えている以上,動かざる自然すら動いているといえるのであろう」と述べている。30年代,特にジャクソニアン・デモクラシーの時代と称せられる時代以降,競争,機会,成功といった競争社会の原理と植民地時代以来の勤勉に仕事に精励することを説くプロテスタントの職業倫理観が19世紀アメリカ社会を支配することになった。

工業化社会の出現と問題点

19世紀前半から中頃にかけてのアメリカの社会は植民地時代以来のピューリタン的伝統をもつ田園的農村社会から,産業革命による産業資本主義的な工場制度の成立と,交通革命による各種交通機関の発達による交通網の確立により,都市を中心とする社会へと急激に変貌する。1800～1810年には139%の増加であった都市地域の人口は1840～1850年の10年間には180%の増加となり,急速に人口が都市に集中していった。このような都市への人口集中は農民層の分解による労働者の創出というよりは,むしろヨーロッパにおける農民層の分解などによる急速な移民の増大によるものであり,それは単なる都市への人口集中という現象だけでなく,従来までの社会を根本的に変革させるものであった。都市は種々雑多な人々が集まり,これらの人々が多数派を占めて,その土地育ちの人々は少数派へと転じることとなった。

今まで親が仕事をしているかたわらで,仕事を手伝いながら育った子どもたちは,今や親や大人達の仕事をみることもなくなり,路上で子どもたちだけで遊ぶこととなり,次第に悪徳に染っていくこととなった。こうした困った事態も従来であれば人々の相互の人情や扶助によって解決可能であったが,新しく成立してきたヘテロ的といえる都市社会では,それもならず,ここに社会全体としての対応が必要となってきたのである。30年代,40年代にマサチュー

セッツ州のマンなどを中心にしておこなわれたコモン・スクール運動（公立学校運動）もこれらの動きへの1つであった。ロースマンなどは，こうした改革運動家達の動きのなかに人間性の回復についての楽観的見解を示したが，一方，カッツ，ボールズ及びギンタスなどは，19世紀の初期から中期にかけての熱烈なコモン・スクール運動の底流には，本質的に保守的側面があったと指摘した。すなわち都市化，それに伴う貧困，非行および文化的異質化に対する恐怖が学校改革をおしすすめたというのである。この他にも農村社会から都市社会への社会構造の変化に伴う学校管理様式の地方農村的統制から企業社会型官僚統制への移行の過程を考察し，中央集権化，専門職業化，標準化が19世紀末までに学校組織の一般的支配原理となったとしたタイヤックなどの見解がある。

複雑化する人口構成

植民地時代にはアメリカ人，すなわち植民地人の大部分は，奴隷として「輸入」された黒人を除けば，比較的民族的統一は保たれていた。19世紀に入って大西洋横断が以前にくらべて容易になると，ヨーロッパからの移民の数は急速に増加し，19世紀中頃まではアイルランド及びドイツからの移民が中心で，19世紀後半になるとスカンディナヴィア諸国からの移民も増加した。更に19世紀末には，東欧・南欧系の「新移民」と称せられる従来までとは異なる移民が大半を占め，都市化を加速していった。このように世界各地，主としてヨーロッパ大陸から大量の移民を受け入れたことは，アメリカの急速な産業発達に役立つ一面，民族構成をきわめて複雑なものとした。このように移民の国，多民族国家であるために，移民の同化，国民的統合の必要性が特に強く意識され，アメリカン・アイデンティティが求められた。アメリカの特色はアメリカ的民主主義であって，その基本原理を信じることがアメリカ人としての証であるとされたのである。ここにアメリカの公教育が重要な役割を演じることになる。

こうした背景をふまえてのアメリカの家族の実態はおおよそ次のようなものであった。まず世帯規模をみてみると，18世紀末には7人以上という多人数

図 2-16 19世紀初期のディストリクト・スクール
(Cubberley, E. P.: *Public Education in the United States*, Houghton Mifflin Co., 1947)

家族が全体の36％を占め，5人，6人家族と続いており労働力を必要とするアメリカ社会が19世紀末まで続くことを示している。さらに注目すべきは，0歳〜4歳までの子どもの死亡率が19世紀中頃でも，同年齢の内，約3割近くを占めるという高さである。栄養状態の悪さ，医学の未発達などの原因が考えられるにしても子育ての困難さは現在とは比べものにならなかったと推測される。

産業化社会の子どもとその教育

アメリカの植民地時代以来のピューリタン思想では，よく働くことが人の救済にとって重要なことであり，良きアメリカ市民の証拠でもあった。勤勉を徳とし，怠惰を罪とする考えが，子どもが勤勉に働くという習慣を伝統的に支えていた。植民地時代では，6，7歳になると子どもは年季奉公に出され，徒弟

制のもとで働きつつ初歩的な学習も教えられた。富裕な家庭の子弟にも，社会的経験を積ませる目的で他人の家に徒弟や里子として預けるという習慣があった。こうした状況下の子どもの姿をよく示す例として，1855年ニューヨークで出版され，子どもに勤労の意義を教えるのに使われた最も評判の良かった本，アボットの『働くロロ—勤勉になる道—』がある。この本の内容は，おおよそ次のようなものである。「5歳になる主人公のロロは働くことを学びたいと思い父親に頼んだところ，父親も大いに賛成し，単純な釘を分類する仕事を教えた。ところがロロはうまくすることが出来ず父親に忍耐強く働くことが大切で，さもないと怠惰な人間になってしまうとやさしく諭される。次にもう一度別の仕事を与えられるが，ロロは忠実に仕事をせず，今度は家族の者がステーキとアップルパイの夕食をしているのに，パンと水だけという罰を受けた。これを転機にロロは忠実で有能な労働者へとなった」。この物語の続刊でアボットはロロに単に雑用をさせたり，喋るのを禁じるような抑圧的なことだけを要求するのではなく，冒険心に満ちた幸福な子ども時代を送らせている。この物語は勤勉についての当時の典型的教訓書であって，その根底には子どもの屈託のなさと仕事についての厳しさを示すと同時に，当時の人々が社会的秩序及び道徳は個々人の道徳的性格によるものであり，その性格の主な目安は仕事によって示されると信じたために勤勉な仕事振りを大事にした事を示す良い例といえる。

　19世紀前半までにアメリカでは子ども観をめぐって次のような見解があった。子どもはアダムの原罪を受けており，生まれつき堕落しているという保守的なカルヴィニストの見解，ロックに始まる啓蒙思想，つまり子どもの精神は白紙（タブラ・ラサ）の状態に生まれているという見解，さらにはルソーに影響されたペスタロッチのよりロマンチックな色彩の強い，子どもは罪がないだけでなく，生まれつき善であって，教育は堕落したこの世から可能性を秘めた子どもを保護すべきであるという見解にいたるまで種々の見解があった。そこで強調されたのは子どもを保護し，性格を形成するという点であった。大ざっぱにいえば1750年〜1850年の約1世紀の間に，人々の関心は性格形成に，かつ，発達のより柔軟で保護的で環境重視へと転じていったといえる。人々は子

どもを無邪気で傷つきやすい存在とみると同時に，道徳的，知的達成の出来うる存在とみなすようになったのである。反面，19世紀の多くの教育改革家達は，たとえどんな環境であろうと人間の可能性には人種的，民族的，性的限界があると信じていたのも事実である。先のマンも「知性という点では黒人は白人に劣っている。一方，感情とか愛情という点においては白人は黒人に劣っている」という人種論的見解を述べていた。

　南北戦争という試練の時を辛くも乗り切ったアメリカは自由主義的民主主義の実験へと挑んでいくこととなった。そのための教育は，これまで以上に重要度を増したのである。ここで重要な役割を演じたのが進歩主義教育思想であった。進歩主義教育運動の重要な目標の1つである「児童中心主義」は60年代から70年代にはじまった。最初の人物はニューヨーク州立オスウィーゴー師範学校長のシェルドンであった。彼はペスタロッチの直観教授理論による実物教授を提唱し，教育の任務は子どもたちを自立できる大人に育成すべく援助を与えることであるとした。これには，子どもたちが自分たちをとり囲んでいる外の世界へ積極的に働きかけられるように，子どもの必要とするものを教師が整え，実体験が出来るようにしてやることが肝要であるとした。こうした児童中心の考えを更にすすめたのがイリノイ州クックカウンティ師範学校長のパーカーであった。彼の考えは1872年からの3年間にわたるドイツ留学期間中に得たペスタロッチの直観主義とフレーベルの統合主義から成り立っているといわれている。彼のいわゆるクインシー・メソッド（Quincy Method）は当初，地理という自然研究を重点においた教科を中心とする「中心統合の理論」であったが，やがて統合の中心は単なる地理といった一教科ではなく，学習主体である児童を中心にすえ，子どもの興味，経験，自発的活動に訴えることが何よりも大切であるとの児童中心主義を提唱することになった。この流れはデューイへと引き継がれ，やがて，ここに児童中心主義の時代が本格的に幕開けするのである。

　19世紀前半からの産業資本主義の発達は，世紀末にいたると独占資本主義段階へと入り，これまでに類がないほど，自然とのかかわり合いを生産活動から奪い取り，生産の場と生活の場とを明確に分離してしまった。そこでは，も

はや、旧き懐しき時代のように、社会が子どもに自然とのかかわり合いをもたせながら、生産活動を通して子どもの全生活にわたって教育をすることは不可能となったのである。それと同時に個人の自由、平等、個人の幸福追求を最高のものとみなした建国当初以来の理念も色あせてしまった。ここに自由主義的民主主義社会の再生を目指して学校の果たすべき役割が大きくクローズ・アップされてきたのである。それは政治的手段によるのではなく、人間の再生による危機克服の姿勢であった。デューイの教育思想はこうした背景のもとに構築されたのである。

　デューイの特徴は、人間と環境との相互作用を経験と称し、経験のより望ましい方向への改造が教育の働きであるとして「教育とは、経験の意味を増加させ、その後の経験の進路を方向づける能力を高めるように経験を改造ないし再組織することである」（デューイ、J., 松野安男訳『民主主義と教育』岩波文庫）と唱えたことである。子どもたちの現在の経験に豊かな意味づけを与え、子どもが自分自身の知恵と独創力によって現実の生活における問題を解決していこうとする態度を学校という「小型の社会」のなかで育成しなければならないとデューイはいうのである。彼は先に述べた急激な社会の変化と、それによって生じた人間疎外ともいえる状況に直面して、児童中心主義の原理による児童への期待と、民主主義的人々の交流によってもたらされる社会的英知によって危機を克服しようとしたのである。

都市化と工業化と児童問題
　19世紀初めのアメリカ合衆国の都市はウォーキング・シティーと表現されるように小さくまとまっていた。富める者も貧しい者も近接して都市の中に住み、住宅地区と商業地区と工業地区が混在していた。しかし馬車、鉄道、自動車と交通手段の発達により都市面積が広がった。富める者はより住みよい環境を求め、都市の近郊に住むようになり、貧しい者は都市のゴミゴミした狭いアパートなどで密集して暮らすようになった。後者は、産業革命が進む中、工場などの労働者となっていく。総人口に占める都市人口の割合は1860年の20％から1920年の51％に増加した。この間に都市人口は8.7倍になった。

アメリカにおいて特徴的なことは，この都市化と工業化が同時に進行したこと，そして，東欧，南欧系の非プロテスタントの人々が都市スラム住民の主体を占めていたことであろう。彼らはそれまでに合衆国に来た西ヨーロッパからの「旧移民」とは区別して「新移民」と呼ばれた。19世紀初頭から東部に始まった工業化は，19世紀後半を過ぎて急速に発展していった。この時期にアメリカでは都市化も進行し，新移民の流入も急激に増加した。

新移民は言語や宗教が異なり（カトリック，ギリシア正教，ユダヤ教など），貧困で，それまでの移民と違って非識字率も高く，工業技術に熟練していなかった。またフロンティアの消滅により西部で開拓農民になることもできなかった。1910年において，ニューヨーク，ボストン，シカゴでの外国生まれの人口は全体の30～40％を占めたという。当時の北部の大都市では，人口の3分の1が外国生まれ，3分の1が移民の二世であったとみられる。

このような変化がアメリカの都市で進行するなか，都市に生じた諸問題を解

図2-17 移民のための学校

(Freedman, R.: *Kids at Work : Lewis Hine and the Crusade against Child Labor*, Clarion Books, 1994)

決するための社会改革運動も展開された。そして，社会改革者たちの関心の的となったものの1つが児童労働であった。この問題に対する彼らの見解には家族や社会，子どもに対する当時の考え方が反映されていた。その意味で児童労働はこの時代を知るキー・ワードなのである。

というのは，新移民たちの家庭の在り方は，中産階級の理想とするものとはかけ離れており，それゆえに社会改革者たちから問題視されることになったからである。ブリスは1898年，『社会問題百科事典』のなかで「社会改革のすべての分野で児童労働より重要な問題は存在しない」と述べている。児童労働は，それほど大きな社会問題と考えられていた。新移民の児童労働が問題とされた背景にはおおよそ以下の3つの事情があった。

第一には，教育とは個々の子どもの将来のためだけでなく，民主主義社会のためにも必要なものであるという考え方が存在したことである。共和制の社会を維持するには，そのための社会的・市民的教養をもつ市民を形成する教育が必要であった。というのは，民主主義を支えるための，考え方や行動様式，教養といった面での最低限の共通性が必要だからであった。しかし，新移民は，社会の一員になるというより出稼ぎ的で，言語，習慣，宗教の面でもアメリカ社会に積極的には馴染もうとしなかった。

第二は，当時，中産階級に普及しつつあった家族の在り方に対する考え方に関するものである。「夫婦間の愛情と尊敬の念に基づいた結婚と良き家庭生活」——夫が唯一の働き手として家庭外で働き，妻は家事と育児に専念する，夫婦間の分業；比較的少数の子どもとその養育を大事と考え，そのために営まれる家庭生活，——このような形の家庭が理想として考えられるようになっていった。

第三の事情としては，中産階級がアメリカの民主主義にとって脅威と考えた2つの悪，すなわち貧困と移民に児童労働が，密接に関係していると思われたことがあげられる。なぜなら，この児童労働は，ピューリタン的な家庭環境のなかで勤勉さを学びつつ人間形成していく『働くロロ』のような子どもの労働とは，全く異なるものであったからである。しかも，貧しい移民は当時の政治的腐敗に深く関係していた。地方政治を牛耳る政治的指導者（ボス）は，都市

の移民に市民権獲得や就職などの便宜をはかり，その見返りに票をかき集めていた。

そして，この貧しい移民こそが子どもを苛酷な労働へ送り出す元凶と見なされた。移民より，その子どものほうが雇い主には低賃金で雇えたし，英語をすぐ覚えるので，就職しやすい状況にあった。また，移民の家族を丸抱えで雇うという場合もあった。

都市にいる子どもの問題は，旧移民としては遅く来たアイルランド系やドイツ系の子どもについて取りざたされるようになっていた地域がすでにあったが，新移民の流入により，より深刻になった。そこでこの問題の解決（＝社会不安の解消と社会改革＝アメリカ社会への同化）を目指す試みが行われることになった。こうした試みには，新聞少年むけの寮形式の宿泊所や少年少女それぞれにむけた職業学校などを作る活動や，後で述べる都市の幼稚園運動やセツルメント活動などがあるが，これらは都市の「中」で行われる活動であった。

これに対して，大陸内の鉄道路線の発達を背景にして，都市の「外」で問題の解決を図る実践もあった。それは，ブレイスら社会改革者の設立したニューヨーク市の児童援助協会などによるホーム・プレイスメント，フォスター・ケア，あるいはアウト・プレイスメントなどと呼ばれたものである。これは，

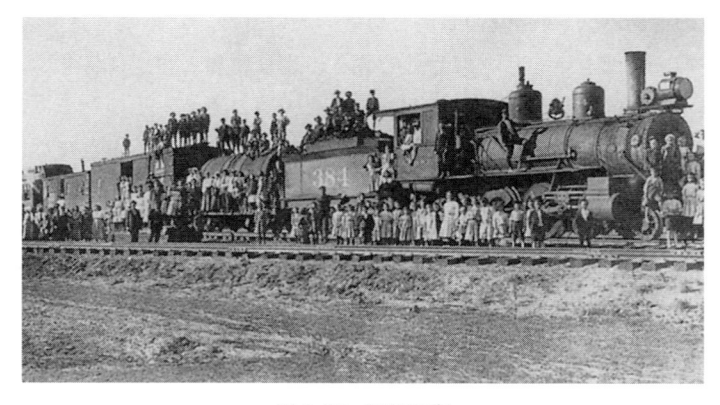

図2-18　孤児列車
(Flanagan, Alice K.: *The Orphan Trains*, Compass Point Books, 2006)

「孤児列車」に乗せて新移民の子どもを中西部などの諸州へ里子に出し，独立自営（＝アメリカの自由な精神の基盤と考えられた）の農家のピューリタン的な家庭的環境で暮らすことで人間形成を図るという実践であった。とはいえ，この田舎の家庭生活というイメージも多分に理念的なもので，牧歌的なだけの生活ではなかったであろうが，1850年代から1920年代まで20万人もの子どもが送られ続けた。

子どもが働くということ

「小さな白人奴隷」と呼ばれる児童労働が問題にされ始めたのは1870年以後のことであった。この時，国勢調査で工場その他で働く10～15歳の少年が約73万人と報告され，その10年後には約100万人にまで増加した。この頃から労働が彼らに及ぼす影響について関心が抱かれるようになった。もちろん，それまでにも児童労働について知られてはいたが，何千人もの子どもが工場労働で死にいたらしめられることなど，工場立法下のイギリスのような「旧世界」の出来事と考えられていた。それが，1870年の国勢調査以来，80年代，90年代と児童労働関連の論評が発表されていくようになった。

もともと，19世紀半ばまでは子どもが工場などで働くことは歓迎されもした。というのは，先に「産業化社会の子どもとその教育」の項でみたように植民地時代のニューイングランドでは家族や共同体の経済維持にとって，子どもの労働力は不可欠で，子どもが家庭外で働くことは社会問題ではなく，むしろ社会的な現実であったからである。

そうした伝統は，19世紀初頭の工場制の労働へと子どもを引きつけるのに一役買っていたし，19世紀半ば位までは影響力をもっていた。南北戦争後の工業化の拡大から工場で働く子どもは増え続けたし，一般の人々は年少労働者の存在にあまり関心を抱かなかったといわれる。この，子どもが働く伝統を緩和したのが教育，とりわけ学校教育であった。

植民地時代以来，多様な人々が移民してくる「新世界」の秩序とキリスト教信仰を守るものとして学校教育は重要視されていたが，合衆国独立以後，共和制を支える市民形成のために必要不可欠なものとして，さらに重要視されて

いった。そうした教育の重視が，19世紀半ば以降には，産業化と資本主義進行のなかで，社会的成功を収める機会を得るための基盤として，なおいっそう強まった。その過程で，"先に来た者"たちは，彼らの子弟のほとんどが一定の年齢に達すれば，一定の期間，学校へ通うという教育制度を作り上げ，富裕な順に中産階級まで，次第に工場など労働の場から子どもを引き上げていった。

ところがこの時期以後，大量に流入し始めた新移民の子どもが工場など労働の現場で酷使されていった。そしてアメリカ社会とその共和制の維持にとって異質な都市スラムの新移民とその子弟をどう扱うかが問題となったのである。新移民たちは大都市のスラム街でテネメントという賃貸アパートの狭い部屋にひしめきあって暮らすのが典型であった。

都市移民の子どもと工場労働の様子

新聞記者で写真家，そして社会改革者としても知られるリースは1890年の著作のなかで，マンハッタンのテネメントの地下に40家族，128人が住んでいたことを紹介している。また，同じ本にスラムの浮浪児との会話も載せているが，その少年は，酒場の床に汚れたワラを積み重ねて眠り，ビールを買い，パンをあさって食事にしていたという。新移民たちは，低賃金でも，仕事に就こうとした。しかし，そうした労働では家族全員を養うことは到底できず，他の誰かが家計を助けるために働かねばならなかった。

1890年のある雑誌にはこう紹介されている。「工場には，年端も行かない子どもがひしめき，彼らは食べてもいけないような賃金で働かざるをえない。その労働は，窓のない狭い部屋で，時に1日10時間以上にもおよぶ」。1886年にニューヨークのある女医は，テネメントを訪ねて，5歳からボタン付けを仕込まれて働かされた少女や，朝6時から夜10時までボタン付けをしている4歳半の双子の少女がいたと報告した。

貧民街に住み込んで救済にあたるセツルメント活動を始めたアダムズやケリーは児童労働や女性労働の保護に取り組んだ。彼女らはイリノイ州の工場法制定などの成果をあげたのだが，アダムズの著作からも苛酷な状況が読み取れる。アダムズたちの建てたハル・ハウスでの1889年のクリスマスのこと，ご

図 2-19 児童労働
(図 2-17 と同書)

馳走とともに出されたキャンディを食べようとしない少女たちがいた。その少女たちは朝7時から夜9時までキャンディ工場で働かされていたのでキャンディをみるのも嫌という状態だったのである。

さらに，同じ冬，ハル・ハウスに来ていた3人の少年が，工場の機械で怪我をしたことがあった。1人は結局，死亡したのだが，それはほんの数ドルもしない安全装置がなかったために起こったのだった。工場主はこの事故後，何の事故防止策もとらなかったし，少年の親たちは事故について何の要求もしないという書類に署名したという。

子どもたちは工場で働くだけでなく，ご用聞きやキャッシュ・ボーイ，メッセンジャー・ボーイなど都市のあらゆる半端仕事，使い走りを引き受けた。1871年のニューヨーク・タイムズには，児童労働者のことを「州都の小さな奴隷」と表現した記事があった。そこには「あくせく働き，金を貯めることだけが子ども時代の唯一の義務ででもあるかのように彼らは働く。顔は土気色になり，やつれていき，体はこの早すぎる労働の下で曲げられ，歪められる。そ

の心は学校教育にほとんど照らされることはない」と書かれている。

ケリーが初代のイリノイ州工場視察官の長として行った，1893年の工場視察の報告によれば，2454カ所の作業所には6575人の子ども（14〜16歳）が働いていた。彼らはこれらの企業の被雇用者の9.7%を占めており，その大多数は非識字であった。ケリーらは，この調査を児童労働の状況の改善と義務教育の改善のために行ったのであるが，社会改革者たちは児童労働の実態をあばく時には必ず，彼らの不就学を強調した。つまり，都市の貧困者とその子どもをいかに教育するかが彼らの関心事となったのである。

児童労働と学校教育

こうした事態に，ニューイングランドを初めとして，工業化した州では児童労働と義務教育関連の法規の制定と実施に着手した。1890年までに，25の州で工場と労働者階級の家庭を調査する部局が設けられている。1900年までに，28の州でなんらかの年少労働者保護の方策をとっていた。これらの児童労働法の規定では，最低就労年齢は10歳ないし12歳で，労働時間は1日10時間以内というのが一般的だった。また，1883年には，連邦議会上院の「教育と労働」委員会が公聴会を開いている。

もともと，コモン・スクールが19世紀前半のアメリカ社会で作られたのは，年季奉公や徒弟制のもつ教育機能の衰退と，1830〜40年代のアイルランドやドイツからの移民が原因であった。徒弟制の下では，労働と教育は一体のものであった。しかし，徒弟制が衰退し，工業化した社会での労働とは，雇われ者として働くことであり，子どもに仕事や社会生活，基礎的知識について，何ら教えてくれるものではなかった。こうした新しくできた社会は，従来までの人的結束の強いコミュニティにとっては危機となった。子どもを教育し，社会やコミュニティの安定を維持するために公立学校教育（とくに初等教育）が必要となった。つまり，共通のものを求めてコモン・スクールが成立したのである。

そして再び，19世紀末の新移民の到来で学校教育の外にあった貧困者（多くは移民）の子どもをどう教育するかが問題となった。つまり1880年以降の

スラムでの生活形態そのものが，児童労働の悲惨さとともに，合衆国の民主主義を支える市民としての中産階級の考え方に合わなくなった。父親は外で働き，母親は家事と子どもへの配慮と養育に心をくだく家庭を理想とする良き市民の生活，これと全く異なる生活形態であったからである。

結局，都市の貧しい者たちの状態は，合衆国の民主主義社会にとって，さらにそれを支える家庭にとっても問題があると見なされた。彼らの家庭生活を取り巻く環境そのものの改善が教育と社会福祉の両面から必要と考えられたため，新移民の流入は義務教育法の制定の契機となった。

義務教育法は，一般に初めのうちは就学を督促しながらも，就学しなかった場合，罰則や逮捕などは実施されず，"良心に訴える"道義的な勧告の域を出なかった。そして，義務就学を達成するのに必要な児童労働の制限も初めのうちは，両親の宣誓に基づく雇用を認めるなど，抜け道があったため効を奏さなかった。しかし，やがて不就学を法廷に告発してでも義務教育法の実現を進める権限を教育委員会が得るようになった。

例えば，1897年のイリノイ州の義務教育法では，シカゴ市の義務教育局が「市にはびこるこうした小さな乞食や怠け者，浮浪者をすべて逮捕し，街角から追い払い，彼らに教育を受けさせて道徳律を学ばせる学校に収容する権限を持つ」と規定された。これは人道上の虐待を終わらせ，機会の均等を保障し，シティズンシップを植え付けるために親権を制限してでも教育当局が権限を発動するということであった。

新移民よりは貧しくない労働者階級は，社会的成功への機会として学校教育を見なし，中産階級と同じ教育機会を求めて「コモン」な教育へと参加していった。そして，やがて新移民の子どもたちもチャンスの神話とアメリカ民主主義社会の市民形成という神話の下，「コモン」な教育のなかに取り込まれていくことになった。

児童労働を減少させた原因として考慮に入れなければならないのは，工業技術の発達によって児童労働の需要そのものが減少したということである。例えば，イリノイ州では1890年代，製本業界で紙折り機が導入されたり，タバコ産業でタバコ製造機が導入されたりした。この州では，1894年にタバコ製造

労働者の 11.7％が 16 歳以下だったが，1906 年には 1.1％に低下し，メッセンジャー・ボーイも電話の導入で消えていった。キャッシュ・ボーイも姿を消し，シカゴの 7 大デパートでは，16 歳以下の労働者の全労働者に対する比率は 1897 年の 14％から 1908 年の 3.5％にまで低下した。

都市スラムの子どもと幼稚園運動

　学齢以上の子どもが労働の場から切り離される一方，6 歳以下の子どもも幼稚園教育運動によって，アメリカ社会を形成する市民の教育のなかへと取り込まれていった。都市の幼稚園設立運動は当初，慈善的な運動として始まったが，都市スラム地区のセツルメント活動と結びつき，社会改良のための有力な手段としても期待されていた。当時の都市の教育の抱えた課題は，流入する移民のアメリカ社会への同化と，複雑になりゆく工業化と経済体制に適合した人材の育成であった。

　前者の課題のために，幼稚園の教育活動は子どもへのスラムの悪影響を防ぐだけでなく，子どもとセツルメント活動を通して移民の家族を地域に溶けこませ，その親たちにアメリカ社会での生活習慣と行動様式を普及させることも期待された。例えば無学な母親に清潔な家庭環境作りなどを教える母親集会や家庭訪問，育児懇談会が実施されたりした。

　移民の子どもに対して，幼稚園は，彼らを良きアメリカ市民に形成するための最初の機会であり，街角に群れる，顧みられない子どものうち小学校へ行くには幼すぎる者を集めて知的，道徳的訓練を行う施設であると考えられた。

　しかし，やがて幼稚園運動は個人の慈善的活動から幼稚園の公立化，公立学校制度への編入が進んだ。この公立化の過程で，幼稚園はセツルメント活動の「ホーム」的なものから公立小学校に併設された幼稚園学級という形を取っていった。そして，それにつれて社会福祉や社会改良の性格が退潮し，学校の教育機能の重視，つまり，工業社会で生きるための個人の能力養成へと集中していった。

　社会の複雑化と並行し，教育と社会福祉の機能が分化していく。1910 年ごろになると幼稚園教育は，子どもを取り巻く良くない環境をおぎなうスラム改

良の中心的存在ではなくなり，都市貧困者の子どもが労働者となることへの援
助の一環と考えられるようになった。つまり，幼稚園が小学校第一学年教育へ
の準備のためのものとなったのである。

大衆文化と子ども

　都市貧困の子どもの労働が問題となり始めた頃，大衆的消費社会が始まり，
一般の都市住民の娯楽と文化が盛んになっていった。19世紀後半はデパート
の成長期であり，「見るスポーツ」が台頭し，スポーツがビジネスとなった。
1869年にはプロ野球チームが作られた。大きく大衆娯楽文化が花開いていっ
た時期といえる。都市スラムの子どもが労働に追われ，悲惨な状態にあった一
方で，中産階級の子どもはすでに家庭と学校で過ごす時間が生活時間の多くを
占めるようになりつつあった。また，図書館が完備され，公立プールが設けら
れた。

　こうした変化の背景にあるのは，いわゆる近代家族が理念として，また実態
として1830年代頃から中産階級に形成されていったことである。そうした家
族は商品経済の浸透に伴った生活形態，つまり，工場や会社で働いて得た金銭
によって生活物資を市場を通じて購入する生活から発生する家庭生活の形態を
とる。そこでは職場と住居が分離し，家の外に出て男性が働いて収入を得，女
性が家事の一切を行うという分業が成立し，そして子どもの養育が生活関心の
中心に据えられる。こうした家庭生活の在り方が，一般化していったのであ
る。

　この生活形態の普及に関連して，次のように考え方が変化した。家庭と労働
の場が分離し，働く場とは大人のいる場所であり，子どものいる場所ではなく
なった。つまり，大人と子どもの世界が分離されたのであり，それをつなぐの
が学校という存在であった。子どもから青年期を，大人になるための通過と準
備の期間と見なし，大人になるためのさまざまな学習と教育を行うことが学校
の役割となった。

　学校は家庭という狭い世界から出て，道徳的，知的資質や社会生活のための
考え方や行動様式を身に付けさせる場とされたのである。やがて中産階級の子

どもはすでに大人の世界（社会生活と労働の場）から区別された，しかしそれでいて大人の，成長・発達への眼差しと庇護のなかにある「子どもの世界」で成長するようになっていった。そして，そうした家庭と子どもの在り方とは，19世紀末から20世紀初頭の移民とその子どもの状況が異なっていたことが，悲惨な児童労働への人道的な同情を伴いつつ，問題視されたのであった。

図 2-20　強制同化されたネイティブ・アメリカン
組織的な抵抗が弱まると，文明化の名目で，ネイティブ・アメリカンへの同化政策が進められた。対象は主に子どもたち。右図はペンシルヴァニアの学校へ入れられたアパッチの子どもたち。左図は同じ子どもの4ヵ月後。白人風に頭髪を短くされた。「長髪は悪の根源」とみなされた。（清水和久『ビジュアル版　世界の歴史15　近代のアメリカ大陸』講談社，1984年）

　この時期以後，都市の貧困者の子どもも学校教育のなかに取り込まれていったということは，とりもなおさず，貧困者の子どももまた，「大人に庇護される子ども」になっていったということである。そして，それが社会的な問題として，政策的に行われたということは，民主主義を支える同質的な社会にとって異質なものとされた移民の子どもを文化的にアメリカナイズすることで，学校教育を通してアメリカ社会の市民を形成するシステムのなかへ取り込むことをも意味した。そうしたアメリカナイゼーションへの圧力は，移民の子どもだけでなく，先住民であるインディアンの子どもにとっても強かった。そしてアメリカナイゼーションは，それ以後もアメリカの学校教育の重要な機能であり続けたのである。

参考文献

有賀貞『アメリカ史概説』東京大学出版会，1987年．
市村尚久編著『現代に生きる教育思想1　アメリカ』ぎょうせい，1981年．
猿谷要『世界子どもの歴史7　アメリカ大陸』第一法規出版，1985年．
スタンセル，C.「女性，子ども，街の利用―1850年代のニューヨーク市における階級及びジェンダーの対立―」ルイス，V. L.ほか編，和泉邦子ほか訳『差異に生きる姉妹たち』世織書房，1997年．
田浦武雄『デューイとその時代』玉川大学出版部，1984年．
田中きく代『南北戦争期の政治文化と移民―エスニシティが語る政党再編成と救貧―』明石書店，2000年．
藤本茂生『アメリカ史のなかの子ども』彩流社，2002年．
藤本茂生『子どもたちのフロンティア』ミネルヴァ書房，2006年．
ベットマン，O. L., 山越邦夫ほか訳『目で見る金ぴか時代の民衆生活』草風館，1999年．
南新秀一『アメリカ公教育の成立―19世紀マサチューセッツにおける思想と制度―』ミネルヴァ書房，1999年．
Aruga, N., "WHITE CHILD SLAVERY": Anti-Child Labor Arguments in Late Nineteenth Century, America,『アメリカ研究20号』アメリカ学会，1986年．
Hogan, D. J., *Class and Reform: School and Society in Chicago, 1880-1930*, University of Pennsylvania Press, 1985.
Lazerson, M., *Origins of the Urban School: Public Education in Massachusetts, 1870～1915*, Cambridge, 1971.

5　ロシア=ソビエト

魂の学校的状態・上からの改革

　1861年，ロシアでの国民教育の真のあり方を求めてヨーロッパ諸国を視察旅行したトルストイは，当時教育上の先進国であったプロイセン・ドイツの学校・教育をはじめ，ヨーロッパ諸国をみてまわり，その印象を次のように述べている（「国民教育論」1862年）．

　　上から強制的につくられた学校は羊の群のための羊飼いではなく，羊飼いのための羊の群である．学校は児童がつごうよく勉強できるようにつくられているのではなくて，教師がつごうよくおしえられるようにつくられている．……同じ子どもを家や往来で見るか，学校で見てみるだけで十分である――諸君は，目や口に笑みをうかべ，すべてのものに喜んで教えをもとめ，はっきりと，ときには表

情ゆたかに自分のことばで自分の思想を表明する，生きいきとした知識欲にあふれる存在を見る。かと思うと諸君は，疲労と恐怖と倦怠とを色に出し，他人のことばで他人の考えを口先でくりかえす，苦しめられ萎縮した存在――魂がかたつむりのように自分の殻のなかにかくれようとしている存在を，目にする。
（トルストイ，海老原遙訳「国民教育論」『ロシヤ国民教育論』明治図書，1969年）

徹底した自由主義教育家であり児童中心主義者のトルストイの目には，これが子どもの立場からみた学校・教育の状態でもあったのであろう。彼は，このような学校での子どもたちの心の状態を「魂の学校的状態」とよび，ロシアの国民教育はそこから学ぶものはなにもないと述べ，上からの教育を否定し，民衆と子どもの教育権を尊重した独自の国民教育の道を歩むべきであることを主張した。

クリミヤ戦争の敗北で，あますところなく明らかとなっていた帝政ロシアの後進性は，一定の近代化政策を余儀なくさせた。1861年の農奴解放令に象徴的に表されているように，それらの政策は，「下から打倒されるのをまつよりも，上から解放した方がよい」（アレクサンドルII世）という二面性をもったものであり，かつ不徹底なものであった。司法，地方行政など一連の近代的な改革と並んで，国民教育の分野では「初等国民学校規定」（1864年）が制定された。この規定は，修業年限は明示されなかったが（実際には2，3年），あらゆる身分の子どもに就学の資格・機会が認められたという点で前進であった。だがツァーリ政権は，この後も基本的には，「知識と教育を火花と考える」（レーニン）という思想を変えたわけではなかった。1897年，非識字率は73％（フランス15％，イギリス8％，ドイツ2.8％）という悲惨な状況であった。レーニンが内務省の『ロシア年鑑』をもとにしてあきらかにした1908年の就学率は，学齢児童22％のうち，在学者数は4.7％，つまり，ロシアの児童と青年のおよそ5分の4が国民教育をこばまれていたのであった（『文部省の政策の問題について』）。ところで，この4.7％の児童・青年の状況はどうであったのだろうか。クルプスカヤは，1909年の教育省医務衛生部の報告によりながら，12～16歳の生徒の自殺について論じている（『生徒間の自殺と自由労働学校』）。1907年―74件，1908年―83件，1909年―143件，そして，1909年―自殺未

figure 2-21 トルストイと農奴の子どもたち
(Kassin, E. & etc.: *Lev Tolstoy and Yasnaya Polyana*, Progress Publishers, 1984)

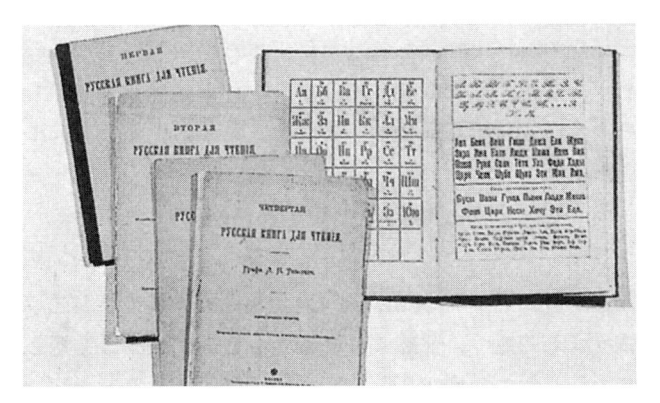

figure 2-22 トルストイの教科書
(同上書)

遂の 69 件を含めるとこの年には，200 人以上の生徒が自殺，または自殺を企てるにいたっている。この問題で，学校は，いったいどんな役割をしているのか。試験地獄の 5 月には 21 件，学校生活が休止する 6 月にはわずか 2 件という数字をあげ，「学校は子どもの心に平和をもたらさないばかりか，反対に，苦しいかれの心の状態を倍加している」と「現代の学校制度の完全な不適格性」を描くものであることを指摘している。もちろん，このことについては，「子どもの心理に圧迫するように作用するロシアの現実が指導的役割」をしている事は否定できないが，学校がこの圧迫する影響と戦わないばかりでなく，学校自身が，あらゆる生活を楽しむ子どものエネルギーを傷つけながら，同じ傾向で作用している，というのである。学校はおそろしく生活と遊離し，生活が提起し切実に回答を要求する問題には応えていない。さらに，学校は子どもの社会的本能・他人のために役に立ちたいという気持ちについても，全く考慮していない，というのである。学校に通うことのできる子どもの苦悩も深かった。

育児・保育の実態と児童労働

農村では，主婦は，子どもを誰か病身の老婆あるいは年上の子どもの監視にまかせて仕事にいく。この監視の結果は，予想できる。さらに自分で世話をする時も習慣とか先入観に支配されている。子どもが病気になると母親はどうしたらよいかわからない。治療するところもない。病気が伝染病でも全家族が一部屋に住んでいるので，子どもには，次々と感染し，なんの手当も受けずに死んでいく。この結果，「農村では，5 歳までには半分が死ぬことは，別に不思議ではない。もっとも頑強なものだけが生きのびるのだ」という事態であった。

手工業で母親が働いている場合，子どもは，5〜8 歳で仕事をさせられる。そしておとなと同時間働く。仕事が子どもの体力に破壊的に作用し，健康をむしばみ，知力を鈍くする。

工業に従事する女性の場合，その特徴は，著しく健康が損なわれていることである。病弱の女性が弱い子を生む。妊婦の労働についての制限，軽減もない工

場法のもとでは，女性は出産の日まで働き，出産後，回復しないうちに仕事に就く。工場から疲れて帰って，子どもの世話をする。昼間，仕事へ行っている時は，近所のばあさんにみてもらうが少し大きくなると監視はなくなる。子どもは，ほとんど街頭で育つ。工場にいける年齢（当時の工場法で 12 歳）に達すると自活するようになり，間もなく独立する。さらに，女性労働者の働く工場には，いくらかの金で乳飲み子の養育を引き受け，できるだけ早くあの世へ子どもを送ってしまう天使を製造する，「天使の工場」が存在している。

　以上はクルプスカヤが著作『婦人労働者』（1899 年）のなかで描いた当時のロシアの育児をめぐる状況である。当時の母親が，育児について，まったくの無知であり養育者としての準備ができていないばかりでなく，もし，それがあったとしても，彼女達が生活している条件のもとでは，それは何の役にも立たないと述べている。

　レーニンの『ロシアにおける資本主義の発展』によれば，1897 年現在，農業人口と商工業人口の総計は 1 億 1870 万人であり，その比は，約 4.5：1 であるが，そのうち極貧のもの，プロレタリアおよび半プロレタリアのものの比率は，前者で 80％，後者で約 83％にもおよんでいる。資本主義の進行は，農村でのこの最下層の増大をもたらし商工業人口の比重を増し，さらに，工業に従事する女性労働者とその育児の状態の悪化は，ますます増大しつつあった。帝政ロシアにおいては，民衆の 4 分の 3 が非識字の状態のまま放置されていたのと同様に，国民の約 80％の人の子どもたちは，クルプスカヤが指摘した状況に放置されていた。1914 年現在においても，教育省の統計によれば就学前教育施設の数は 275 園，そのうち民衆のためのものは 10〜15 園程度であった。

　さて，児童労働の実態をレーニンの『ロシアにおける資本主義の発展』にみてみよう。農業の分野での資本主義は機械の使用をもたらし，その結果，女性と児童の労働が強化された。わずかの手助けとなる半人前の労働者として 8 歳以上 14 歳以下の児童が，豚飼い，牛飼い，草刈人および牛追いなどの仕事をする。彼らは，食物と衣服だけをもらって奉公することもまれではなかった。カホフカ町とヘルソン市で，児童の労働者は，1893 年には 0.7％（10 歳以上 14 歳未満），1895 年，1.65％（7 歳以上 14 歳未満）であったが，ある農場地帯で

図 2-23 孤児院（1910年）
画家レーピンの妻ノルドマン・セーヴェロワが自宅近くに開設した。現在ここはレーピンの美術館になっている。（中村喜和『郷愁のロシア―帝政最後の日々―』朝日新聞社，1991年）

は，10％をこえているところもあった。

　マニュファクチュア段階の靴製造業の多いある村では，244人の経営者が，働き手2353人と児童2194人を使っていた。資本主義的家内労働では，綿糸紡績糸巻作業には，1万4人の女性が従事，児童は，5, 6歳から働きはじめ，日給は10コペイカ，年給は17ルーブリ，労働時間は，一般に18時間。編物業でも，6歳から働きはじめる。さて，これらの家内工業における労働はきわめて非衛生的な作業環境と結びついているし，小商品生産者は，困窮のため，全家族を力不相応に働かせ，労働時間をのばし，未成年者を仕事につけることを余儀なくされている。レーニンは，その結果，総計約1000万人の賃金労働者がおり，そのうち概算で約4分の1を女性・児童労働者としている。女性・児童労働者の比率は，きわめて高かった。

啓蒙ユートピアとその批判

　さて，1860年代，トルストイが主張した，国民教育のロシア独自の道についての思想は，現実に発展しつつある資本主義を，この国に発展の可能性のないもの，民衆の苦境は，その「誤った道」を選択した政府・指導者にあると考えるナロードニキ主義によって，次のように提案された。1897年，ナロードニキ主義者，ユジャコフは『教育の諸問題』という著作を発表した。そこで彼は，「教育は万人に与えられるもの」という立場から，政府，地方自治体，人民の側からのなんらの出費も要しないで，「万人に対して義務的な，男女の全住民のための完全な中学校」を提供しようとする「啓蒙ユートピア」の計画を提案している。この提案は，具体的には，都市の郊外や大中心都市から遠くない路線・鉄道駅の近くに，地主地・農民地と官有のものとを交換して土地を獲得し，学齢期（8～20歳）の男女児童の農耕経営と徳育経営を中心にして，他の構成員——教師，医師，農学者，職人など——の助力をえながら，彼らの労働でこの中学校の全児童と先に述べた他の構成員の子弟に至るまでの「生まれてから中学校の課程を修了するまでの食料等の保障」を行いながら，全住民の中学校教育を完了させようというものであった。

　レーニンは，このユジャコフの計画を「農奴制的＝官僚的＝ブルジョア的＝社会主義的実験」となづけた。「社会主義的」とは，幾千万の労働者の経済が1つの全般的な計画により組織されるからであり，計画によれば，資力のあるものとないものに別々の学校を準備するというブルジョア的性格をもち，なお，資力のないものは，労働で授業料を返済させるという農奴制的性格をもっていると批判した。そして，レーニンは，『ロシアにおける資本主義の発展』により，ロシアの資本主義が「人為的」に誤って持ち込まれたものではないこと，またそれは，緩慢ではあるが発達しつつあることを証明し，いまさら，「別の道」を選択し「啓蒙ユートピア」を実現することは，まさにユートピア（空想的）であることを明らかにした。そして，本当に全人民の「啓蒙の問題」を提起するのであれば，ロシアにおける資本主義の発展が，「勤労大衆の啓蒙の問題」において果たす役割の解明を回避できないと主張した。さらに，レーニンは，「資本主義と両立しえないところの，資本主義の発展をはばむところ

の,「『資本主義のゆえに資本主義の不十分な発展のゆえに苦しんでいる』生産者の地位を法外に悪くしているところの,昔の諸制度が,これほど豊富に無事に残されている資本主義国は,ほかには1つもない」と現状を規定し,国の発展的方向をブルジョア的変革に,「全人民的授業」の問題は,一般民主主義的改革の諸要求の1つとして,位置づけられるものであるとした。

こうして,この国の国民教育制度は,資本主義の発達を阻害する封建遺制を取り除くブルジョア革命を目指す革命闘争のなかで,広範な人民大衆の生活向上・民主主義的諸権利の実現と並行して,提起されるべきものと位置づけられ,1903年,ロシア民主労働党第2回大会で採択された綱領のうちに,次のように教育条項として定められた。

◎住民は母語で教育を受ける権利を有する。この権利は,そのために必要な学校を国家と自治機関の負担で設立することによって保障される。◎国家からの教会の分離と,教会からの学校の分離。◎男女を問わず16歳未満のすべての児童にたいする無料の義務的な普通教育と職業教育。貧困な児童には国家の負担で食事,衣服,学用品を支給すること。

　人間は誰でもみんな,それなりに,よりよきもののために生きているのさ! だからこそ,人間は誰でも尊敬せねばならんのさ……だから,子どもは特に大切にしなければならんのさ! 子どもには——広いとこが必要なんだよ! 子どもの生活を邪魔してはならんのだ。……子どもは尊敬しなくては!

ゴーリキーの戯曲『どん底』(1902年)のサーチンのせりふである。綱領の思想の文学的表現といっていいであろう。人々のなかで,真の人間形成を,自らも追求してきたこの作家の作品は,多くの現状に不満をもつ人々を鼓舞していた。当時,15歳で,4年制都市学校の生徒であったマカレンコは,この作家の『海つばめの歌』をはじめとする作品を読み決定的な影響をうける。工場労働者・塗装師の子どもであった彼は,後1年制の教員養成所を卒業し,実践を開始する。

当時すでに存在していた浮浪児や捨て子の問題は,1910年代にはいって社会問題化し,第一次世界大戦への参戦によってその数は急激に増加していた。また当時の乳児死亡率も23〜28%という高い状態にあり,児童労働も強化さ

れていた。そうしたなかで1899年以後，児童虐待・保護を目指す組織が結成されていた。

また1917年には自由主義教育運動の指導者であるヴェンツェリによって，『子どもの権利宣言の発布』が訴えられている（塚本智宏「ロシア革命とカ・エヌ・ヴェンツェリ『子どもの権利宣言』」『北海道大学教育学部紀要56号』，1991年）。

統一労働学校令

第一次世界大戦のさなか，帝国主義諸国のうちでもっとも弱い環であったロシアでは，絶対主義の封建的支配と上からの急速な資本主義の発達により二重に抑圧されていた労働者と農民が，1917年彼ら自身の政権を確立した。このソビエト政権は，確立の翌年教育改革に着手した。

この改革の理念は，クルプスカヤによれば，「学校の階級的性格を打破し，あらゆる段階の学校を住民の全層にとって入学できるものにすること」にあり，その学校の目的は，「意識的な，組織された社会的本能」と「完全なよく考えた社会観」とをもった「全面的に発達した人の教育」，「知的および肉体的なあらゆる種類の労働」に準備され，「理性的で内容の豊富な，美しくそしてたのしい社会生活を建設できる人」（『社会主義学校にかんする問題』）の教育にある。このような人間こそが社会主義社会には必要であり，そのような人間の存在なしには社会主義は完全には実現しない。全面的に発達した人間の教育は，社会主義社会実現の必須の条件として考えられたのである（クルプスカヤ『国民教育論』）。また1922年には児童の共産主義組織としてピオネールが組織され，10歳から15歳の子どもが，祖国愛，労働愛，友情，平和，国際連帯の思想をまなぶことが目指された。

1918年に「教会と国家及び学校との分離に関する」法令，「統一労働学校令」「統一労働学校の基本原則」が定められ，教会と学校が分離されたのち，具体的な教育政策が明らかにされたのである。8歳から13歳，13歳から17歳の2段階のすべての人間に開かれた統一的な学校，義務制・無償制・世俗制の三原則を備えた男女共学の総合技術教育的な学校が定められたのである。

ツァーの絶対主義政権の愚昧化政策により国民の4分の3が非識字を余儀なくされた教育後進国ロシアの子どもたちは，社会主義社会実現の条件として，その担い手として，国家の配慮のもとに教育を享受しうることになった。ただその実践は，国自体の未発達による障害，理論的な左右のゆれによる遅滞など，さまざまな困難を経験することとなった。

フルシチョフ改革と教育のペレストロイカ

1957年，ソビエトは，人工衛星の打ち上げに成功し，世界の資本主義諸国にいわゆるスプートニクショックをあたえ，その後の世界的教育改革競争の原因をつくった。そして，翌年，いわゆる，フルシチョフ改革に着手した。テーゼ「学校と生活との結び付きの強化と国民教育制度のいっそうの発展について」によれば，成果を誇りながらも，学校の重大な欠陥は教育と生活との明らかな断絶にあるとの認識にたったものであった。

この改革は，すべての青少年に生産労働を体験させ，一定の職業教育を与えることにその目的があった。すなわちこれはこの国の伝統的な教育原理である普通教育と労働教育の結合の実現を目指した画期的なものであったのである。だがこの改革は，あまりに性急であり，期待された成果をあげることができなかった。

70年代の国民教育制度を充実させる努力のうち注目されるものは，29年ぶりに改定された「模範生徒規則」といわゆる国民教育基本法「ソ連邦および連邦構成共和国の国民教育に関する立法の基礎」である。特に後者のなかに，国民教育の基本原則として示された次の12の項目は注目される。①人種，民族，性別，宗教に対する態度，財産，社会的地位にかかわりなく，すべてのソ連邦市民が平等に教育をうける。②すべての児童と青少年にたいする義務教育。③すべての教育施設の国家的・公共的性格。④授業の言語を選択する自由――母語またはソ連邦の他の民族語での授業。⑤あらゆる種類の教育の無料。生徒の一部の生活費の完全な国家負担。学生，生徒への奨学金の支給とその他の物質的援助の供与。⑥教育のより低い段階からより高い段階へ移る可能性を保障する単一の国民教育制度とあらゆる型の教育施設の継承性。⑦教授・学習と共産

主義的訓育との統一。児童と青少年の教育での学校，家庭，社会の協力。⑧若い世代の教育と実生活，共産主義建設の実践との結びつき。⑨教育の科学性。科学，技術，文化の最新の成果に基づく教育の恒常的改善。⑩教育の人道的で高度な道徳性。⑪男女共学。⑫宗教の影響を排除する教育のソビエト的性格。以上は，近代教育の民主的原則と対比し吟味されるべきであろう。

1984年，ソ連邦共産党中央委員会は，「普通教育学校と職業学校の改革の基本方向」の草案を発表，大衆的な討議をへて，最高会議で採択，具体化に着手した。この改革は，「教育のペレストロイカ」として，他分野の一連の再改革の一環でもあった。

制度的には，就学年齢の1年引き下げとそれに伴う義務教育年限の1年延長，中等教育の分野では，職業教育諸機関を3年制の中等職業技術学校として統一したこと，そのほか，学級定員減，教員養成と教員の待遇の改善などであった。ただし，その基軸は，かのフルシチョフ改革であるといわれ，それに沿ってさまざまな点での改革が進められていった。

参考文献
梅根悟監修『世界教育史大系15　ロシア・ソビエト教育史I』講談社，1976年。
小島弘道「普通教育と労働教育の歩み寄り」『季刊教育法』エイデル研究所，1984年冬。
児嶋文寿「クルプスカヤの保育思想―覚書―」『安城学園大学研究論集9』1975年。
鈴木朝英責任編集『講座民主教育の理論　下』明治図書，1967年。
「普通教育学校と職業教育の改革の基本方向」『今日のソ連邦』1984年第11号付録。

6　中　国

儒教の子ども観と教育

18世紀以降の中国は，経済上では農業を基礎とし，政治の面では清朝封建体制に支配された。それに対応して，儒教の子ども観は子ども・青年の教育および生活に圧倒的な影響を及ぼすものであった。この子ども観によれば，子どもは本来善ではあるが，その後の環境によってさまざまな悪習慣を身につけて

しまう。したがって，教育の目的は子どもに「修身養性」（身を修め，性情を養う）の道を歩ませ，仁義忠孝という道徳観を培うことにある。

儒教の子ども観における「子」は父母に依存しながら，彼らの意思に絶対的に従わなければならない存在とされていた。そのため，子どもは物質面だけでなく，精神面においても，父母の存命中は年齢をいくら重ねようとも父母に従順でなければならなかった。また教師も子どもにとって尊敬の対象であるだけでなく，その意に絶対的に従わなければならない存在であった。例えば，旧正月には家で子どもたちが「天」，「地」，「君」，「親」，「師」の位牌に向かって額づく風習があり，それは子どもの生活における父母と教師の地位の高さを象徴的に示している。

図 2-24　学ぶ子ども
(Burguiere, A. & etc.: *Histoire de la Famille* 1, Armand Colin, 1986)

当時子ども期とは出生後19歳までの期間を指すものであった。この期間は，10歳までの家庭教育を受ける時期と，その後の家庭外教育を受ける時期とに大別される。男子は，10歳まで家庭において父母や家庭教師などから教育を受け，10歳以降は家庭を離れ，義塾・家塾で教師など他人から教育を受ける。女子の場合，10歳になっても家庭にとどまり，そのまま家庭教育が続けられる。

教育内容についてみると，家庭教育の時期には，主として儒教道徳および書・計（読み書きそろばん）が教授された。家庭外教育の時期においては，儒教経典が主な教科内容であった。どちらも教師による講読と生徒の暗誦が主要な教育方法であった。女子の場合は，裁縫・家事などの女紅・話し方・祭祀のしかたが教育された。

20世紀初頭の中国近代教育はこのような儒教教育理念の批判に基づいて形成されたのである。

新たな教育理念と海外留学

19世紀後期から20世紀初期までの中国は，いわゆる近代への転換期を迎えていた。1895年，日清戦争は清国の敗北で終焉した。それによる国内の民族的危機に直面した知識人たちは政治改革を呼びかける一方，伝統的教育制度・理念の改革を要求した。例えば啓蒙思想家梁啓超は，新たな教育理念を提示した。彼によれば，新教育は進取的精神・自由思想・独立した行動の主体となる人間の育成を目指さなければならない。そのために彼は『変法通義』を発表し，各種の教育改革の具体策を組織的かつ詳細に論じていた。彼は自然科学的知識の伝授を重視し，生徒の独立した思惟能力を養うための開発教授法を提唱した。当時の政治改革運動は中途で挫折したが，啓蒙思想家たちの教育改革プランは20世紀初頭の清朝支配層によりほぼ全面的に採用され，中国近代学校制度の樹立を促すこととなった。

日清戦争直後，中国では日本への留学ブームが起きた。1896年，最初の官費留学生13人が，清朝政府によって日本へ派遣され，その後，多くの若者が私費で日本に渡っている。そのなかには男子のみならず纏足（てんそく）の女子や，ほとんど学識のない年少者も含まれていた。彼らは日本の各種の学校で西洋の先進的科学知識を学ぶと同時に，さまざまな社会活動にも積極的に参加している。例えば学会や団体を組織したり，『江蘇』などの雑誌の出版などを通して，祖国の国民に向けて政治および教育改革を呼びかけたりした。そうした留学生のなかに，中国近代文学の父ともいわれた若い魯迅もいた。

1911年の辛亥（しんがい）革命は二千年の封建専制に終止符をうち，中国近代史の序幕が開かれた。しかし思想上での儒教文化および教育に対する批判は，その後の新文化運動によって展開された。1915年，この運動のリーダーである陳独秀は『青年雑誌』（翌年から『新青年』に改称）を創刊し，創刊号の「敬んで青年に告ぐ」の一文をもって「青年よ，自由的，進歩的，進取的，世界的，実利的，科学的であれ」と呼びかけ，デモクラシーとサイエンスを提唱した。1918

年，魯迅は新文学の処女作『狂人日記』を世に問い，儒教教育が究極的に「人間が人間を食う」教育であることを初めて描きあげた。彼はその小説の最後の1行を，「子どもを救え」という言葉で結んでいる。

新文化運動とほぼ同時に，勤労青年の参加する「フランス勤工倹学運動」が繰り広げられた。1915年，数万の在仏中国人労働者に教育の機会を与えるために「留法勤工倹学会」が結成され，この学会は北京，上海を中心に青年学生のフランス留学を積極的に奨励した。フランスに渡った「倹学生」たちの生活はおおむね2つのタイプに分けられる。1つは「半工半読」すなわち，昼は働き夜学校で勉学する者，もう1つは「先工後読」すなわち，3カ月もしくは半年働き学費を蓄えてから学校に通う者，である。そのなかには周恩来をはじめとする多数の学生がいたが，彼らは当時のフランスの社会運動に身を投じ，後に中国革命のリーダーとなった。

図2-25　魯迅の書斎
（図1-4と同書）

教育改革実践と子どもの社会活動

1919年度の中華民国教育部の不完全な統計によれば，全国の総人口に対する就学児童の割合は11.05％である。1922年大総統の名による「学校系統改革令」公布により，アメリカの6・3・3・4制を模した新学制が実施に移された。この新学制は「義務教育年限はしばらく四年を基礎とし，各地方毎に適宜延長する」と規定して，個性の発展や生活教育の重視などの「標準」7カ条を掲げている。この新学制の実施後，義務教育学校への就学率は毎年上昇し，1945

年には30.78％に達した。

　上述の新学制の制定・実施における思想的背景としては，新文化運動の儒教批判，特にデューイの教育理論と共に受容され浸透した，児童中心主義の教育観があげられる。1919年4月，デューイは北京大学の招きで訪中した。その後2年あまりの歳月を，彼は11省にわたる講演・講義活動に費やした。この頃には他にも，モンローなどアメリカの教育家が相次いで中国を訪れている。彼らの民主主義の教育理念，特にデューイの児童中心主義の教育観は，当時の子ども・青年の教育と生活とに強い影響を与えた。そのなかでも陶行知の教育改革実践が果たした役割は特に重要である。

　若い頃コロンビア大学のデューイのもとで教育学を学んだ陶行知は，1916年に帰国の後，南京高等師範学校の教授となり，プラグマティズムの立場から教授法の改革を提唱した。彼はまた教育の中心を都市から農村へと移すため，農村師範学校の開設を中心とする郷村教育運動を推進した。1927年，南京郊外の暁荘に周囲およそ20キロの地域を校地として暁荘師範学校を開き自ら校長となった。師範学校とはいっても，ここでは教育学の原理を系統的に教授するといった類のカリキュラムが組まれていたわけではなく，自学自習と討論，日課としての農作業が学生生活の主な内容であった。暁荘師範での教育実践の中で陶行知の生活教育理論が形成され，後にその理論は「生活こそ教育」・「社会こそ学校」の2つのスローガンに収斂されていった。

　以上のような教育改革実践および生活教育理論が当時の子どもの生活に与えた影響の大きさは，次の事例からも明らかとなろう。1935年秋，安徽省の新安小学校の児童と卒業生（12歳から16歳）17人は抗日の意義を宣伝するための「新安児童旅行団」を組織した。17人は10月に学校を出発し，上海に到着してから新聞への投稿や原稿の売り込み，フィルムを借り出しての映画会，また脚本書きから演出まで自作自演の抗日宣伝劇の上演などを精力的に行った。この旅行団はさらに1937年初めに上海を出発後，モンゴルの草原地帯で当地の牧歌を抗日の歌に作り替えて住民に歌唱指導するなどして，翌年秋に学校へ戻るまでの3年間にその足跡はモンゴルなど16省にも及んでいる。

ソビエト区・解放区の児童の教育とその生活

　1929 年，毛沢東をはじめとする中国共産党指導者たちが率いる労農紅軍は，江西省瑞金を中心とした農村地帯の革命根拠地（ソビエト区）を連繋し，中華ソビエト共和国臨時政府を組織した。この臨時政府は土地改革を実行するとともに，児童教育に大きな力を傾けた。「人民小学」あるいは「レーニン小学」と呼ばれる学校が各地に開かれると，それまでは学齢期になっても就学できなかった農民の子どもたちも，学校に通うことが可能となった。

　ソビエト区の児童教育に関しては，1933 年から 1934 年にかけて「小学制度暫行条例」，「小学課程教則大綱」などが制定された。学制は原則として 5 年（初級小学 3 年・高級小学 2 年）である。教員は各ソビエト区で小学卒の学歴のあるものが無償でこれを務めた。授業のほかに「労働実習」，「社会活動」の時間が初級小学で週 6 時間，高級小学で 12 時間設けられ，生産の現場で，熟練工や篤農について生産技術を学び，あるいは兵士家族の手伝いをし，また大人たちに文字を教え，壁新聞による衛生運動や政治宣伝を行った。

　そのころ各ソビエト区の子どもたちの生活も変わった。それまでの農民の子どもたちは地主の家で牛飼いをさせられたり，大人と同じように働かされていたが，今や彼らの 1 日の大部分の時間は学校へ行くことと遊ぶことに向けられるようになったのである。当時のソビエト区で流行していた遊びは「ハネ蹴」や「わたボール」であった。「ハネ蹴」とは羽子板でつくあのハネを宙に飛ばしてそれを器用に足で蹴り上げる遊びである。「わたボール」とは綿花で作った遊具である。いずれも皆子どもが自分で道具をこしらえて遊んだ。学校の体育用具としては，樹の幹で跳び箱を作り，大枝に縄を掛けてブランコにするといった具合である。子どもたちは農繁期には先生に話して休みをもらい，父母を助けて働いた。

　1940 年代になると，陝西省の延安を中心とする共産党解放区では，児童教育が大幅に発展してきた。1943 年，解放区の政府による「民営公助学校についての公開書簡」公布後，従来の公費だけによる学校建設の方針を改め，民衆の自発的な学校建設を奨励し，政府が可能な限りの援助を行うという方針がとられるようになった。1930 年代のソビエト区で実行に移された「児童の生活

集団化」,「労働実習」,「社会活動」などの教育理念・方法は，解放区の児童教育の原則として継承され，さらに新中国の社会主義教育システムのなかに貫かれているのである。

新中国の育児と教育の実態

1949年新中国（中華人民共和国）が成立した後，中国の現代教育は社会主義建設の方針に沿って展開されてきた。この方針に基づき，政府は特に幼児教育の発展に力を入れた。婦人の家庭からの解放・社会参加の奨励を徹底するために，幼稚園の開設・増設が進められ，その数は新中国成立3年目にして，中華民国時代の4倍にも達した。

中国の幼稚園は託児所的性格が強い。幼稚園の形式は大別して，日託（全日制）と週託（寄宿制，週6日間，土曜日の午後に帰宅，都市に多い）に分けられる。そこで行われている活動は，体育，言葉（会話，歌謡を中心に），環境の認識，図画・手工，音楽，計算などである。1日の生活は全日制，寄宿制とも大差はない。

幼稚園において，食事，遊戯，睡眠などは基本的に集団で行われ，子どものわがままは通じず常に集団にしたがって行動するようしつけられている。食事も偏食は許されず，何でも食べるよう奨励されている。また「愛労働」（労働を愛する）は重要な徳性として指導され，子どもたちは楽しみながら当番制で食事の準備のテーブル拭きや箸やスプーンを並べたりしている。子どもがこうした両親をはなれた生活になじめず，幼稚園から逃げ出すケースもあるが，上述の集団活動及び労働を通して自分のことは自分で行うという自立精神も養われていくのである。

1966年夏，突如として始まった文化大革命（いわゆる「文革」）は，中国の教育を全体として大きくゆがめてしまった。小学生から大学生までこの運動へ参加することが要求されたため，学校はほとんど授業停止の状態となったのである。当然，幼稚園の教育に対しても大きな変更が課せられた。この時期，中国の最高指導者である毛沢東の賛歌以外の童謡は厳禁され，園児たちは意味のわからないままに毛沢東語録を暗唱させられた。また幼稚園の教師のむやみな

110　第2章　資本主義の成立・展開と子どもの生活

図 2-26　現代中国の絵本
左側が表紙で右側はその中味。(阿部洋編『世界の幼児教育 1　アジア』日本らいぶらり，1983 年)

他の仕事への転用による各地での幼稚園の閉鎖により，子どもたちは放任状態におかれたという報告もある。

　1970 年代の後半になってから，文革の終了と共に中国は現代化を推進する時代に入った。幼児教育も新時代に応じて進展することになり，その成果は主に幼稚園施設の多様化と，児童向けの読み物が豊富になったことに表れている。文革後，全国各地で幼稚園の拡張建設と共に，都市や農村で小学校に付設された幼児班と呼ばれるものも多数誕生してきた。幼児班は既設の小学校の建

物を利用し，小学校に接続する準備教育を行っている。こうして全国の園児数は約780万人にも増加し，80年には1150万人に達した。

一方，児童向けの読み物の発達もめざましいものであった。子どものしつけに関するものだけでなく，外国の童話や科学に関する童話なども多数出版されるようになった。『アンデルセン童話集』，『イソップ童話』，『ガリバー旅行記』などが次々に再刊され，さらに4つの現代化という方針に沿って，子ども向けの科学童話，科学なぞなぞ，SFものなどの出版物も目立っている。1979年1月から10月までの間に，1100余種，3億6000万冊の児童，幼児向けの読み物が出版されている。

1980年代に入って，中国は人口増加を抑制するために一人っ子政策を打ち出した。少数民族の場合は例外として，1夫婦は子どもを1人しか生むことができないという政策である。この結果として家庭での育児にも変化がみられた。子どもは「小皇帝」と呼ばれ，過保護に育てられやすいためわがままな自己中心的傾向が強くなったといわれる。また早期教育がこれまで以上に重視されるようになり，子どもに心理的圧迫となっている現実もみられる。このように一人っ子の育児問題は中国の教育改革における重大な課題となっている。

9年間義務教育制度の確立

1986年4月になると「中華人民共和国義務教育法」が公布され，9年間義務教育の実施にむけた取り組みが本格的に始められた。この義務教育法では，性別，民族，種族を問わず，満6歳の児童は所定の期間義務教育を受けることや，国家は人民に対する義務教育を実施する義務があり，親は国家と社会に対してそれを果たす義務があると規定されている。また，教育の目的は，子どもの品行，知力，体質などの全面発達を目指し，全国民の素質を高めることを前提として，子どもたちを理想，道徳，文化，紀律にわたり，適格で，社会主義社会に役立つ人材に養成することにあるとされた。さらに，児童に対する学費の免除はこの義務教育法を実施する重要な措置としてあげられている。この中華人民共和国義務教育法の公布は，新中国にも小中学校9年間の義務教育制度の普及が法律的に確立されたという点で，中国教育史において大きな出来事で

あり，社会主義社会の現代化の建設に当たっても重要な戦略措置だともいえよう。
　ただし，中国は人口が多く，経済基礎がまだ不十分な「発展途上国」であるため，義務教育を実施するに当たり，教育経費の不足という問題が特に目立ってきた。1990年代に入って，中国の人口は約12億となり，全国で義務教育を受けるべき児童総数は1.7億にも達しているが，児童全員が就学できるようになるにはかなりの期間が必要であるし，農村の状況は特に厳しい。これを背景に，農村や貧困地の義務教育の発足を支援するための「希望工程」が誕生した。この「希望工程」は，中国青少年発展基金会などが先導したもので，主に民間から寄付金を集め，それを義務教育を受けられない農村や貧困地の児童たちの就学援助に使うことが主旨であった。「希望工程」は1989年に実施されて以降，1997年には，集めた寄付金は12.57億元となり，その寄付金によって設立された小学校数は5200校あまりにものぼった。このような支援のお陰で，およそ185万人の子どもが学校へ再び通うことができるようになった。したがって，この学校は，「子どもたちに希望をもたらす」という意味から「希望小学校」とも呼ばれ，義務教育の普及段階において見落としてはならない役割を果たしている。

農村における幼稚園教育の発展──浙江省を中心に──

　21世紀に入ってからの中国の子どもの教育における最大の変化は，何といっても農村における幼稚園教育の発展であろう。浙江省の事例を参考にその発展ぶりをみてみると，2005年の場合，この地域では，3歳から5歳の幼児の86.45％が幼稚園に入園している。それに，同省全体における園児数は112万6372人に達しているが，そのうち農村のそれが75万6216人を占めている。かつての，幼稚園へ入れず，家か畑で遊んですごす子どもの姿がだんだんと消えつつあり，都市の子どもと同じように幼稚園教育を受けて喜ぶ農村の子どもの姿がよくみられるようになった。
　また，農村幼稚園の多くは民間によって経営されている。現在浙江省の農村における幼稚園児の71％は民間経営の幼稚園に入っているというから，現に民間経営の幼稚園は公立幼稚園よりも農村幼児教育に大きな役割を果たしてい

るといえるだろう。こうした，民間経営による多数の幼稚園の誕生は，教育経費不足の地方に資金を援助し，農民の期待に応えて田舎にいる膨大な数の子どもたちを受け入れることに力を発揮している。また，幼稚園教育において都市と農村の差がどんどん小さくなっていくことは間違いないであろう。

ただし，このような民間経営の幼稚園はまだ不備な面がいろいろとみられる。例えば，ほとんどの幼稚園は「家庭的な経営様式」が濃厚で，子どもに教育を施すというよりただ面倒をみるだけという傾向が強い。それに，専門的な資格を持つ教員が少なく，普通の素人で間に合わせているとか，衛生設備が整っていない所も多くみられることなどが指摘されている。したがって，幼稚園教育に携わる教員の養成や，幼稚園公立化の拡大，幼稚園設備の改善などが今後の課題として残されている。

小中学校における「軍訓活動」および「学農活動」の実施

前述のように，中国では一人っ子政策の実施によって育児問題が大きな課題となっているが，子どもを「小皇帝」から脱皮させ，普通の「人間」に育てようと，現在いろいろな対策が取られている。その１つに，特色ある「軍訓活動」がある。「軍訓活動」とは，軍人の訓練を体験させる活動であって，全国の小中学校から大学に至るまでの教育の一環として実施されている。その主旨は，子どもたちを，規則正しい生活，苦しい訓練に慣れさせ，また集団主義精神を培わせることにある。「軍訓活動」は小学校では３年生か４年生の時に行われ，せいぜい10歳の子どもたちは布団などの日常用品を抱え，何日間か兵舎で生まれて初めて親から離れての生活を体験する。軍訓活動の内容は主に厳しい排列訓練や夜間行軍などであり，学校生活とは全く違うものである。

「軍訓活動」と同じ主旨のものとして，「学農活動」もあげられる。文字通り農村生活を体験し，農事を学ぶのであるが，これは主に中学校生を対象にほぼ一週間で農場生活を体験させるものである。「軍訓活動」と比べて，毎日のスケジュールはそれほど厳しくないが，子ども自身の生活能力を高める訓練や知識の蓄積という面からみて，一人っ子の成長にプラスになるものが多いと高く評価されている。

参考文献
阿部洋編『世界の幼児教育1　アジア』日本らいぶらり，1983年。
梅根悟監修『世界教育史大系4　中国教育史』講談社，1975年。
舒新城編『中国近代教育史資料』中国人民教育出版社，1979年。
卓晴君・李仲漢著『中華人民共和国教育専題史叢書　中小学教育史』中国海南出版社，2000年。
中華人民共和国教育部編『共和国教育50年—1949-1999—』中国北京師範大学出版社，1999年。
『中国大百科全書　教育』中国大百科全書出版社，1985年。

第3章

現代の教育

1　20世紀の世界と子ども

20世紀の世界

　20世紀は，人類の未来への希望と共に人間存在そのものの悲惨が現出した戦争と変革の時代であった。科学技術の進歩によって人類の活動範囲は宇宙に及び，各地で工業化と民主化が進展する一方，二度の世界大戦は史上初の総力戦となり人類に未曾有の被害をもたらした。ファシズム政権や社会主義国家の消長を挟みつつ「ヨーロッパの時代」から多極化した「アメリカの世紀」へ移行した20世紀は，世界システムが急速に拡大した。平和と国際協調に向けた国際機関の設置と強化，国家や地域，非政府組織によるさまざまな活動や試みがなされつつも，南北間格差や民族紛争，宗教対立は解決にいたらず，環境問題等，従来にはない地球的問題

図3-1　ベルリンの壁崩壊
撤去中の壁の間を通る親子。（荒井信一ほか編『子どもにつたえる世界の戦争と平和5』日本図書センター，1995年）

への取り組みが求められるようになった。

　科学技術の発展は人々の生活を大きく変えた。地域や階層による違いはあるものの、大量生産・大量消費の進展は生活物資の既製品化や家事の機械化・外注を促し、人間の労働も分業制と官僚制、自動機械化の発達によってかつてのような熟練は徐々に必要とされなくなっていった。これまで特権階級に専有されてきたスポーツや芸術は、余剰生産力とビジネスを介して民衆の日々の疲れを癒す娯楽となった。新聞や雑誌に加え、映画、ラジオ（1920年）やテレビ（1936年）放送の開始によってマスコミュニケーション・メディアが大衆化される一方、1990年代に急速に普及した電子メールやインターネットは、地理的時間的制約を超えた双方向性をもつコミュニケーション・メディアとして人々の生活に新たな次元をもたらした。

　「児童の世紀」（ケイ）と呼ばれた20世紀には子どもの保護と自発性の尊重が説かれ、子どもは（神から）「授かる」存在から男女が意識的に「つくる」存在となった。子どもとその教育への関心が高揚し就学率が上昇する一方、伝統的な学校教育への批判も高まった。各地で未だ克服されていない地域間や階層間、男女間の教育格差の問題に加え、児童虐待予防や子どもから大人への移行に関する新たな問題が発生するなか、情報化の進展は大人と子どもの区別と純粋無垢な子どもという神話を掘り崩しつつある。

20世紀前半の「先進国」の子どもの生活

　「ヨーロッパの時代」の終焉と共に訪れた20世紀は子どもにとってどのような時代であったのであろうか。各国で児童労働の制限と学校教育制度の整備が進み、義務教育年限の延長と就学率の上昇によって子どもの生活における学校の重要性が増していた。前世紀に上層市民階級の特権的設備となっていた子ども部屋もより広い階層に普及し、識字率の上昇を反映して児童書や児童向け雑誌が多数出版されるようになった。出版全体に占める児童書の割合も、例えばイギリスでは1913年の6％から1938年には10％に急上昇している。現代ヨーロッパの若者の祖父母および両親の世代の生活と教育の有様を、いくつかの自伝から再現してみよう。

1911年にドイツのボンに生まれたシューマッハーの伝記によれば，第一次世界大戦中の食料不足の時には家の庭で家畜を飼い，それは苦しい時代の幸せな思い出となっていた。食料不足が激しくなると山羊を飼うことも難しくなり，裸足でバケツをもった子どもたちが近所のゴミ箱から山羊の餌をさがし，さらにやせていった山羊が乳をださなくなるとシチューに化けるのを涙ひとつ流さず面白そうにのぞきこんでいたという。戦後のインフレ時代には，親にいいつけられて買い物に行った子どもたちは，買おうとしていた品物よりかさばる札束を腕いっぱいにかかえて食料品店の列にならび，順番がきた時には値段が上がり手ぶらで家にかえらなければならないのではないかとびくびくしていたという（ウッド，B.，酒井懋訳『わが父シューマッハー―その思想と生涯―』お茶の水書房，1989年）。

今世紀の子どもの生活として悔恨とともに深く銘記されねばならないのが，『アンネの日記』でよく知られるようになったナチ政権下のユダヤ人の子どもの生活である。子どもたちは家族と共に名をかえ素性を隠し言葉のわからない

図3-2　子どもの描いたポーランドの収容所の絵
4年　カロリナ・ウーホモーヴィッチ（青木進々訳編『子どもの目に映った戦争』グリーンピース出版会，1986年）

ベルギーやオランダの学校への転校をくりかえし隠れ家に身をひそめた。1929年にウィーンで生まれたエヴァ・シュロッスもそのような経験をしたにもかかわらず，ナチの迫害を逃れることはできなかった。強制連行されたアウシュビッツの絶滅収容所から奇跡の生還をとげることのできた彼女は，「人間の本性はやはり善であると信じる」とアンネが記すことができたのはベルゲン・ベルゼンの絶滅収容所を経験する前であったからではないかと述べている（シュロッス，E.，吉田寿美訳『エヴァの時代―アウシュビッツを生きた少女―』新宿書房，1991年）。

エヴァやアンネのようなユダヤ人の子どもは，ユダヤ人であるというだけで絶滅収容所へ送られ髪を剃られ囚人番号を入れ墨された。15歳以下のユダヤ人の子どもは，最初から「役に立たない」と「選別」されて生体実験の材料とされた（シュヴァルベルク，石井正人訳『子どもたちは泣いたか―ナチズムと医学―』大月書店，1991年）。死が日常と化した絶滅収容所での子どもたちの遊びは，「ガス室送り」や「囚人移動」，「点呼」などであったという（ミュラー，C.，星乃治彦訳『母と子のナチ強制収容所―回想ラーフェンスブリュック―』青木書店，1989年）。

大戦直後の時代の子どもの生活については，東欧改革に指導的役割を果したポーランドの自主労組「連帯」の指導者レフ・ワレサの自伝にみてみよう。1943年生まれのワレサは，戦後復興期にあたる子ども時代，収穫前の季節にはパンも食べられなかったという。家には電灯もなく，電気が引かれたのはようやく1950年代末のことであった。子どもは5歳ともなればガチョウの餌やりなど，年齢に応じたさまざまな手仕事をしていた。ワレサは学校まで4キロの道を裸足で往復し，帰宅してから少なくとも2時間は家畜にやる藁を刻むのが日課であった。何年も納屋の床でわらを踏みつけているうちに，足がたこやうおの目だらけになってしまいいまだにそれが痛み，彼はそのたびに農業労働の辛さを思い出すと述べている。ポーランド人のワレサにとって旧ソ連に主導された1950年代の教科としての歴史は，外国人による憶測の域を出ない生活経験とはほど遠い抽象の世界であり，彼はずいぶん後まで歴史というものの価値がわからなかったという（ワレサ，L.，筑紫哲也ほか訳『ワレサ自伝―希望へ

の道―』社会思想社，1988年)。

旧植民地の独立

　20世紀の世界をゆるがせ従来の世界観そのものに変革をせまったのが，旧植民地の諸国の独立による新たな国家の誕生である。「アフリカの年」といわれる1960年には一挙に17カ国が独立し，国連の一大政治勢力を占めるようになった。とはいえ国内の不安定な政治情勢に加え，長年の植民地支配は今日なお深い爪痕をのこしている。新しい国家がうまれたものの，新興国と旧来の「先進国」との経済格差は拡大する一方で，累積債務は天文学的数字となっている。さらに「発展途上国」（「開発途上国」とも）のなかでの産油国と非産油国，一次産品輸出国と労働集約的な工業製品輸出国との違い，多国籍企業の発展など，世界的な資本主義経済の構造が著しく複雑化するなかで，資源をもたない新興国が自立した経済発展を目指すのはきわめて困難な状況に至っていた。

　今日の「発展途上国」には「先進国」の近代化の過程にはなかった困難がある。「発展途上国」は「先進国」の経験的知識（経済成長には識字率および初等教育就学率が40％に達する必要があること，基礎教育の近代的価値観形成による経済成長への寄与など）や科学技術，コミュニケーション・メディアが利用でき，国連諸機関や「先進国」の開発援助を受けられる利点はある。しかし，欧米諸国が200年かけて行ってきた近代化を「発展途上国」は数十年で成し遂げねばならない。「後発効果」のために「学歴病」などの社会問題に対応しながら，資本蓄積が完了した既存の世界資本主義秩序のなかで，植民地という過去のマイナス要因を克服しつつ経済発展を計ることを余儀なくされてきた。2000年に至っても，1人当たりの国民総所得は，「先進国」が2万8000米ドルに対し，「発展途上国」は1175米ドル，「後発発展途上国」は290米ドルにすぎない。

　このような状況にある「発展途上国」の人口動態は，高い人口増加率，高い乳児死亡率，低い平均寿命によって特徴づけられる。20世紀の初めの16億から20世紀の終わりには60億に達した世界の人口動態で注目すべきは，「先進国」における乳児死亡率の低さ（1960年には31/1000，2000年には6/1000）と

長寿（2000年には78歳），「発展途上国」における乳児死亡率の高さ（1960年には「発展途上国」で141/1000，「後発発展途上国」で170/1000，2000年には同63/1000，102/1000）と短命（2000年の「発展途上国」で62歳，「後発発展途上国」で51歳）である。「発展途上国」で人口が急増する一方，「先進国」では少子化による人口増加率の低減傾向とその結果として労働力不足がみられた。「先進国」と「発展途上国」の人口比は，70年には1：2.7であったのが85年には3.3に，2000年には4に達した。同じ地球上の異なる地域で長寿と短命，飽食と飢餓が同時進行し，前者が後者を構造的に生み出している。労働力不足に悩む「先進国」への「発展途上国」の人々の出稼ぎや「頭脳流出」現象によって，「低開発地域」は開発のための人材を失いますます開発が困難な事態に陥っている。

「発展途上国」の教育と子ども

独立以後の「発展途上国」での教育は，依然植民地主義教育といえるものであった。これらの多くの国々では教育制度そのものが植民地時代に築かれた制度をもとにしていた。初等教育では各部族の言語を使用する場合があるものの，教科書は旧宗主国から送付されたものを使用し，高等教育では旧宗主国の言語を使用している場合が多い。教育内容も，旧宗主国の教育課程がそのまま適用されたものがほとんどで，旧宗主国の侵略をめぐる歴史評価の問題が生じていた。教育機会に恵まれた現地人の少数のエリートには，教育を通じて旧宗主国の生活様式や価値観の習得と共に，自国民としての自覚の稀薄化や自国民や自国文化への軽蔑傾向がみられる場合もあった。

独立のための民族運動を戦い抜いた人々は，いかにして植民地主義教育の悪弊を克服して自らのアイデンティティーを形成し，秩序変革のエネルギーを育んだのであろうか。民族解放運動の指導者のなかには，近代ヨーロッパが生み出した自由・平等・博愛などの民主主義の原理を学び，それを植民地となっている自国に適用することによって民族解放運動に参加したものも多い。1934年に南アフリカで生まれた民族解放運動の闘士ウィニー・マンデラは，バンツー教育法が導入される以前の白人と共通の教育を受けた。彼女は歴史の教師

図 3-3 キリバスの子どもたち

キリバス（旧ギルバート諸島）は，面積，人口ともに世界最小級の国家だが，ミクロネシアでは隣国ナウルとともに数少ない完全な独立国家であるため，民族的誇りは高い。国旗は，海原に昇る太陽を背に軍艦鳥（ぐんかんどり）が飛翔するという勇壮なデザイン。写真は 1979 年 7 月 12 日，独立の日の子どもたち。後方にあるのは旧日本軍の砲台であり，この島が太平洋戦争の激戦地であったことを思い出させる。
（写真：森田米雄，週刊朝日百科　世界の歴史 126』1991 年）

であった父親から白人の書いた教科書を用いながらも白人の歴史解釈と並行して，黒人の側からの歴史を学んだという（マンデラ，W.，阿部登ほか訳『わが魂はネルソンとともに』新日本出版社，1987 年）。また土着文化によって民族解放へのエネルギーが育まれた者もあった。1918 年ナイル・デルタ地帯の深奥の寒村で生まれたエジプト革命の英雄の 1 人，アンワル・エル・サダトは，祖母や母の寝物語やイギリスに抵抗した民族の英雄の詩の詠誦を毎晩聞くうちに，植民地支配の不当性を認識したと述べている（サダト，A.，朝日新聞東京本社外報部訳『サダト自伝―エジプトの夜明けを―』朝日新聞社，1978 年）。

　独立達成後の「発展途上国」では，経済発展を担う人材養成のために学校教育が奨励され，進学競争が激化しそれに伴う「学歴病」が蔓延していた。そのような社会を生きた子どもの 1 人，1939 年生まれの華僑の息子タン・コクセンは『シンガポール育ち―ある苦力の自伝―』（白水繁彦訳，刀水書房，1981 年）で，貧しさ故に進学をあきらめざるをえなかった小学校の卒業式の日を涙と共に「人生の頂点」と記している（義務教育制度を採用してこなかったにもかかわらず高い識字率と就学率，トップレベルの学力水準を誇るシンガポールも 2003 年に義務教育制度を導入している）。

参考文献
『叢書　産む・育てる・教える―匿名の教育史―　全5巻』藤原書店，1990〜1991年。
ユニセフ『世界子供白書』各年版。
『ユネスコ文化統計年鑑』各年版。
The International Encyclopedia of Education, Pergamon, 1985〜1990.

2　20世紀の子ども観と教育改革—近代教育思想の発展と動揺—

20世紀の子ども観

　次代への希望と共に育てられてきた子どもに対し，それぞれの国家や社会は，いかなる子ども観をもって理想の人間像とその実現に向けた配慮を行ってきたのであろうか。20世紀の世界の子ども観を特徴づけるのは，ファシズム期の悲惨な歴史を含みながらも，子どもを大人の側からみるのではなく子ども自身の自発性や生活経験そのものの意義を認め，教育をすべての子どもの人権として国籍や能力を問わず平等に認めようという動きである。前者の代表が新教育運動であり，後者が国連を中心に推進されてきた「人権としての教育」の視点であった。子どもの主体性と成長を生まれながらの権利として制度的に保障しようとする20世紀の教育理念は広く承認され，制度整備や教育実践によって多くの成果をあげながらも，現実面では国家の効率を重んじる人材政策や政治経済的制約によって十分な実現には至っていない。一方，これらのヒューマニスティックな視点からの教育思想に対し，大人も子どもも含む人間存在についてその前提から根本的な問いを投げかけているのが生命の定義に関する問題である。

新教育運動

　新教育運動とは，それまでの教育の，教科中心あるいは教師中心に対し，児童の生活，個性，自発性を重んじる児童中心主義の世界的教育運動である。この運動はルソーやペスタロッチを古典的拠り所とし，フランスのドモランの著書（*L'Education Nouvelle*）がその名の発祥とされる。初期の新学校には1889

年のイギリスのレディによるアボッツホルムの学校，ドモランのロッシュの学校（1899年），ドイツのリーツの田園教育舎（1898年），デューイがシカゴ大学に創設した実験学校（1896年），イタリアのモンテッソーリの「児童の家」（1907年）などがあった。これらの新学校にさらに第一次世界大戦後のワイマール共和国憲法下のドイツでの「生活共同体学校」やフランスのフレネの教育運動などが加わった。アメリカのデューイを中心とする進歩主義教育協会（1919年）やドイツの徹底的学校改革者同盟（1919年）の結成，さらに1921年の第1回国際新教育会議の開催や新教育の国際的組織である国際教育連盟の結成により，新教育運動は西欧諸国のみならず世界的な教育運動に発展した。

新教育が子どもに与える成果については，その優秀性がすでに1930年代にアメリカで報告されている。その半世紀後の1980年代には，激化する世界的な経済競争への対応として，労働力の質の確保を就労以前の学校教育に求める各国の動きによって新教育運動は新たな試練の時代を迎えた。子どもの主体性を重視した教育史上画期的な世界的運動となった新教育運動は，二度の世界大戦をへた20世紀末においても，その精神と方法に新たな革新を加えながら，子どもを中心とする理想の教育に向けた実践と研究を重ねている。

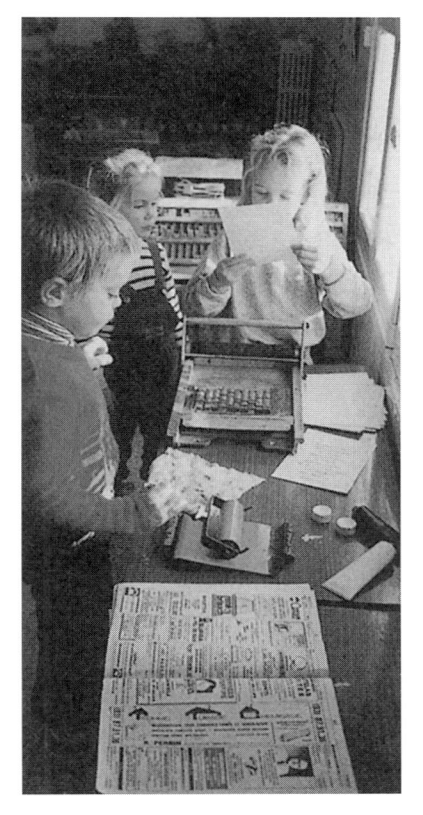

図3-4　フレネ学校での印刷機を使った学習
（『朝日ジャーナル』1983年3月20日号，vol. 25）

生命の定義と子ども

　新教育運動が展開された20世紀は，同時にこれらの教育運動の根底をゆるがす問題を内包していた。それはファシズム政権の恐るべき生命観と堕胎をめぐる問題であり，また今日まで続く人間の「生命」の定義をめぐる混迷である。ファシズム政権は民族の血を何よりも貴び，1930年のムッソリーニ政権では堕胎が民族の健全性を犯す罪とされた。1933年にはナチスドイツでの「アーリア人種」の出生率向上のため結婚と出産に報償金がだされ，一方ユダヤ人はただユダヤ人であるという理由のみで抹殺された。1936年にはソ連でも妊娠中絶を合法とする法律が廃止されている。

　生命，とりわけ堕胎の問題は女性の人権擁護に直接関わり，1921年のサンガーのアメリカ産児制限連盟の結成以来，産児制限運動が世界的に展開されてきてはいた。とはいえこの問題がそれを罪悪視する宗教の呪縛から公式に解かれ始めるのは，その半世紀近く後の1967年のフランスでの産児制限の合法化，翌年のイギリスでの妊娠中絶の合法化まで待たねばならなかった。その後のいわゆる試験管ベビーの誕生（1978年），代理母裁判（1990年）など人間生命の誕生をめぐる議論は結論がだされないままである。ヒトゲノムの解析やクローン人間の誕生の可能性に象徴される科学技術の急速な過剰なまでの発展は，人間の生命の起点（堕胎の問題など）と終点（安楽死や脳死問題など）の定義にさらなる難問をつきつけた。

　こうした生命の誕生と育成に関わる「母性」の保護をめぐっても，その望ましい在り方に関する議論が続けられてきた。とりわけこの議論に貢献したのは，今世紀の文化人類学の目覚ましい研究成果であった。ミードなどによる「未開社会」の研究は，その研究方法上の問題点が指摘されながらも，男性と女性の役割が逆転した社会がありえ，男性・女性は非生得的な社会的形成物にすぎないのかもしれないという想像を可能にした。このことは，子育てや人権としての教育の議論に，はかりしれない豊かな地平を提示している。

人権と教育

　近代教育思想の主たる対象は，「先進国」の性役割分業を前提にした少年少

女の教育であった。これに対し、教育は「先進国」、「発展途上国」を問わず人権という観点から人類すべてを対象にすべきであるとの認識がなされ、子どもの固有の権利を尊重しようという決意が表明されるようになった。

その代表的なものが、第二次世界大戦後に国連を中心に推進されてきた「人権としての教育」の視点に基づく諸宣言である。ユネスコ憲章の前文は「戦争は人の心の中で生まれるものであるから、人の心の中に平和の砦を築かなければならない」と述べ、世界人権宣言（1948年）は「人類社会のすべての構成員の固有の尊厳と平等で譲ることのできない権利とを承認することは、世界における自由、正義及び平和の基礎をなしている」と謳っている。これらの精神はさらにユネスコ憲章（1951年）、「児童の権利宣言」（1959年）、「教育における差別待遇の防止に関する条約」（1960年）、「障害者の権利宣言」（1975年）、「子どもの権利に関する条約」（1989年）に発展し1990年の「国際識字年」に開催された「万人のための教育世界会議」では、2000年までにすべての人への基礎教育の普及が目指された。こうした「人権としての教育」の保障を目指す国際機関の動きにも、1980年代のアメリカやイギリスのユネスコ脱退とその後の復帰など、複雑な政治的要因が加わり、必ずしも楽観視はできない。

国際機関の動きに加え、1960年代のアメリカの公民権運動など、人種、性別、能力にかかわりなく教育を受ける権利の保障を要求する市民運動の高揚がみられた。マイノリティ、女性、障害者などこれまで社会の底辺に位置づけられ教育の対象として顧みられることの少なかった者の権利の保障が表明され、その実現に向けた制度整備が開始されたことは、20世紀の教育思想の最大の成果であるといえる。

第二次大戦後の教育思想

新教育運動に加え、戦後もさまざまな思想、例えば構造主義、プログラム学習、社会主義国を中心とした総合技術教育の興隆、また平和教育、国際理解教育、環境教育、情報教育など、社会問題に対応するための多様な教育が、教育の担うべき新たな課題として提示されてきている。これらの教育に共通しているのは、これらがすべて近代学校制度を前提にしたカリキュラム改革であると

いうことである。

　このような学校教育改革に加え，「生涯教育」や「脱学校論」などの新しい教育理論が提示され，西洋から生まれた従来の近代学校制度の超越が試みられた。イリッチによる「脱学校論」は，教育制度の所与の前提とされ，3R's の効率的な教授に寄与してきたとみなされている近代学校制度の存在意義を疑い，学校は真の教育にとって不必要な制度であるとした。一方，1960年代にユネスコ成人教育委員会は，「生涯教育」は人間の生涯にわたる成長の保障という観点から，学校・家庭・社会教育を統合的に考えることを提唱した。また世界的な識字運動を導いてきたフレイレにとって，真の教育は自己が社会状況のなかで抑圧されているという現実を認識する「意識化」を促す課題提起学習でなければならないという。

　近代社会の特徴の1つとされ学校制度による社会選抜の正当性の根拠となってきた能力主義をめぐっても，多様な批判がなされてきた。能力の尺度そのものの不当性と曖昧さ，家庭の貧富と学業成績の相関，および教育による社会的地位の再生産や差別との連関が問題にされるようになり，民主主義社会の自明の社会原理とされてきた能力主義は，社会的公正の問題として大幅な修正を迫られている。

　上記の近代教育に対する批判に加え，1970年代以降，ポストモダンと称される近代社会の在り方そのものに対する根源的な批判が展開されてきた。人間の成長発達に不可欠な，未来を約束する善きものとして教育を語ることは欺瞞であり，近代合理性のもつ暴力性に対する糾弾と，文化価値の多様性の承認が要求された。教育はみえない構造に仕組まれた精緻な権力作用，象徴的暴力にすぎないのか，それとも未完の近代における啓蒙の唯一の実現方途であるのか。大人と子どもの関係，次世代育成としての教育に峻厳な問いがつきつけられている。

20世紀の教育改革
　激変の20世紀において，それぞれの社会制度を維持する人材を育成し社会問題に対応するために，さまざまな教育改革がなされてきた。第二次世界大戦

後の復興期に教育は復興政策の重点となり，戦後の復興が一応達成された1950年代後半の冷戦突入期にあっては，軍事戦略のための人材開発政策が体系的に実施された。1960年代以降は各国とも総合開発計画に従って経済発展のための教育計画を立案し，国家の強力な指導の下で教育改革を推進した。とりわけ注目されるのは，1960年代以降のマイノリティや女性の積極的差別是正策であり，アメリカのヘッドスタート法や強制バス通学制度，大学入学における優先入学枠の設定等，先駆的実践がなされ，各国での多文化主義教育の導入等，教育の公正・平等が目指された。1980年代には，アメリカの「優秀を目指す教育」やイギリスのナショナル・カリキュラムの開始等にみられるように，欧米各国で経済的繁栄の基礎として優れた労働力を確保するための学力水準の向上が目指され，一方，アジア諸国では中国の「素質教育」等，従来の受験に特化した画一的教育の見直しがなされた。

　各国での相次ぐ義務教育年限の延長と，西欧「先進国」で歴史的に形成されてきた2つの学校体系，すなわち単線型学校体系と複線型学校体系が紆余曲折を経ながらも徐々に後者から前者へ移行していったことは，平等な教育機会の保障の点からきわめて重要である。1970年代以来，従来の伝統的な学校に替わるフリー・スクールやオープン・スクール等のオルタナティブ・スクールが興隆し，バウチャー制度の採用や，チャーター・スクール，ホーム・スクール等，従来の学校教育の枠組みを超える新たな公教育の在り方も試みられている。

　歴史教育における自民族中心主

図3-5　国家と教育（1932年）
(Tyack, D. & etc.: *Public Schools in Hard Times*, Harvard Univ. Press, 1984)

> **Column ④**
>
> ## 現代の教育改革
>
> 　近代社会の発展を推進してきた学校教育制度が，いま問われている。とくに「先進諸国」では社会変化にともなう制度疲労が進み，伝統的な学校教育のあり方が問われ，その再生が図られている。こうした教育改革の顕著な傾向として，自由化・個性化・多様化への志向がある。子どもの個性に応じて学習環境を改善したり，従来の学校に代替しうる種々の学校が設けられたりしている。世界の動向と連動して，日本においても注目され実践されている事例として，次のようなものがある。
>
> 　まず，「オープン・スクール」といって，1940年代にイギリスの幼児学校で導入され，1960年代にはアメリカの就学前学校で一般化された学校がある。現在では，初等教育の現場で導入されている。伝統的な教室よりも2〜3倍広く，しかも壁が取り払われた開放的（オープン）な教室で，子どもは自らの興味・要求・動機に基づき，自分のペースで学習活動を行う個性重視の教育が行われる。この学校では，学級・学年制が廃止され，弾力的なカリキュラムが実施されている。
>
> 　また，ドイツを中心として，シュタイナー（1861〜1925年）の理念に基づく教育が，「自由ヴァルドルフ学校」において展開されている。この学校では，授業時間を細かく設定したりはしない，クラス担任が8年間同じである，教師が教科書を手づくりする，テストが存在しないなどといった特徴がみられる。現在では，世界中に600あまりの自由ヴァルドルフ学校が存在する。
>
> 　そして，イングランドには，ニイル（1883〜1973年）の理念に基づいた「サマーヒル・スクール」がある。この学校では授業に出席することは一切強要されていない。加えて，すべてものごとは生徒，教師が全員参加した会議で決定され，生徒も教師と同等の権利が与えられている。
>
> 　このように，各地で，子どもの個性を伸長させるために，学校教育を改革する動きがある。これらの学校は従来の伝統的な学校とのどちらかを選択できる，またはそれに取って代わる（alternative）学校であることから，「オルタナティブ・スクール」と総称されている。

義の克服を目指す国際教科書対話，各国共通の大学入学資格として国際バカロレアの普及が進み，OECDによる国際学力テストへの参加国も増えていった。20世紀の教育改革は，従来以上に国際化の進展のなかに展開されていた。

参考文献
イリッチ，I.，東洋・小澤周三訳『脱学校の社会』東京創元社，1977 年。
長尾十三二編『新教育運動の理論』明治図書，1988 年。
フレイレ，P.，小沢有作ほか訳『被抑圧者の教育学』亜紀書房，1979 年。
ユネスコ教育問題国際委員会『未来の教育』第一法規出版，1972 年。

3　現代の育児と教育の実態

「先進国」における教育方法の革新

　前節で述べた 19 世紀末から 20 世紀の初頭にかけての新教育運動における提言は，第二次世界大戦以前は主として一部の進歩的な私立学校等で，限定的に実施されているに過ぎなかった。しかし第二次大戦後，欧米の「先進国」を中心に，学校の施設の改善，学級の規模の縮小（教員 1 人あたりの児童生徒数の減少）などが進んだことにより，一般の公立学校にもその理念に沿ったさまざまな教育実践が徐々に浸透していった。特に欧米の「先進国」の初等教育の段階では，教壇で教師が児童に向かって一方的に話を進めるといった一斉授業の比率が減少する傾向にあり，それと反比例してグループによる作業や討論を用いた授業が増加する傾向にあるといわれている。

　もちろんこのような教育方法を採用するために，1 学級の児童生徒数（または教員 1 人あたりの児童生徒数）が一定数以下になることが必要であるのはいうまでもない。例えば，公立の初等学校の 1 学級あたりの平均児童数をみると，フランスは 22.2 名（1998 年時点），ドイツは 22.3 名（2003 年時点）である。日本では高度経済成長期には小学校の 1 学級の定員が 50 名や 45 名もあり，大規模学級で一斉指導をするのが普通であった。現在日本の公立の小学校では，1 学級の定員（上限）は 40 名と定められている。ドイツやフランスと比べて倍近い児童がいる学級が一定の割合で存在している。しかし現実には少子化や各自治体の裁量による学級定員の縮小（30 名や 35 名など）により，日本の小学校の学級の規模は徐々に小さくなっている。1987 年時点では日本の小学校の 1 学級の平均児童数はまだ 31.5 名あったが，2006 年には 25.8 名までに減ってい

る。これは同年のイギリスの初等学校（6～11歳）の平均の26.3名を下回っている。個々の児童に目を配れる学級の環境が、日本でもようやくヨーロッパに近づいてきたといえる（数値は文部科学省『教育指標の国際比較（平成19年版）』による）。

　欧米の国々では、それぞれにおとずれた児童生徒人口の急減期に、教員の人数をそれほど減らさずに学級規模の縮小に取り組んだため、30名以上の学級は近年まれになっているといわれている。またコンピュータ機器の学校現場への普及は、各児童が机の上でノートパソコンを操作して、各児が自分の能力と興味に従って学習プログラムを進めるということを可能にした。そのうえパソコン画面を通じて教師と児童生徒が双方向でやりとりもできるし、教卓の上の教材や資料を、児童生徒が自分のパソコン画面で詳細にみることもできる。パソコンとマルチ・メディア機器を併用したり、または高性能でマルチ・メディア機能を有するパソコンを使用することにより、チョークによる黒板の板書では分かりにくい、詳細な模様、図形、グラフなどのデータを授業で駆使することが可能になった。

進学と受験競争

　第二次大戦後欧米の各国では、民衆の教育水準の向上や国内の労働者の質の向上を目的に、前期中等教育の義務化に踏み切った。さらに現在では後期中等教育にも、アメリカや日本のような単線型の学校体系をとっている国では、大半の生徒が進学して、事実上義務教育に近くなっている。また複線型の学校体系をとっている国（イギリス、ドイツなど）でも、パートタイムの在学生を含めれば、大半の生徒が後期中等教育段階に進学している。さらに高等教育機関（大学・短大）の進学率も向上し、「先進国」では高等教育の大衆化の時代に入っているとされる。例えばアメリカや日本では、高等教育機関への進学率は50%を大きく越えているし、イギリスやドイツでも4割を越えている（表3-1参照）。中等教育が事実上義務化したため、イギリスやドイツなどのヨーロッパの国のように、大学進学目的の普通高校と職業指導中心の専門高校とに進路がはっきりと分かれている場合は、両者の教育内容の共通化が課題となってい

表 3-1　高等教育への進学率

(%)

日　本（2006 年）		アメリカ合衆国（2003 年）	
大学・短大進学者	53.2	大学・短大　フルタイム進学者	51.1
専修学校・通信制大学進学者を含む	77.3	パートタイム進学者を含む	63.2
イギリス（2003 年）		ドイツ（2003 年）	
大学・高等教育カレッジ　フルタイム進学者	35	大学進学者	27.6
パートタイム進学者を含む	42	高等専門学校進学者を含む	40.7

（文部科学省『教育指標の国際比較（平成 19 年版）』）

る。またアメリカのように単線型の学校体系をもつ国では，生徒の進路に合わせた形で各学校の教育内容の多様化，個性化が求められている。

　第二次大戦後，産業活動の発展に必要な科学技術の向上と技術者の大量養成などを目的として，「先進国」では大学の新増設がさかんに行われた。その結果，従来はごく限られた少数のエリートのみが学んだ大学においても，大衆化の波が押し寄せている。大学の学部段階の教育は，学問の基礎の学習と職業選択や資格の取得につながる実学へと次第にその比重を置くようになり，学問の本格的な研究機能は大学院段階に移行し始めている。また大学の国際化・グローバル化が一段と進み，例えば今やアメリカの大学のハイテク関連の研究には，インドや中国からの留学生が大きく貢献しているという。

　このように高等教育への進学率が上昇しても，依然として厳しい受験競争はなくならない。大学間の格差があるので，社会的評価の高いいわゆる「有名大学」への入学を希望する者が多いからである。またヨーロッパの国では，大学入学資格試験（ドイツのアビトア，フランスのバカロレア等）で良い成績をとらないと，希望の進路に進めなくなる。進学競争は立身出世を尊ぶ儒教文化の国（日本，韓国，中国，台湾）や中央省庁の官僚の地位が高い旧社会主義圏の国で，いっそう激しくなる。また香港やシンガポールのように，事実上「都市国家」と呼べる地域では，「国内」に総合大学が 1, 2 校しかないので，大学入試は当然ながら超難関となっている。

識字問題 ―「発展途上国」の深刻な教育問題―

　第二次大戦後に独立した国の多い「発展途上国」では、農業生産の増大、工業化の推進などを実現して経済を発展させることにより、国民生活を向上させ貧困を克服しようと努力が続けられている。しかしながら国民の教育水準の向上、特に非識字者をなくさなくては、質の高い労働力は確保されず経済発展はおぼつかない。また現在の世界は一部の辺境地域などを除いて、商品経済の体制に組み込まれているので、字の読み書きができないということは、契約行為に不利を生じたり、マニュアルが理解できずに機械の操作ができないなどの理由により、就業の機会が制約されるといった生産消費活動上の重大なハンディになる。加えて字が読めないために、行政サービスや医療・衛生に関する正しい情報が入手できないなど、社会生活上の重大な不利益もこうむることになる。

　民衆の教育機関が十分に設置されていなかった地域では、学校教育を受けていないため非識字者になってしまった成人がかなり多くいる。しかも「発展途上国」のなかには、義務教育段階の学校ですら十分に整備できず、また校舎はあっても有資格教員の不足や施設、教材の不備などにより、学校教育を民衆の子どもに十分に提供できない地域が、現在も依然多く残っている。

　また学校の数が不十分な地域では、人口が増加すれば就学年齢の子どもの人口が増えるので、学校の不足が益々深刻となり、学校に通えない子どもがさらに増加するという悪循環に入る。つまり貧困地域で人口増加が起こると、非識字者がいっそう増大してしまう。

　ユネスコはこのような非識字者の増大を防止するために、1990年を国際識字年に定めた。ユネスコの推計によれば、1990年時点で全世界に成人（15歳以上）の非識字者は約9億4200万人である（表3-2参照）。

　その内、非識字者の多い上位10カ国だけで約7億2300万人（73％）を占め、なかでもインドと中国の2カ国だけで、全世界の非識字者の過半数を占めた。また1990年当時の推計によると、世界で最も非識字率の高い国はアフリカのスーダンで、15歳以上の約73％が非識字者であった。

　ユネスコの呼びかけによる「発展途上国」の識字対策への支援により、一部

の国や地域では学校教育の普及が進み，非識字者は徐々に減少している。特にインドおよび中国は21世紀に入って経済成長が著しいこともあり，学校教育の整備が進み若い世代の非識字者が大きく減少している。しかしながらアフリカでは内乱，異常気象（干ばつ），病気（エイズ等）の蔓延などにより，学校の整備が遅れている国が多い。2004年の統計値によると，15歳以上の非識字率が50％を越える国は表3-3に示す通りで，世界で10カ国が報告されている。その内8カ国がアフリカの国であり，最も非識字率の高いマリでは81.0％に及ぶ。国民の5人の内1名程度しか，文字の読み書きができないことになる。南アジアでも依然非識字者は数多く存在し，パキスタンとネパールでは，15歳以上の約半数が読み書きができない。

表3-2 地域別の非識字者[1]（1990年時点）

	非識字者数 （100万人）	非識字率 （％）[2]
「先進国」	42.0	2.3
「発展途上国」	920.6	28.1
南アジア	397.3	45.9
東アジア	281.0	17.0
アフリカ	138.8	40.3
アラブ諸国	61.1	38.1
中南米	43.5	11.3
世　界　計	942.0	26.9

1) 15歳以上の者
2) 非識字率＝15歳以上の非識字者数／15歳以上の人口
(UNESCO, *Basic Education and Literacy*, Table 24, 1990)

表3-3 非識字者が50％を越える国（2004年時点）

		(％)
アフリカ	マリ	81.0
	ブルキナファソ	78.2
	チャド	74.3
	ニジェール	71.3
	ベナン	65.3
	シエラレオネ	64.9
	セネガル	60.7
	中央アフリカ	51.4
南アジア	ネパール	51.4
	パキスタン	50.1

(総務省統計局編集・刊行『世界の統計（2007年版）』)

しかしながら最も状況が深刻な地域，特に紛争と飢餓の地域は，統計データそのものの集計ができない。例えば飢餓の深刻なエティオピア，紛争の続くスーダン南部やアフガニスタンなどでは，難民も多く発生している。このような地域では学校教育が事実上破綻しているので，非識字率はかなり高いと推定される。世界の識字対策としては，まず何より武力紛争の解決，食料の供給，貧困問題の解決という生活環境の安定が必要であろう。

多民族の共生とグローバル化

さまざまな歴史的経緯の結果，世界には数多くの民族・言語・宗教・生活習慣がある。現代の国の多くは近代になり成立したものであるので，国内に成立時から複数の民族・言語・宗教が存在する国が大半である。また列強の植民地支配時代に，労働者として多くの人々が他国に移住し，第二次大戦後も紛争による難民，経済事情による他国への移住が相次ぎ，現代ではほとんどの国が多民族・多文化を抱える国となっている。

1960年代初期までは世界の多くの国において，諸民族の接触と相互交流が進むに従い，国内の民族集団はお互いに解け合って「国民」として融合され，いずれは消滅するであろうと考えられてきた。その考えにしたがい，国民国家においては多数派の民族集団の言語により，その国の統一文化（または主流派の文化）を尊重する教育が行われた。一方少数派の民族の言語や文化は，できる限り学校教育では教えないのが望ましいと考えられてきた。しかし1970年代に入ると，このような一元的な価値観に対して，世界各地で疑問が投げかけられ，少数派の民族が自己主張を行い自分たちの固有な文化の活性化に力を注ぐようになった。そしてその結果同化主義に立脚する教育が批判され，逆に多元主義に立脚する多文化教育が提唱されて，少数民族の言語や文化が学校で教えられはじめた。

多文化教育を導入すれば，当然ながら国内の民族差別，人種差別，宗教紛争に対する「少数派」の人々の意識を高めることになる。そして「多数派」の人々の反感や危機感を煽り，政治問題に発展する場合も多い。都市部への外国からの「移民」の多い国では，民族・宗教差別の問題と絡み，例えばフランスでは，イスラム教徒の女子生徒に対する公立学校におけるスカーフ着用を禁止する措置が，イスラム教徒への差別問題の象徴になっている。また先住の少数民族がいる国では，多文化教育はその地域の独立運動と結びつきやすい。

少数の人々の文化や生活習慣を尊重することを通じて教育の多様化が進む一方で，情報伝達手段，輸送手段等の飛躍的発展により，世界共通の単一貿易市場の形成や世界を対象としたイベントの開催（オリンピックやサッカーのワールドカップなど）などが進み，「グローバル化」と呼ばれる世界共通の基準の普

及が学校教育でも進んでいる。例えば，英語の学習やコンピュータ教育に力を入れる国や地域が増えている。また環境破壊の問題，人口問題，資源問題など，世界規模で考えるべき課題も増えている。多民族・多文化教育などと呼ばれる少数派の文化を尊重する考えに立脚する教育は，ただ単に特定の民族の文化を尊重するだけではなく，他民族への寛容な精神を子どもに涵養して，世界のすべての人種や民族が共生する道を探っている。

「先進国」の子どもの生活環境の変化―母親の就労の増加―

20世紀に入り，「先進国」の子どもの生活環境はめまぐるしく変化した。科学技術の発達と経済成長のおかげで，一般民衆の生活水準は飛躍的に向上した。例えば家庭電化製品の導入などにより，今日では一般民衆の子どもでも快適で便利な生活を送れるようになっている。また医療技術の進歩，衛生状態の改善，食料事情の改善等により，乳幼児の死亡率は激減し平均寿命も大幅に伸びた。児童労働なども激減して逆に学校教育を受ける期間が長くなり，高等教育機関へ進学する者も同年代の半数近くになってきた。

今日「先進国」の中流以上の階層の家庭では，子どもが労働力として期待されることはまれになった。また子どもが病死することも少なくなり，さらに避妊の知識や技術も進み，夫婦の多くは子どもを多数産まなくなった。その結果子どもの出生数が減って，「多産多死」から「少産少子」型の社会へと変化した。当然ながら各家庭では，一人一人の子どもの教育に対して金と手間をかけるようになり，子どもの将来に対する親の期待も高くなった。

一方，生活環境の大幅な変化により，子ども達の生活にこれまでみられなかった新たな問題も生じている。例えば都市化の進行に伴い自然環境は破壊され，特に大都会では子どもの遊ぶ場所が少なくなっている。また自動車の普及による交通事故の増加や誘拐などの犯罪の増加により，子ども達どうしで屋外で遊ぶ習慣が急速に失われている。そのうえ核家族化の進行と1家族あたりの子どもの数の減少とにより，家庭内や近隣において遊び相手が少なくなっている。

また生活が便利になり家事の負担が減ったこと，女性の高学歴化が進んだことなどにより，女性が次第に家庭外で働くようになっている。例えばイギリス

やアメリカにおいては，1950年代から1970年代にかけて女性の就労率が着実に増加して，1981年時点ではともに50%を越えている。さらに女性の権利の向上が進んでいるといわれるスウェーデンでは，1960年代に女性の就労率が劇的に上昇して，1980年には76.9%の女性が就労している（雇用総合研究所編『女性の就業パターンの3ヶ国比較』1989年）。

21世紀に入り，「先進国」では約半数の女性（15歳以上）が就労している国が増えている。例えばドイツ，フランス，日本，韓国では2000年及び2005年に約半数の女性が就労している（表3-4参照）。

表3-4 就労する女性の比率（先進国5ヵ国）
(%)

	ドイツ	フランス	イタリア	韓 国	日 本
2000年	48.2	47.8	35.8	48.3	49.3
2005年	50.5	49.2	37.9	50.1	48.4

義務教育修了年齢以上の人口に対する労働人口（含む自営，失業者）の比率
（総務省統計局編集・刊行『世界の統計（2002年版）』及び『同（2007年版）』）

多くの女性が家庭外で働くようになると，就学前の子どもを就学前施設（幼稚園，保育所等）に昼間預ける家庭が増えてくる。また小学校に上がれば，学童保育等の施設で放課後を過ごす子どもも増えてくる。子どもにとり家庭外で過ごす時間が増加することになる。ところで，「先進国」では表3-5に示すように，1970年代に離婚が増加して，片親のみと暮らす子どもが増加している。父親が家庭の外で働き専業主婦の母親が家事と育児に専念する家庭は，次第に

表3-5 離婚率の推移（欧米3ヵ国と日本を例に）

	1970年	1980年	2000年	2003年
アメリカ	3.45	5.19	4.2	4.33
イギリス	1.18	2.99	2.6	2.80
スウェーデン	1.61	2.39	2.4	2.36
日 本	0.94	1.21	2.1	2.25

離婚率：人口千人あたりの離婚件数
（雇用総合研究所編『女性の就業パターンの3ヶ国比較』1989年，総務省統計局編集・刊行『世界の統計（2003年版）』，『同（2004年版）』及び『同（2007年版）』）

減ってきているようである。

「発展途上国」の子どもの生活環境

　科学技術が格段に進歩した今日においても、「発展途上国」のなかには、その恩恵にあずかれない子どもが数多くいる。これらの国々の生活水準を示す指標は、日本のそれよりもはるかに低い。例えば、タンザニアの1人あたりのGNP（国民総生産）は、日本の100分の1以下である。保健・衛生状態も不十分なところが多く、国民の半分以上がトイレを利用できない国もあるし、安全な飲料水を使えない国もある（表3-6参照）。当然ながら多くの子どもが慢性的な飢餓に苦しみ、栄養不良による抵抗力の低下と不衛生が原因で、病原菌に感染して発病した結果、生存を脅かされている。その結果「発展途上国」の乳幼児死亡率は高く、また運よく乳幼児期を生き延びても、不十分な保健・医療サービス、悪い衛生事情、食料の不足、戦乱及び犯罪の蔓延などにより、特に貧困階層では平均寿命が40歳未満の人々が多数いて、タンザニア、ケニアでは国民の半分近くの人々の寿命が40歳未満である。最近日本でも産婦人科の医師の不足などにより、出産のできる病院がなくなった地域のことが問題になり、また妊婦の急患がたらい回しにされて死亡したという事件が反響を呼んでいる。しかしながら「発展途上国」の多くの国の女性にとって、医療の不備により出産は依然生命に関わる危険な行為であり、妊産婦の死亡率も高い。その上従来の病気に加えて近年新たな疫病が発生している。エボラ熱などの新風土病やSARS（重症急性呼吸器症候群）、鳥インフルエンザなどである。これらの疫病が世界的に流行すれば、多数の人命が奪われると懸念されている。またエイズがアフリカなどで猛威をふるい、親を亡くした「エイズ孤児」の大量発生や子どもへの感染などが深刻な問題となっている。エイズは現在のところ根治は難しいが、症状の進行を食い止める治療薬は開発されている。けれども高価なため、「発展途上国」の感染者や患者が服用しにくいのが現状である。

　さらに地域によっては、干ばつ、洪水などの自然災害や、国家間の戦争、政情不安や民族紛争などによる内戦の勃発等により、難民が大量に発生している。地球規模での温暖化の進行、環境破壊の進行により、気象条件が年々厳し

表 3-6 「発展途上国」の生活指標 (9 カ国を例に)

	1人あたりのGNP $(米ドル) (2005年)	貧困ライン以下の人口の割合 (%) (2005年)	平均寿命満40歳未満の人口の割合 (%) (2005年)	トイレがない人口の割合 (%) (2004年)	10万人あたりの妊産婦の死亡数 (2000年)	安全な水を1km以内で得られない人々の比率 (%) (2004年)
タンザニア	322	57.8	44.4	53	1,500	38
ケ ニ ア	478	22.8	44.8	57	1,000	39
ブラジル	4,135	7.5	10.3	25	260	10
ネパール	—	24.1	17.6	65	740	10
パキスタン	710	17.0	10.3	41	500	9
スリランカ	1,121	5.6	4.3	9	92	21
インドネシア	1,223	7.5	11.2	45	230	23
フィリピン	1,284	17.0	7.2	41	200	15
タ イ	2,682	2.0	9.9	1	44	1

参考　日本の1人あたりのGNPは36,494$である
(総務省統計局編集・刊行『世界の統計 (2003年版)』及び『同 (2006年版)』『同 (2007年版)』)

くなり，自然災害の規模が今後増大する恐れがある。気象の変化は，作物の収穫に大きな影響を与える可能性が高く，しかも食料市場の国際化に伴い，「先進国」が食料を買いしめる傾向がある。また人口の爆発的増加に食料の生産拡大が追いつけるかどうかも分からない。今も数多くの子どもが「発展途上国」では餓死している。

「先進国」では過去の歴史的な現象となった「多産多死」型の出産・育児の様式が，貧困に苦しむ「発展途上国」の多くで依然として残っている。

参考文献
江原裕美編『開発と教育―国際協力と子ども達の未来―』新評論社，2001年。
奥野郷太郎『教育への視座と提言』アリーフ葉舎，2000年。
国際連合『世界の女性2005―統計における進展―』日本統計協会，2006年。
小林哲也・江渕一公編『多文化教育の比較研究―教育における文化的同化と多様化―』九州大学出版会，1985年。
佐藤三郎編『世界の教育方法改革』東信堂，1986年。
日本平和学会編『グローバル化と社会的「弱者」』早稲田大学出版部，2006年。
文部科学省『教育指標の国際比較』国立印刷局，毎年刊行。

4　新時代の教育

冷戦終結後の世界

　21世紀への世紀転換期は，冷戦終結によって米ソ対立の戦後体制が崩壊し，新しい国際秩序が模索された時代であった。国際平和への期待が高まったにもかかわらず，各地域の長年にわたる不満や抗議が民族的・宗教的対立が深まるとともに顕在化し，内戦や地域紛争が増加した。紛争解決と平和維持を目指して，多国籍軍や地域連合がたびたび軍事力を発動したが，「先進国」主導の国際安全保障体制に対する反発から，自爆テロを含む武装勢力の抵抗運動が各地で頻発した。とりわけ，唯一の超大国となったアメリカの影響力は大きく，それに反発するムスリム民衆の間には，合衆国の世界支配に対する抵抗を掲げたイスラーム復興運動が広がった。2001年9月11日には，ニューヨークとワシントンのビルにイスラーム組織アルカーイダが旅客機を乗っ取って突入した同時多発テロ事件が起こり，世界に衝撃を与えた。この事件以降，アメリカはテロリズム廃絶を目的とした軍事介入を強化したが，各国から国際協調に欠けると批判されている。

　複雑化する国際紛争の背後には，経済的利害の重層的な対立がある。世界経済では，東西の冷戦構造の消失とともに，流通や金融の規制が緩和され，国境を越えた市場の自由化が進んだ。さらにインターネットなどの情報通信技術の進歩によって，膨大な情報を瞬時に全世界で共有することが可能になった。人・もの・金・文化の移動が地球規模に拡大し，世界の一体化としてのグローバリゼーションが進展したのである。市場の拡大と資本の集中によって，「発展途上国」は多大な債務を抱え，先進工業国との経済格差が拡大した（南北格差）。さらに，途上地域のなかにも情報産業や資源開発による経済発展を遂げた国が現れ，途上国間での格差が生まれている（南南格差）。

　ボーダレス化が進み競争が激化する今日では，技術革新に適応できる質の高い労働力や独創的な人材の確保は，国家の存在基盤を支える重要な課題となる。他方，経済発展を究極の目的とする価値志向や科学文明の発展は，自然環

境の破壊やマイノリティの差別と排除などの問題を深刻化させてきた。これらの問題に対しては，利害対立を乗り越えた地球規模の取り組みが必要とされるが，主要国の足並みはそろっていない。世界各国では，このように多極化する国際社会をリードする人材を育成するために，これまでの教育制度を見直す教育改革が展開されている。

欧米諸国の教育改革

　欧米諸国では，1980年代以降，国際競争力の強化を視座に据え，教育水準の向上を目指す改革が推進されてきた。イギリスでは，サッチャー首相下の1988年教育改革法により，全国共通カリキュラムと全国統一学力テストが導入された。各学校の運営自治は保障されたが，テストの成績は学校選択の情報として公表された。学校への予算配分は生徒数に応じて行われ，教育水準局の査察が行われるなど，教育成果に対する「説明責任（アカウンタビリティ）」が厳しく問われた。2001年以降，重点は中等教育の多様化に移り，専門中等学校やアカデミー校が登場している。

　アメリカでも，1991年の教育戦略「2000年のアメリカ」に基づき，全国共通教育目標が設定され，州統一学力テストが実施された。学校選択の機会は，生徒1人ずつにバウチャー（金券）を配布して，生徒は各自が選択した学校にこれを授業料として支払う「教育バウチャー制度」や，教師・保護者・地域またはNPO・株式会社などが教育委員会と契約して学校運営を担う「チャーター・スクール」などの導入によって拡大した。2002年にはブッシュ大統領下で連邦法「落ちこぼれを作らないための初等中等教育法（NCLB法）」が制定され，就学前教育の充実や学力テストの全国実施などが連邦主導で進展している。英米両国の教育改革は，学力向上という目標にむかって全国共通の基準を定める一方で，その達成方法は各学校に委ね，同時に結果を検証して責任を問うというように，規制緩和・競争原理・自己責任という新自由主義の原則で行われたのである。

　EU（欧州連合）による統合が進んだヨーロッパでは，域内の人の移動を促進して雇用を拡大することが目指された。教育分野では，職業能力開発を急ぐ

とともに，各国が共有できる教育基準を作ることが課題となった。そこで，EU は教育の統合化に着手し，とくに高等教育分野の改革が進展した。具体的には，「欧州高等教育圏」を構築して共通の学位制度を導入するとともに，国境を越えた質保証のガイドラインを打ち出した。初等中等教育でも，義務教育年限の標準化や外国語教育の早期履修など，統合への対応が取り組まれた。

社会主義体制から大きく転換したロシアでも，教育改革の動きは著しい。新生ロシアでは，エリツィン大統領下で 1992 年にロシア連邦教育法が制定され，教育行財政の地方分権化，公立学校の多様化，私立学校の制度化などの新自由主義的な改革が実施された。けれども，教育費不足から教員給与の遅配や設備投資の不均衡などの混乱が起こり，教育条件の地域間格差が増大した。2000 年に大統領に就任したプーチンは，過度の地方分権を軌道修正して，教育行財政の再集権化を進めた。「連邦教育発展プログラム」「ロシア連邦における国家教育ドクトリン」「ロシア教育の現代化構想」といった戦略的文書を次々と制定し，優先的政策課題を規定したのである。これにより，就学前教育への連邦による助成，英才教育の推進，教科書検定の強化，学校財政の連邦への移管，大学入学のための統一国家試験の導入など，連邦主導で計画的な改革が進行している。その方向性は，2004 年に教育省と科学省を統合してロシア連邦教育科学省に再編したように，教育と科学を結合させて競争力を高める「現代化」路線である。WTO（国際貿易機関）への加盟問題を背景に，EU の教育政策と連動した職業資格システムの構築など，グローバル経済への対応も焦点となっている。

教育改革の光と影

改革の方法はそれぞれの国で違いはあるが，いまや教育水準の向上を目指す教育改革は世界的潮流となっている。第二次大戦後は，誰もが教育を受けられる機会を保証するために，制度面における量的な拡充が図られてきた。今日では，内容面に関心が移り，質的な向上が課題となっているといえるであろう。改革は，さまざまな成果をもたらした。例えば，子どもに求められる学習水準が明確になり，教育の透明性が増した。さまざまな「オルタナティブ・スクー

表 3-7 PISA 調査

	科学的リテラシー			数学的リテラシー	
	2000 年 (32 カ国)	2003 年 (41 カ国・地域)	2006 年 (57 カ国・地域)	2000 年 (32 カ国)	2003 年 (41 カ国・地域)
1	韓国　552	フィンランド　548	フィンランド　563	日本　557	香港　550
2	日本　550	日本　548	香港　542	韓国　547	フィンランド　544
3	フィンランド　538	香港　539	カナダ　534	ニュージーランド　537	韓国　542
4	イギリス　532	韓国　538	台湾　532	フィンランド　536	オランダ　538
5	カナダ　529	リヒテンシュタイン　535	エストニア　531	オーストラリア　533	リヒテンシュタイン　536

ル」が登場し，学校選択の方法が多様化したことで，個々の生徒のニーズにあった教育が行えるようにもなった。また，eラーニング，マルチメディア教育など教育方法の革新により，遠隔地でも豊かな情報を得られるようになった。古くからの階級社会を乗り越えるために制度的な機会均等が目標とされてきた欧米諸国にとって，すべての子どもに同じレベルの学力を保障するこの方向は，従来の教育システムを構造的に再編することを意味している。

　しかしながら，改革の弊害も少なくない。例えば，アメリカでは，学校運営を委託された民間会社が目標成績を達成できなかったために契約を取り消され，廃校に追い込まれる事態が生じた。テスト成績の改ざんや成績不振者をテスト当日に欠席させるといった不正事件は，各国で頻発している。子どもも教師もテストに振り回されてストレスを抱え込む姿は，いまや多くの国でみられる。成績のよい人気校周辺の不動産価格が高騰して富裕層が集まり，成績低迷校周辺には貧困層が取り残される現象が起こるなど，教育の商品化・階層化につながったという指摘もみられる。経済至上主義の国際競争のなかで，子どもの未来に本当に必要な教育とは何かが見落とされないよう，今後の動向を見守る必要があるであろう。

21 世紀に求められる学力

　これからの子どもたちには，どのような資質や能力が求められているのであろうか。21 世紀は，新しい知識・情報・技術が，社会のあらゆる領域での活動の基盤となる「知識基盤社会」である。知識には国境がないから，絶え間な

によるランキング

	読　解　力			問題解決能力
2006 年 (57 カ国・地域)	2000 年 (32 カ国)	2003 年 (41 カ国・地域)	2006 年 (57 カ国・地域)	2003 年 (41 カ国・地域)
台湾　　　　549	フィンランド　546	フィンランド　543	韓国　　　　556	韓国　　　　550
フィンランド　548	カナダ　　　534	韓国　　　　534	フィンランド　547	香港　　　　548
香港　　　　547	ニュージーランド　529	カナダ　　　528	香港　　　　536	フィンランド　548
韓国　　　　547	オーストラリア　528	オーストラリア　525	カナダ　　　527	日本　　　　547
オランダ　　531	アイルランド　527	リヒテンシュタイン　525	ニュージーランド　521	ニュージーランド　533

い技術革新と競争に対応できる幅広い知識と柔軟な思考力が重要となる。同時に，多様で流動的であるために，信頼と共生を支える基盤として，他者を尊重し積極的にコミュニケーションをとる力が必要である。また，相互依存が深まっているだけに，二者択一の解決法ではなく，同じ現実の両面にある矛盾する課題を調和的に解決する能力がいっそう求められる。例えば，持続可能な経済発展を維持しながら環境破壊を回避することや，少数民族の言語や文化を尊重しつつすべての子どもに普遍的な教育を保障することが必要である。

　OECD（経済協力開発機構）は，こうした複雑化する社会のなかで個人が目標を実現するために鍵となる能力を，「キー・コンピテンシー」と定義した。それは，①相互作用的に物理的・文化的な道具を用いる力，②異質な集団で交流する力，③自律的に活動する力，という3領域で構成される。教えられた知識や技能だけでなく，状況に応じてこれらの能力を相互的に用いる総合的な能力，すなわち，生涯にわたる根源的な学習の力としてのコンピテンシーである。

　OECDが2000年から3年毎に行った「PISA調査（生徒の学習到達成調査）」は，こうした学力観に基づく調査である。調査の方法は，教科の習熟度を測るそれまでの国際学力比較調査とは異なり，社会生活で活用できる実践的な能力に焦点をあてるリテラシー・アプローチが取られた。第1回から第3回のPISA調査で抜群の成績を収めたのが，フィンランドである（表3-7）。知識の獲得へ向けた主体的取り組みや経験的思考などについて，数学・科学・読解力の各分野で能力の高さが明らかとなった。学力分布の特徴は，学力の生徒

間・学校間格差が少ないことである。フィンランドでは「落ちこぼれ」を出さないことに重点が置かれており，性別，居住地，経済事情，母国語の違いによる学力格差が比較的小さい。教育における「平等 (equality)」と「質 (quality)」の確保を両立するフィンランドの教育制度は，いまや世界中の注目を集めている。

　優れた成果は，福祉政策と経済政策の双方に深く関わった教育改革の結果と考えられる。フィンランドは，高い税率によって国民への手厚い公共サービスを実現する福祉国家として知られる。学校教育は小学校から大学まで無償で，教材や文房具も国から支給される。給食費を支払う必要もない。教育はすべての人の基本的権利とされ，生涯学習の理念に基づいて，就学前教育や成人教育などのさまざまな教育機会が提供されている。情報ネットワークの拠点として公立図書館の充実にも力が注がれており，国民の8割が公立図書館を定期的に利用している。図書館は，インターネット等の情報通信技術の習得を手助けする教育機関の役割も果たしており，リテラシーに対する高い国民意識が児童生徒の豊かな「読解力」を支える文化的基盤となっている。

　経済政策では1990年代初頭の改革が実を結び，フィンランドの企業は世界のIT市場でめざましい躍進をとげた。1993年に政府はIT分野への集中的な財政投入を開始し，不況にあえぐ産業界の構造改革を断行した。翌年には，新たな産業を生み出す「企業家の育成」が国際競争に生き残る鍵となるという考えのもとで，教育改革に着手した。国家教育委員会は教育内容を定めた学習指導要領の内容を大幅に削減して，教育の決定権のほとんどを現場へ委譲した。これにより，学校では知識の詰め込みが見直され，児童生徒の問題解決能力と創造力を育成することが新たな教育課題として位置づけられた。

　これらの改革を成功へと導いた最大の要因は，教師の指導力の高さである。フィンランドでは，すべての教師に修士課程を修了することが義務付けられ，高い専門性が求められている。古くから教師は「国民のろうそく」と形容され，社会的な尊敬を集めてきた。現在でも高校生がもっともなりたい職業は教師であり，大学の教員養成学部はどこも入試は難関である。教師に対する社会的信頼の厚さがフィンランドの教育の根幹をなしているといえよう。

教育におけるグローバル・スタンダード

　新しい学力観では多様で自由な発想が重視されているが，経済のグローバル化は，教育の世界にもグローバル化をもたらすことになった。IEA（国際教育到達度評価学会）による「国際数学・理科教育動向調査（TIMSS調査）」やPISA調査など，教育成果を計測する新たな「ものさし」の登場が各国の教育政策に重大な影響を与え，知識のグローバル・スタンダード化を加速させる要因となったのである。

　PISA調査では欧米主要国の多くが上位に入らないという結果となったことで，それぞれの教育責任者は国民に対する釈明に追われた（PISAショック）。各国では学力低下は国力減退を招くという危機感から，教育内容の見直しや教育スタンダード策定が急速に進展した。フランスでは，1989年ジョスパン法以来，習熟度別指導を重視した多様化・弾力化が図られてきたが，個に応じた教育の成果はあがらず，学習意欲の低下や校内暴力が社会問題となっていた。2003年には事態の解決に向けて国民討論が展開され，2005年に新教育基本法としてフィヨン法が制定された。本法では，義務教育段階で獲得されるべき基礎学力の数値目標が明記され，習得状況の確認として，義務教育修了時におけるコレージュ修了免状取得試験が義務化された。ドイツでは，東西ドイツ統一後も教育の権限は各州に任されてきたが，国際学力比較調査の成績不振を契機として改革意識が高まり，2004年に全国共通の教育スタンダードが設定された。学力向上の施策として，伝統的な半日制授業にかわる全日制学校の整備が試みられている。

　経済のグローバル化に適応するための教育改革の取り組みは，アジアの新興工業国でも進められている。韓国では，平均的な学力レベルは高いものの，最優秀レベルの生徒が少ないことが課題とされた。そこで，2000年に英才教育振興法を制定し，理数系のエリートを養成する中等教育機関「釜山科学英才学校」を開校した。同校は国際競争に勝ち抜くための優れた人材を早期に選抜して，国家社会に貢献する人材へと育成することを目的としており，エリート養成機関として国内の期待を集めている。シンガポールでは，人材は主要な資源であるため，効率的な人材の育成と配分が課題であった。学校教育では能力主

義が徹底しており，初等教育段階で2度の選抜試験を実施して児童を習熟度別の教育コースに振り分けている。エリートの選抜を行うとともに学力下位の児童に対する指導を充実することで，学習内容の定着を図るねらいである。その成果は，2003年のTIMSS調査で第1位となったように，理数系の学力の高さとしてあらわれている。

1990年代から相次いで発表された国際学力比較調査の結果は，以上のように各国の教育制度を見直し，教育におけるグローバル・スタンダードを構築する契機となった。このスタンダードは，個人の生涯職能開発を基軸に据えたもので，個人の意思決定や科学の進歩といった西欧的な普遍的価値を前提としている。もし標準化が進みすぎれば，国内に共存する多様な文化的価値との間で衝突が起こり，葛藤を生むことになる。したがって，民族的，文化的，宗教的に多様化する多文化社会では，より大きな枠組みから子どもの学力を捉えなおす試みが必要となる。しかしながら，国際競争が激化するなかで，そうした問題への関心が薄いままに，世界は，富を生みだす知識を持つ者と持たざる者とに二極化するという新たな局面を迎えている。

グローバリゼーションと教育格差

PISA報告書によれば，「先進国」において平均2年以上にわたって教育を受けず，職にも就かない若者が一定の割合で存在していることが明らかになっている。グローバリゼーションによる労働市場の国際化は東アジア諸国に新たな雇用を生み出す一方で，欧米諸国では技能の低い労働者の失業率を上昇させた。ヨーロッパ諸国では25歳以下の若者の5人に1人が失業状態にあり，各国の就職支援策も十分な成果をあげていない。雇用のボーダレス化が進む今日の先進諸国では国内の雇用を単に拡大しようとしても不十分であり，すべての国民により高いレベルの技能教育を受けさせることが課題となっている。

躍進する東アジア地域でも教育問題は山積している。中国では，20世紀後半にめざましい発展を遂げた沿岸部と改革の進まない内陸部とで大きな経済格差が生まれている。沿岸部の都市では「一人っ子政策」によって子どもは親の期待を一身に集め，過度な受験戦争に巻き込まれている。一方，内陸部の農村

地域では「闇っ子」と呼ばれる戸籍に登録されない子どもや，貧困のために学校教育を受けられない「失学少年」が多数存在するといわれている。インドでは経済発展の影で4400万人以上の児童労働者が存在していることがILO（国際労働機関）により報告されている。児童労働は子どもから教育機会を奪い，将来の可能性を閉ざすばかりでなく，甚大な健康被害および人権侵害を引き起こし，「子どもの破壊」を招いてきたことは歴史が証明している。

グローバリゼーションのもとで，国際的な経済格差はこの半世紀の間に著しく広がった。国家間の貧富の差，それによる移民・難民問題はもはや一国単位では解決困難である。1995年に開催された国連社会開発サミットにおいても，貧困や雇用の問題について「国連や各国政府が多大な努力をすることが必要であるが，それらの力だけでは限界があり，市民の参加が不可欠である」と認識された。問題解決に向けて努力するNGO（非政府組織）の役割にも注目が集まっているが，市民一人一人が世界の問題を身近なものとして考え，行動することが求められているといえよう。

「グローバルに考え，ローカルに行動する（Thinking Globally, Acting Locally）」。国際社会へ向けたこの新たなメッセージは，2001年にインターネットで配信された「100人の村メール」とともに世界中に広がった。同テキストには以下のように記されている。

その村には……80人は標準以下の居住環境に住み
70人は文字が読めません　50人は栄養失調に苦しみ
1人が瀕死の状態にあり
1人は今生まれようとしています
1人は（そうたった1人は）大学の教育を受け
そして1人だけがコンピューターを所有しています
もしこのように縮小された全体図から　私達の世界を見るなら
相手をあるがままに　受け容れること　自分と違う人を理解すること
そしてそう言う事実を知るための教育がいかに必要かは
火を見るより明らかです　　　　　（作者不詳，中野裕弓訳「100人の村メール」）

「100人の村メール」のテキストはその後『世界がもし100人の村だったら』のタイトルで出版され，日本でも大きな反響を集めた（図3-6）。

いまなお世界には，十分な学校教育を受けられない子どもが1億3000万人以上いるといわれている。そのなかの多くが児童労働者として搾取され，またストリート・チルドレンとして路上生活を送っている。紛争地域では少年兵士として戦地にかり出されるケースも少なくない。加えて，多くの途上国で深刻な問題となっているエイズ等の疾病予防に際しても，識字率が低く教育機会も十分でない国では効果はあまり期待できない。教育を受ける権利は生きるための基本的な権利である。すべての子どもに教育を提供し，児童労働から解放することは21世紀の最大の教育課題といえよう。

図3-6 『世界がもし100人の村だったら』
（池田香代子・ラミス，C.，ダグラス，マガジンハウス，2001年）

揺らぐ近代公教育と「市民性」の育成

　近代学校教育制度は，これまで，近代国民国家の主体となる国民的アイデンティティの形成を担い，公教育は国民統合の装置として機能してきた。けれども，グローバル化によって従来の国民国家の枠組みが揺らぎ，その機能が十分に果たせなくなってきた。例えば，移民の形が多様化して国から国へ移り住み続ける人々が増え，繰り返される移動のなかで自らのアイデンティティを形成する機会を奪われた子どもたちがいる。一方，「先進国」のなかにも，激しい競争にさらされて無力感に陥り，自らの居場所を見失っている子どもたちがいる。グローバル化による一元的な価値観の圧力が既存の教育制度を機能不全に陥らせ，一部の子どもたちを地域や社会から乖離させているのである。21世紀を迎えた今，従来の公教育をどのように再構築して多文化社会にふさわしい社会統合を図るのか，いかにして地域社会で共に生きるための「市民性（シ

ティズンシップ）」を育成するのかが問われている。

　「市民性」とは，社会の急速な変化に圧倒されず，さまざまな次元の共同体との関係のなかで自分らしく生きながら，社会を変革していく資質である。その育成には，各個人に社会的・政治的参加を促し，それぞれの共同体づくりに協働させていく参加型民主主義とそれに見合った教育制度を構築する必要がある。大英帝国時代以来の多文化社会であるイギリスでは，2002年から「市民性教育」が全国共通カリキュラムに加わり，国家政策によって推進されている。ただし，結局，その施策は，社会のマジョリティの利害を優先する排他的ナショナリズムにすぎない，という批判もある。したがって，単一的な価値体系に収斂する「国民」ではなく，複数の価値の共存を前提として異質な他者と共生する「市民」の育成が重要となる。そのためには，単に差異を認め合うだけでなく，母国語教育とマイノリティの言語教育あるいは積極的な学習支援によって，教育的不利益層に対する社会的公正が実現されなければならない。多様性と均質性という2つの課題を調和的に解決するために，これからの学校は多文化共生時代における社会統合のトータルな装置として機能することが求められている。

参考文献
経済開発協力機構（OECD）『図表でみる教育OECDインディケータ（2006年版）』明石書店，2006年。
二宮皓編著『世界の学校―教育制度から日常の学校風景まで―』学事出版，2006年。
原田信之編著『確かな学力と豊かな学力―各国教育改革の実態と学力モデル―』ミネルヴァ書房，2007年。
嶺井明子編著『世界のシティズンシップ教育―グローバル時代の国民／市民形成―』東信堂，2007年。

日本編

第1章
近代国家への歩みと生活・教育の動向

1 近世の子ども

近世の子ども観

　近世は，信長が安土に城を築いた1576（天正4）年より1867（慶応3）年の江戸幕府の滅亡に及ぶ時代である。社会の秩序が回復され，強固な幕藩体制が確立し，厳しい身分制度の下，およそ300年も続いた太平のなかで，商品経済・貨幣経済が著しく台頭し，城下町の発達とは裏腹に，幕藩体制の基盤である農村の分解も起こっていた。

　この近世における子どもや若者の年齢区分は，階層によって，また，地域によっても異なるところがあるが，「若者組」加入の年齢や薩摩藩の「郷中」の制などからすると，一応15，16歳頃までを子どもとし，若者組を退く30歳前後までを若者としていたと考えられる。

　この近世の社会は，社会全体を覆う厳しい身分制度と家長制度とによって子どもはその生涯を決定され，縦・横に厳重に枠付けされていたのであって，独自の人格を認められない，この窮屈な拘束のなかで，遊んだり，学んだり，仕事を手伝ったりしつつ，その社会のメンバーとして期待される役割を果たすべく，成長していったのである。

　もっとも，戦争のない平和な状態の持続は，社会秩序の安定と社会の成熟を生み，それはまた児童観の発達をもたらした。すなわち，子どもを大人を志向

する存在としてでなく，子どもを子どもとして大人から区別し，独立した存在としてみる考え方が一部先覚者によって自覚されてきた。例えば，身分とか家柄といった決定的な社会的条件を重々しく担った「小さな大人」という児童観が広く社会に行きわたっているなかにあって，中江藤樹が，「幼少の時より，成人の振舞をさせんと，戒しめぬるによって，その心すくみ，気屈して，異なる者になるなり」(『鑑草』)といい，貝原益軒が「養ハ涵育薫陶之功間断無クシテ其自化スルヲ俟ツヲ謂フ也（原漢文）」(『慎思録』)といっているごとくである。それが当代中期頃よりしだいに普及していった。ここに，成長の段階や学習の進度に見合った教育が藩校や寺子屋において用意されたのをはじめ，遊びが子どもの成長にとって必然の階梯として重視され，その種類や内容が豊富になるなど，近世的枠組みのなかで，子どもの生活や成長への配慮がなされたのである。そして，男子なら15歳頃元服の祝いをして若者組に入り，女子なら13歳頃裳着をして娘組に加入して若者となった。若者は，人並みに仕事をなしうる存在として賦役の義務を負うとともに，結婚する資格を与えられ，文字通り一人前の権利をもち，その待遇を受けた。

近世の子どもと遊び

　近世の子どもは，厳しい身分制度の下，自分の意志で職業を選択するといったことは不可能であり，それぞれその家職を継ぐべく宿命づけられていた。教育は士庶2系統に分岐し，越えることのできない枠組みのなかでけなげに生きた。武士の子は武士らしく，庶民の子は庶民らしく育てられ，人間そのもの，子どもそのものといった扱いの下での子どもの生活は厳重な身分制度によって窒息させられていたともいえよう。

　しかし，子どもには子ども独自の世界が

図1-1　子をとろ子とろ
(北尾重政画「子供四季遊」安永頃)

あり，そのなかで最も生き生きと子どもらしく頭と体を使って育っていく。そうした子どもの生活の大部分を占め，その中心をなすものに遊びがある。遊びが子どもの成長に必要不可欠なものであると認知されるようになった近世においては，前代より引き継がれた遊びも少なくない。しかし，平和な時代であり，子どもの遊びの種類は著しく増加し，内容も豊かになった。主なもののみあげると，骨牌・折り羽・目隠し・道中双六・堂々廻り・籠目籠目・子をとろ子とろ・福引・隠れん坊・鬼ごっこ・天神様の細道・芋虫ころころ・ずいずいずっころばし・じゃん拳などが身分の別を越え，男女の別なく行われた。男児独自のものとしては，破魔弓・紙鳶・独楽・鞠投げ・竹馬・雪転がし・お山の大将・輪廻し・相撲・木登り・面打・縄飛びなどが楽しまれ，特に武士の子どもはいくさごっこ・印地・吹矢・相撲・水泳など勇壮なものを好んだ。多くの場合「連」という地域ごとの小グループを作って，集団的な遊びを行った。また，女児の遊びとしては，手鞠・お手玉・羽子・ままごと・綾取り・折紙・おはじき・お山のお山のおこんさんなど婦徳を養い，主婦の務めを模倣したものが多かった。雛遊も喜ばれたが，随時随所に人形を飾り付けて遊ぶものから中期以降は上巳の節句に結び付き，形式的・固定的なものとなっていった。四季の変化に恵まれたわが国では，遊びも正月・節句・七夕などの年中行事に沿ったものが多い。また，童謡は，子どもの言葉の訓練や情操教育の上に大きな意味をもつものであるが，遊びに付随したりして，広い地域にわたって歌われていた。

武士の子ども

後期封建社会と称される近世において，武士は特権階級であり，その子は，農工商三民の上に立つ為政者たるべく定められていた。武芸の習得はもちろんのこと，太平が続く近世においては文道も表芸として重んじられて，「武家諸法度」第1条に「文武弓馬之道専ら相嗜むべき事。文を左にし武を右にするは古の法なり。兼備せざるべからず」とあるごとく，文武兼備が理想とされ，社会の指導者としての自覚に訴えたきわめて厳格な教育がなされた。家庭においては，子どもは，日常の礼儀作法・言葉遣いはもとより，忠孝の念，武士とし

ての有事を意識した心構えなどが厳しくしつけられ，また，弓・馬・槍・太刀などの武芸の手ほどき，さらに，四書・五経，また，『小学』『近思録』などの素読を受け，長じて後は，武芸道場や家塾などに通って治世の武士として立つ教養を培ったのである。

　もっとも，近世も後期に入ると，この武士の教育を意図的・組織的に行う藩校が設立され，武士の子どもは，通常その義務として，8歳ぐらいから15, 16歳頃まで就学し，儒学を主として，それに武芸を加えた治者教育を受けた。藩校においては，多くの場合体罰は避けられ，その名誉心に訴えた教育が行われた。尾張藩明倫堂・会津藩日新館・米沢藩興譲館・薩摩藩造士館・水戸藩弘道館などが代表的な藩校である。藩校の教育内容は，時代を下るとともに，藩政改革や欧米の外圧のなかで，医学・算術・洋学・天文学といった実学的教科が導入されていった。なお，城下外に居住する藩士の子弟のためには藩校の分校的性格をもつ郷校が設けられていた。

　これら家庭や藩の他，武士の子どもの教育に関わるものとして，彼ら自らの自治と責任において行う社会教育的な修養団体があった。薩摩藩の「郷中」や大垣藩の「お仲間」などがその最たるものである。郷中は，いわゆる「健児の社」であって，4, 5町四方を1単位とする「方限(ほうぎり)」ごとに運営される武士の子どもの自治組織であって，6, 7歳から10歳の小稚児(こちご)，11歳から14, 15歳の長稚児(おせちご)，15, 16歳から24, 25歳の二才(にせ)からなる。二才は長稚児の指導をし，藩校造士館で文武の修行を受け，長稚児は小稚児の指導をしながら自己修養をなし，厳しいおきての下に規律正しく，相互に切磋琢磨し，尚武の心を練ったのである。西郷隆盛・大久保利通ら薩摩藩の英傑に大きな影響を与えたのはこの郷中の生活であった。

　お仲間は，石高と地域によっていくつかに編制され，藩当局や大人の支配を一切受けない自治組織であって，団体規約の下に運営された。そこでは「子供仲間」と「大人仲間」に分かれ，藩士の子どもは，10歳になると自動的に子供仲間に入り，15, 16歳の元服を境に大人仲間に転出し，22, 23歳まで在籍した。武術修得に重点を置いた鍛練が行われ，長幼の区別は厳格であり，規律に抵触する場合には「仲間外れ」の制裁を受けた。この処分を受けたものは，

家督相続に支障を来したという。

　また，藩という枠を越え，学問や人生の師を求め，遊学する武士の若者の例も多い。おためごかしの藩校の教育にあきたりない若者の学問や知識に対するこの渇望感をいやしてくれたものが私塾であった。幕末には数多くの私塾が存在したが，そのなかで広瀬淡窓の咸宜園や緒方洪庵の適塾，吉田松陰の松下村塾などがその代表的なものであった。

　なお，武士の子どものうち，女児の場合についてみても，武家の子女としてきわめて厳しく育てられた。しかし，当時の男尊女卑ないし女性蔑視の思想の下，女児のための家塾などはなかったが，支配階級の子女である以上，無学であったり文字が読めなかったりすることは許されず，それ相応の教養が必要とされ，各家庭において四書・五経なども教えられた。しかし，武家のよき妻として，よき母として立つに足るべきとするその教育理想は，なんといっても貞徳が根本であったため，女児に対しては専ら従順の精神が説かれ，いわゆる「三従の教え」，さらには「七去の戒め」によってきわめて厳しくしつけられ，裁縫や歌道・茶道・華道などが女のたしなみとされた。

農民の子ども

　庶民階級において，農民層は「農は国の本なり」との意識から三民の頂にすえられていた。しかし，当代の農民階級は，打ち続く太平下にあって，中世のごとく戦乱の犠牲にこそなることはなかったものの，貢納制によって武士の生活基盤を支える存在として，「胡麻の油と百姓は搾れば搾るほど出る」という農民政策の下，生産労働に寧日とてなく，その生活は決して楽なものではなかった。したがって，「子は親のもの」として間引きすら珍しいことではなかった。それゆえ，大多数の農民は，子どもの教育など考える余裕もなく，子どもたちは，幼少時から大人に交じって粗衣粗食で家内の雑務やわら仕事などの労働に従事した。貧農の子どものなかには，奉公に出されて早朝から夜遅くまでの厳しい労働に苦しむ者も多かった。このように，子どもたちは，教育を受けられるような状況には置かれていなかったといえる。しかし，これら農民の子どもには，その生活や実際の労働を通して自ずから実用的な知識や技術を

修得していくという一面もみられた。

　近世の中期から後期になると，商品作物の栽培・販売といった商業的農業が展開し，商人との取り引きに生活の基盤を置く農民も多くなっていったこともあり，帳簿や契約書の記入などのため，一応の読・書・算の知的教養は必要とされ，農村にも寺子屋が普及していった。しかし，寺子屋に行く農民の子どもは，町人の子どもに比べてきわめて少数であった。

　一方，幕府や諸藩が一般庶民の教化善導のために設立したものや，教諭所ともいう成人庶民の道徳教化を目的としたものなど，いわゆる郷校も設立されて，農村の子ども・若者の教育に資するところが大きかった。岡山藩閑谷学校・水戸藩延方学校などはことに有名である。

　また，この農村を基盤として生活即教育ともいうべき子ども独自の自己教育組織も存在していた。すなわち，子どもは，ほぼ７歳ぐらいになると「子供組」あるいは「子供仲間」「子供連中」などと呼ばれる農村児童の団体に入り，村の子どもとしての集団訓練を受け，左義長（さぎちょう）・道祖神・天神講・雛祭・節句・七夕・虫送りなど村の年中行事に参加した。これは，規約や慣行によって「頭」「親方」「親分」「親玉」などと呼ばれる最年長者，次いで「小頭」「小親分」と呼ばれるグループ，それ以下の「子分」「子玉」と呼ばれるグループからなる異年齢集団として，厳重に秩序立てられていた。集団としての遊びや行事への参加によって，一人前の村民として身に付けておかねばならない基本的な事柄をごく自然のうちに学び取っていき，自立と自治の精神を培っていった。そして，子どもは15歳ぐらいに子供組を去り，次いで，「若者組」あるいは「若連中」「若者仲間」などというさらに上級の青年の自治団体に，「若衆条目」ないし「若衆規則」を守る旨を誓い，肉体的試練を経て加入した。彼らは，五人組制度と密着しつつ国法や村法を遵守すべきこと，風儀風俗の改善から，賭博・豪酒・けんかの禁止，奢侈の戒め，礼儀・作法などを定めたその条目の下，30歳頃まで在団して，祭礼・消防・治安，風紀の維持改善などの行事・事業に参加し奉仕しつつ，「宿」と呼ばれる合宿所などを訓練の場として，地域生活に必須な作法・心得，農業・村行事の技術，道徳・信仰，保健知識，音頭・踊りなどを体験的に修得していった。一方，女子の団体は，子供組に従

> **Column ⑤**

家訓にみる子育て

　日本において，子どもが子どもとして認識されるようになったのはいつくらいからなのだろうか。一般的には子どものための絵本が輸入されたり，作られたり，新教育運動が行われるようになった大正時代といわれる。それでは，江戸時代には子どもの独自性は認識されておらず，育児も行われていなかったのか，というとそうではない。江戸時代にも子どもに関心をもつ大人の姿をみることができる。家訓からその一端をみていきたい。家訓とは，主に当主が「家」の成員，その子孫に向けて記すもので，代々大切に守り伝えられるものである。

　江戸時代において，子どもは「家の子」として育てられた。家訓にもその意識が表れている。農家宮川氏の家訓には「惣て百姓之子はよう年より作之道おしへ可申候」とある。百姓の子どもは幼い時から「作之道」，つまり農作業にかかわることを教えるようにという。子どもに早いうちから家業にかかわらせようとした。また，幼い時からのしつけも配慮されていた。商家内池家の家訓には「いとけなきもの何にしても気にいらぬ事をいいきかする時側なる器物などをなげほうりそむざすを癇の虫気ゆえと捨おく事は親の毒をますといふものなり」と厳しく注意している。幼い時から子どもには気に入らないことでも言い聞かせないと，大人になってからも自分の思うとおりにふるまい，その結果家も身も失ってしまうのだという。子どもは次代の家の経営主体でもあるため，子育てをしっかりしないと家までつぶれかねない重要な問題となっていた。このように，江戸時代の子どもは大人とは異なる存在として認められるというものではなく，封建社会の一員として認識されていた。

　しかし，1863（文久3）年に成稿された農民の家訓（「吉茂遺訓」）には上記とは異なる子どもへの思いが表われている。子どもや孫に土産を買っていくと子どもは毎回催促するようになるのでよくないと戒めながらも，どうしても与えるなら「このようなものをみつけた」「ねずみが落としていった」というようにだまして与えるようにと書いている。かわいい子どもや孫に対して，何かを与えずにいられない，でも教育的にはよくないと悩む江戸時代の両親や祖父母の姿は，現代の親たちの姿に通じるものではないだろうか。

属した形で組織されるのが一般であり，上級の若者組に随伴するものとしては「娘組」「娘連中」「娘仲間」などと呼ばれるものが存在した。

町人の子ども

　貨幣経済の発展は，自給自足の土地経済を基盤とした封建体制を打ち破って，商業を担う町人階級の台頭を招来し，その経済力は武士をはるかにしのぐようになった。町人階級では，商取り引き上無学無筆は商人失格を意味した。厳しい身分制度の下，町人はあくまでも町人の枠を出られなかったから，その子どもを幼時から師匠につけ，算用帳合の基礎教育を施したのである。かかる文字教育に対する要求に応じ，自然発生的に生まれてきた庶民教育機関が寺子屋に他ならない。この寺子屋は，近世中頃になると普及し，6，7歳頃から14，15歳ぐらいの子どもがそこに集まり，『商売往来』などの往来物や『実語教』『童子教』などを教材として，およそ4，5年間，手習を中心にして読・書・算などの教育を受け，それを通して日常生活に必要な実用的知識や文字を修得し，算用帳合の商いの道に通じていった。これは男児のみのことではなかった。女児は，お針屋で裁縫をならうことが多かったが，しだいに手習も必要であるとされて，『女庭訓往来』とか『女商売往来』などの教材も特別に作られた。なお，女子は一人前の女性と認められるまでには，婦徳・婦言・婦容・婦功のいわゆる四行などの儒教的婦道を身に付けることを求められたから，『女今川』『女実語教』『女童子教』『女大学』などの手習の教材を兼ねた教訓書が，武士の子女のためをも含めて多く刊行され，そこでは儒教的女性像が説かれていた。

　町人階級の子どもは，寺子屋での一通りの初等教育を終えると，商売についての実務を見習うために，同じ商売をしている商家に「徒弟奉公」に出て，そこで一人前になるまで住み込みで実生活を通して商業実習教育とともに厳しいしつけを受けた。すなわち，商家の場合，子どもは10歳前後で丁稚に行き，主人や番頭の監督下に家内や店頭の雑務や走り使いなど家事労働に従事した。仕事の合間や夜は読・書・算を習わされ，17，18歳頃元服を許されて手代となり，一人前の使用人と認められて仕入れや売りさばきに当たった。そして，30歳ぐらいで実家に帰って商売を継ぐか，仕別けないしのれん分けをしてもらって1つの店をもつか，番頭になってその店に勤めるかしたのである。

　職人の子どもの場合もほぼ同様であり，12，13歳頃に弟子として親方の家

図 1-2　寺子屋の図
(『アンベール幕末日本図絵　上』1870 年)

に住み込み，家事手伝いや職人の雑役をしつつ，礼儀作法をしつけられ，しだいに道具の手入れや使用法を習い，兄弟子らの手伝いをしつつ，実際の仕事について技術を見習っていった。その弟子教育の方法は，系統的なものではなく，見よう見真似の体当たり的なものであり，しかも，きわめて鍛練的で厳格なものであった。かくして，17, 18歳ぐらいになると元服し，21, 22歳頃年季明けを迎え，一人前の職人として認められ，多くは半年ないし1年間の礼奉公をし，独立することができたのである。ともあれ，幼時に親許を離れ，およそ10年間ほど他家に住み込んで他人の飯を食べ，修業するということがいかに苦労の多い辛いものであったかは想像に難くないが，一人前の町人や職人になるにはこの労苦が職業技術修得上はもとより人間陶冶の上からも必須のことと考えられていたのである。

　なお，この奉公制度は，余裕のある上流町家の娘にとっては行儀見習・教養修得の方法となったのであって，14, 15歳になると半年ないし1年間武家屋敷か豪商の家にいわゆる「お屋敷奉公」に上がって家内の掃除・装飾，来客の接待などにあたり，先輩からは手習や絵・手芸・音曲などを学んで修養し，嫁入り支度の糧としたのである。もっとも，貧家の娘が女中として奉公に出る

「女中奉公」の場合は，このお屋敷奉公とは異なり，台所の炊事をはじめとする激しい家事労働に日夜従事させられた。これは一面で修業的意味ももつとはいうものの，給金をもらい家計を助けるためにするものであったから，きわめて辛いものであった。

参考文献
石川謙『我が国における児童観の発達』振鈴社，1949年。
石川松太郎・直江広治編『日本子どもの歴史3，4巻　武士の子・庶民の子　上，下巻』第一法規出版，1977年。
乙竹岩造『日本庶民教育史　上』目黒書店，1929年。
海後宗臣・仲新・寺﨑昌男『教科書でみる近現代日本の教育』東京書籍，1999年。
唐沢富太郎『教育博物館―伝承と日本人の形成―』ぎょうせい，1977年。
桜井庄太郎『日本児童生活史』新版，日光書院，1948年。
平山宗宏ほか『現代子ども大百科』中央法規出版，1988年。

2　明治維新と近代学校の成立

維新政府の成立と社会改革

1867（慶応3）年11月，将軍慶喜，大政奉還の表文を朝廷に提出，1868年1月朝廷，王政復古を宣言，ここに1603（慶長6）年，家康が将軍となってより265年間続いた江戸幕府が遂に終わりを告げた。

維新政府は，近代国家を目指して新しい体制の整備を急務としたが，1868年4月，五カ条の誓文を公布し，公議公論の尊重，開国和親を国是として掲げ，いわゆる御一新の施政方針を示した。同年6月，政体書を定め三権分立主義を採用するなど，政治機構の整備をはかった。

1868年10月，明治と改元し一世一元の制を定め，また江戸を東京と改め，以後，東京はわが国政治の中心として発展することになる。旧幕府軍による国内紛争も鎮圧され，維新政府の体制が整備され，版籍奉還（1869年），廃藩置県（1871年）の結果，中央集権化と藩閥的傾向が強められた。

新政府は，封建的な社会組織を改革するため，身分制度の撤廃，武士の特権

廃止など,「四民平等」の社会実現に着手した。新政府は地租改正（1873年）により，財政的基礎を確立し近代国家発展への道を拓くことになるが，これは，またわが国資本主義経済成立・発達の出発点ともなった。地租の改正により，富裕な地主が利益を得，一般農民の負担が過重となり，農民の不満・反抗は各地に暴動をひきおこした。1873年の徴兵令は，国民皆兵による洋式訓練など近代的兵制の確立と強力な軍隊を創出することがねらいであった。

新政府は，富国強兵・殖産興業の方針のもと，積極的に近代産業の保護・育成に努めた。関所の撤廃，座や株仲間の特権廃止など封建的諸制限が撤廃され，国内市場の形成がはかられた。欧米からの銀行制度の移植により，産業に資金を供給する金融機関の整備がなされた。政府は，殖産興業政策を遂行するため，その中心的機関として，1870年，工部省を置き，鉱山・製鉄・鉄道・電信などを管理させた。また，東京―横浜間の鉄道敷設をはじめ，そのほか郵便制度の創設，電信線の架設など交通・通信機関の整備がはかられた。

一方で新政府は，王政復古の立場から神道の高揚をはかるため，1868年4月，神仏判然令を出し，やがて激しい廃仏毀釈の運動がおこった。さらに政府は，1872年教部省を設け，全国の神官・僧侶などを教導職に任命し皇道宣布の運動にあたらせた。神仏分離廃仏毀釈は仏教の存在を根源的に問うものであった。仏教諸宗派は，こうした危機的状況のなかで興学・育英を通じて仏道回復の方策を志向していった。

わが国の開国は，欧米列強の軍事的脅威，また東アジア進出による危機意識によるものであった。幕末期において欧米列強諸国がわが国に接近したことは，国内に大きな混乱を生じさせた。「尊皇攘夷」を唱える排外的な復古主義と欧米列強の先進的な軍事・経済・生活文化などに対する認識を深め，知識や技術の摂取導入をはかる開明主義の考え方が対立していた。しかし，日米修好通商条約をはじめ，日露，日蘭，さらには日英，日仏の条約の締結により，以後アメリカをはじめ欧州諸国に使節の派遣が行われるなど，西欧諸国の強大な軍事力，経済力，科学，技術，文化などの実情が積極的に国内に紹介されるようになった。洋学者や開明派の人たちは，西欧列強の国力や繁栄は，すぐれた人材を育成し，知識・技術を向上させる教育の力に大きく依存していると考え

ていた。

維新政府の教育政策と近代学校教育の胎動

　明治新政府は，欧米諸国の政治形態，軍事，資本制経済様式などに範を求め，強力な近代国家の形成を急いだ。政府は，欧米の近代文明を積極的に導入し，国民を啓蒙するなかで国家の富強を目指し，そのため政府が教育方針をたて，全国の教育を統括しようとした。政府は，その地位を確立するため，指導的人材としての官僚を養成し，また当時急務とされていた欧米の学術文化を摂取するための機関として，大学を創設しようと計画していた。政府の大学設立計画には，京都におけるものと東京におけるものとの2つの系流があったが，結局，政治の中心である東京を舞台として展開されることになった。

　1869（明治2）年8月，旧幕府の学校であった昌平学校が復興された。そして，新政府はこれを大学校（本校）と改称し，前年10月に設けられていた開成学校と医学校をこれに統合して，それぞれ大学の分局とし，さらには兵学校をもつけ加え，「総合大学」として設置しようとした。大学校は国学を中心としつつ，漢学および洋学をも統合する方針をしめしたが，国学に対し漢学が従属的に位置づけられ，漢学派が反感を示すところとなった。

　大学校が発足するやいなや，国学派と漢学派が抗争するところとなった。1870年1月，大学校は大学，開成学校は大学南校，医学校は大学東校と改められたが，国学・漢学両派の対立抗争は激化し，結果的には洋学派が台頭する要因ともなった。

　新政府は1870年3月，「大学規則」「中小学規則」を定め，大学をはじめ中学，小学の設置を含めた学校計画を明らかにした。これは結局そのまま実施されるにはいたらなかったが，「大学規則」については大学における国学派の没落と洋学派の優位に道を開いたものといえる。そのため国学派の反撃をうけ，同時に漢学派と結束して事態は再び紛糾し，大学は閉鎖され，洋学系統の大学南校と大学東校が残ったのである。「中小学規則」にある中学，小学は，大学の予備教育機関としての位置づけがなされた。つまり，中学，小学は大学の前段階を構成するもので，各府県に設けられる予定であった。小学は8歳で入学

し，15歳で終了する8年制の学校で句読，習字，算術，語学，地理学などの普通科と大学における五科の大意を学び，併せて中学への予備教育機関となすものであった。中学は小学を修了したものが入学し，22歳までの7年制の学校で大学の五科に基づく専門学を修め大学の予備教育機関となるもので，このように小学─中学─大学を単一の系統として整え，学校制度の基本体系と意図したことは，以後の近代学校教育制度の前提となった。ただ，ここでの小学は，後述の庶民一般を教育の対象とする「府県施政順序」の小学校とはまったく性格を異にするものであった。

　明治政府は近代国家建設の基礎として国民一般の普通教育を意図するが，最初の指示は，1869年3月の「府県施政順序」のなかの「小学校ヲ設ル事」の一項である。そこでは，国民一般に日常生活に必要な読・書・算を奨励するとともに公民教育，道徳教育がねらいとされている。

　明治初期，全国各地で国民一般を対象とする特色ある初等教育機関の設立がみられた。1869年，京都市では，学区制の小学校64校が設けられ，それらは各町組組合ごとに設置され，各町組の集会所的機能をもあわせもつものであった。京都の番組小学校は，町組による経営維持といった近代学校の運営が民費に依存したのと同じ性格がすでにみられた。当時，京都の小学校を訪れた福沢諭吉が，「学校の内を二に分ち，男女　処を異にして手習せり。即ち学生の私席なり。別に一区の講堂ありて，読書，数学の場所と為し，手習の暇に順番を定め十人乃至十五人づゝ，この講堂に出でゝ教を受く」（福沢「京都学校の記」）と授業の様子を伝えている。また，名古屋県が廃藩後「学制」発布の直前に試みた「義校」の制度は「学制」の先駆をなすものであった。義校設立の趣旨は「義校大意」に示されているが，その主意は「学制序文」（後述）にみられる治産昌業，実学奨励そのものであり，京都の小学校と同じく近代学校へ接続していくものであった。このほか，東京，沼津など各地でこうした近代教育の胎動がみられ，全国的に国民教育制度の気運が高まってきた。

「学制」の発布と近代学校の発足

　廃藩置県後まもない1871（明治4）年9月，全国の教育行政を統括する機関

として文部省が設置された。これにより全国の学校は文部省の管轄下におかれることになった。文部省は全国民を対象とする教育制度を設けるために「学制取調掛」を任命し、「学制」の起草に着手した。学制取調掛は箕作麟祥をはじめ、そのほとんどが洋学者であった。このことから考えて「学制」は欧米の教育制度を参照して、制定しようとしたものであることは明らかである。

　明治初期における近代学校観の主流を形成したのは洋学者たちである。彼らは啓蒙的な観点から近代社会にあるべき学校の姿を、西欧の学校制度を紹介しながら論じている。福沢諭吉の『西洋事情』（1867年）をはじめ、内田正雄訳『和蘭学制』（1869年）、小幡甚三郎『西洋学校軌範』（1870年）、佐沢太郎訳『仏国学制』（1873年）など、こうした洋学者たちによる西欧学校教育制度に関する啓蒙書は、近代国家の建設を急務とし、欧米「先進国」の教育制度を模範として、近代学校制度を創設しようとしていた政府、指導者階層および国民にとって、学校教育機関設置の必要性と学校についての近代的な考え方を培ううえで重要な役割を果たした。しかし、わが国における近代教育制度は、単に西欧の学校教育制度の移入ということだけでなく、同時にわが国の伝統的な教育機関が近代化を志向していくなかで、また欧米の学校教育制度を受容する素地をはぐくむなかで開花していったといえよう。

　1872年9月、「学制」が発布され、わが国近代学校教育制度の基礎が置かれた。「学制」は一般行政区画からは基本的に独立した学区制を採用し、全国を8大学区に分け、1大学区に32中学区、1中学区に210小学区をおき、全国に8校の大学、256校の中学校、5万3760校の小学校を設置するという画期的な制度であった。小学校は、該当年齢にあるすべての児童を収容し、このなかから中学、さらには大学へと進む学校体系であったが、そこには複線型的要素も多分に含まれていた。「学制」の基本理念は、太政官布告で示されたが、これは「学制序文」あるいは「学制布告書」ともよばれ、ここに示されている教育観、学問観は、従前の儒教思想に基づくものとは明らかに異なっていた。

　学校を設立する主旨は「人々自ら其身を立て其産を治め其業を昌にして以て其生を遂るゆゑんのものは他なし身を修め智を開き才芸を長ずるによるなり」とし、また学問は「身を立るの財本ともいふべきもの」で、立身治産昌業に直

結する実学を意味し、また学費負担については民費負担の原則を明らかにしている。「学制」で示された新しい学校は「一般の人民〔華士族農工商及婦女子〕必ず邑に不学の戸なく家に不学の人なからしめん事を期す」ため、国民皆学、就学義務を説き国民教育制度の基礎を築いた。

「学制序文」の内容は、すべての国民が等しく教育を受けるべきことを強調するなど、きわめて近代的なものであり、福沢諭吉の『学問のすゝめ』初編にみられる学問観、教育観に類似している。すなわち、実学主義、功利主義、立身出世主義的であると同時に教育の目的が国家目的に直結しており、富国強兵策の一環として一般民衆の啓蒙を意図していたといえよう。

「学制」は雄大な構想に基づくものであったが、同時にわが国の社会経済状況や一般民衆の実態からかけはなれた机上のプランとしての性格が強く、その実施にあたっては多くの困難がともなった。

文部省は、「学制」を実施するにあたって「当今着手之順序」を示したが、その一部は次のとおりである。

一、厚ク力ヲ小学校ニ可用事
一、速ニ師表学校ヲ興スヘキ事
一、一般ノ女子男子ト均シク教育ヲ被ラシムヘキ事
一、各大区中漸次中学ヲ設クヘキ事

以上のことから、文部省は、まず小学校の設立と普及を重点的に実施し、これに関連して「師表学校」すなわち小学校教員養成のための師範学校の設立を急務とした。また漸次中学校を設置する方策をとったことなどがわかる。

文部省は、1873（明治6）年1月、府県に委託金（国庫交付金）を交付する条件として学区の設定と小学校の行政事務をつかさどるための「学区取締」の設置を要求した。こうした文部省の施策に応じ、各府県では学区を設定するが、それらの実情は「学制」が意図する学区の区画とは異なり、当時の一般行政区画である大区、小区の制度を基礎とし、また郡、町村を基礎として中学区、小学区を設けているものが多かった。当時の学区取締は、政府の政策と各地方の実態との間に立って苦労し、小学校の設置や就学の督励に尽力したのである。文部省の委託金の交付は、学校運営費の10%強にすぎず、本来学校経

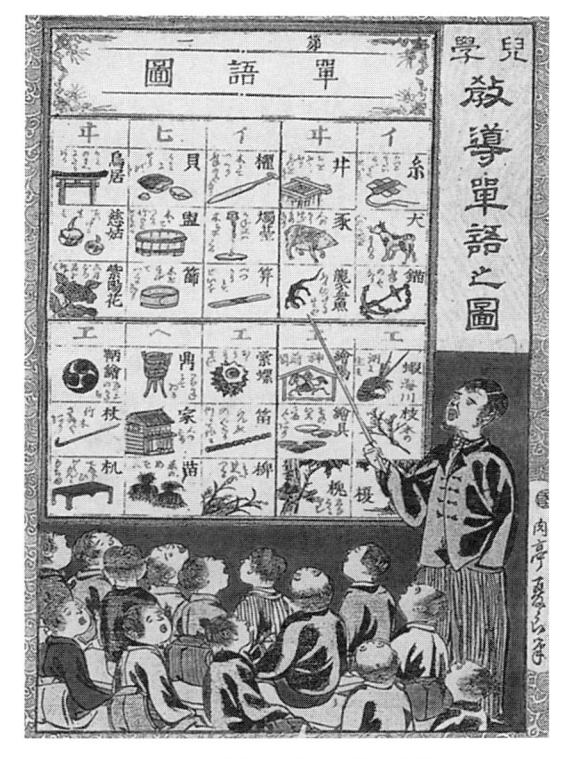

図 1-3　1877 年頃の授業の様子
(「単語図を教える図」海後宗臣・仲新・寺﨑昌男『教科書でみる近現代日本の教育』東京書籍, 1999 年)

費は受益者である国民が負担すべきであるという原則から，地域住民は大きな負担を強いられた。

　「学制」発布直後に設置された小学校の多くは，近世以来の伝統的庶民教育機関である寺子屋，私塾，郷校などを母体として成立した。また，藩校が小学校となっている場合も少なくない。1875（明治8）年，当時設置されていた小学校の校舎の約 40％が寺院，約 33％が民家，新築は約 18％にすぎなかった（『文部省第三年報』）。また，教員数も 1 校に 1〜2 名のところが多く，しかもその教員はかつての寺子屋，私塾の師匠や藩校の教師，僧侶，医師などであっ

た。「学制」実施後の小学校は、実質的には従前の寺子屋などとほとんど変わりがなかった。

しかし、子どものすべてに就学が求められ、全国に小学校が設けられたことにより、子どもの生活に変化が起きつつあったのも事実であった。1873年に文部省が編集した『小学生徒心得』において「毎朝早ク起キ顔ト手ヲ洗ヒ口ヲ漱キ髪ヲ掻キ父母ニ礼ヲ述ベ朝食事終レバ学校ヘ出ル用意ヲ為シ先ヅ筆紙書物等ヲ取揃ヘ置キテ取落シナキ様致ス可シ」、「毎日参校ハ受業時間十分前タルベシ」とされていることからも窺われるように一定の生活の決まりのようなものが子どもの暮らしに入りこむようになってきたのである。

近代教育を普及させるための教員養成を行う学校、すなわち師範学校が1872年7月、東京に設立された。師範学校は外国の制度を模範としてつくられたものであり、外国人教師により外国の小学校の教育内容、方法によって教育がなされ、その経験を通してわが国の小学校教則を編制しようとするものであった。外国人教師としてアメリカ人スコットが招かれ、アメリカの教授法が取り入れられた。師範学校においては欧米で発達した一斉教授法も導入された。以後順次全国各地に師範学校が設けられた。

明治初期における教育内容は、開明主義の立場からして、先進諸国の書物を翻訳・翻案したものが中心であり、「学制」発布の翌月に公布された「小学教則」をみても、教科書の多くが西欧文化を内容とする啓蒙書的なものであったことがわかる。1870年生まれの堺利彦は、「(当時の教科書に)『狼来たれり、狼来たれり』と嘘を言って人を驚かした悪少年が、本当に狼の来た時、誰にも助けられなかったという話だのがあった。すべてがアメリカの読本の直訳だということを、後に英語を学んだ時、初めて知った。また『地理初歩』という本には、劈頭第一、『マテマチカル・ジョウガラヒーとは……』という驚くべき外国語の新知識があった。しかし私らは、決してそれは変だとも不思議だとも思わず、ただ何となく語呂がいいので、面白がって暗誦していた」(堺利彦『堺利彦伝』中公文庫)と小学校の教科書の思い出を述べている。このような翻訳教科書中心主義は、現実の民衆の生活に必要な、いわば「日用、実学」とは縁遠いものであり、さらに国民大衆は、こうした教育を受けるために教科書や

Column ⑥

女子教育―津田梅子の奮闘―

　わが国において，女子に対して学校教育を施すことが公然と認められたのは，1872（明治5）年8月に出された「学制」からとされている。けれども，小学校への女子の就学率は男子に比べて著しく低く，1873年の調査においても，男子が39.9％に対して，女子は15.1％のみであった。それには，女子には教育が必要ではないという蔑視観や，子守りや家事の手伝いなど，女子が家庭にとって欠かせない担い手であったこと，さらには女子が身に付けることを期待された，知識や技能は，家庭でも修得可能であったことなどが影響している。つまり，女子に対する教育観は，女性蔑視による性別役割分業を特性とした「良妻賢母の育成」を目標としたものであったといえよう。

津田梅子（18歳当時）

　さて，その「学制」が出されるわずか1年前の1871年に，明治政府は，岩倉具視，大久保利通をはじめとする政府の要人を欧米視察に派遣した。新しい日本の国づくりに生かそうとしたのである。その一行のなかに，女子留学生として津田梅子（1864～1929年）が加わり，米国に渡ることとなった。当時，わずか7歳であった梅子は，米国東部のジョージタウンのランマン夫妻のもとで養育され，同地で初等・中等教育を終えた。その後1882年に日本に帰国したものの，経済的な自由を持たず，男性に従属する日本女性の境遇に，戸惑いを隠せなかった。そして，自ら向上しようとしない日本女性に怒りすら覚えたとされる。梅子は，日本女性の地位の向上のために女子教育の必要性を痛感する。そこで，経済的に独立し，専門的知識を修得した「完たき婦人（allround woman）」の育成を目指して，自学自習の教育を行うことを決意し，1900年に東京麹町において，学生10人からなる女子英学塾を創立した。それが現在の津田塾大学である。

　昨今，女子高等学校や女子大学が，少子化の影響により，共学化する動きがみられる。けれども，ライフサイクルの変化や能力発揮の場をもとめる意識の拡大などを背景にして，社会進出する女性が増加している現状を鑑みれば，梅子の精神は現代にも受け継がれているといえよう。そして，今，「女子教育」の意義・方向性をあらためて問い直す時期が来ているのではないだろうか。

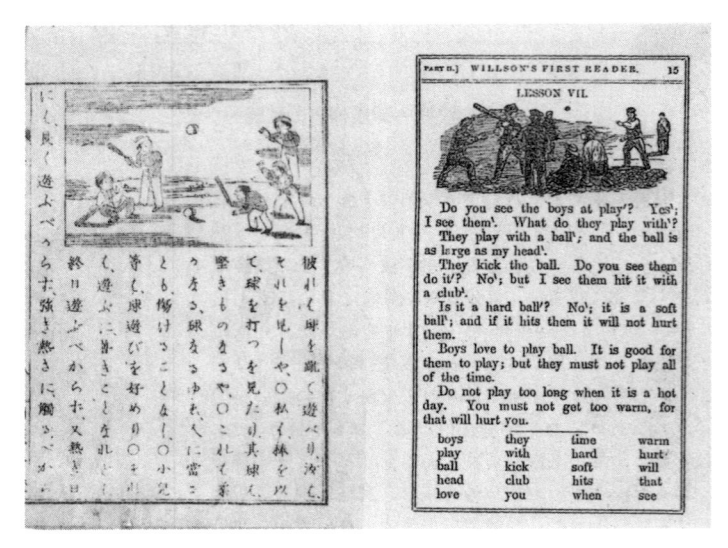

図1-4 翻訳教科書とその原本
（図1-3と同書）

学用品などを買いそろえるだけの経済的余裕がなかった。

　明治維新後，国民大衆は地租改正や徴兵令などにより，その生活は極度に疲弊していた。過重な教育費負担に対する不満，欧米の翻訳教科書中心の現実生活から乖離した教育内容に対する反発が多くみられ，国家の強制による形式的画一的な学校より，実質的な寺子屋教育を重視する傾向があった。また当時子どもたちは子守をはじめ，家計を助ける労働力でもあり，こうしたことがらが民衆の反発として就学拒否，教育費負担拒否として現れ，さらに社会的経済的施策に対する不満とが重なって学校焼打ちや暴動となっていった。

教育令と復古思想の台頭

　「学制」が画一的であまりにも現実を無視したという批判がなされ，学制の改革が検討された。そして，1879（明治12）年，「教育令」が公布された。これは文部大輔田中不二麻呂を中心に起草され，アメリカの地方分権的教育行政に強く影響を受けたものであったが，公布の段階でさらに地方分権的，自由主

義的方向が強められた。まず，就学義務の緩和，小学校設置の自由化，学区取締にかわる公選の学務委員による学校管理など，教育の権限を大幅に地方に委譲したのである。しかし，こうした自由主義的施策は，これまで全国画一的な教育を強力に推進してきた地方官や教育関係者に混乱を生じさせ，そのため，学校の新築を中止するなど一時的な教育の衰退現象がみられた。それゆえ教育令は，あまりにも自由すぎるものとして批判され，ここに教育を再び国家権力によって統制し，強制すべきか，地方の町村の自主性を尊重してそれに委ねるべきかが論議された。

1880（明治13）年2月，河野敏鎌が文部卿に就任し，同年12月，「改正教育令」が公布された。改正教育令は，重要事項については文部卿の認可を経ること，学校の設置，就学義務の強化，学務委員を府知事・県令による選任制に改めること，また「修身」を教科の筆頭におくことなどを規定した。

明治維新以来，欧米列強を範とした近代国家建設のため開明主義的施策がとられてきたが，皮相的な西欧化も少なくなく，そうした社会風潮に批判の声があがってきた。明治10年代の初め，自由民権運動が高揚するなかで，これまでの洋風尊重の風潮に代わって伝統的な国風尊重の気運が高まり，やがて復古思想が興隆し，教育の面でも儒教主義的皇国思想を基本とする教育施策が主張されてきた。この契機をなし教育の保守主義を促したのが，1879年8月に明治天皇によって示された「教学聖旨」であった。教学聖旨は，明治天皇自身の意見を侍講元田永孚にまとめさせたものといわれ，「教学大旨」と「小学条目二件」からなっている。そこでは教学の根本は「仁義忠孝ヲ明カニシ，智識才芸ヲ究メ，以テ人道ヲ尽ス」ことであるとされ，また欧化主義に基づく空理空論の教育への批判がなされ，儒教主義による皇国思想が明らかにされた。

当時内務卿であった伊藤博文は，教学聖旨に対し「教育議」（井上毅起草）を上奏し，開明主義の立場から反論的意見を出すが，これに対して，元田永孚は，すぐさま「教育議附議」を上奏し反論した。しかし，こうした対立も自由民権運動が全国的に広がり，その抑圧の必要性が高まると背景に退き，教学聖旨を基本理念とした教育政策がとられていくのである。

参考文献

海後宗臣・仲新・寺﨑昌男『教科書でみる近現代日本の教育』東京書籍，1999年。
「講座日本教育史」編集委員会編『講座日本教育史　第2，3巻』第一法規出版，1984年。
国立教育研究所編『日本近代教育百年史　第3巻　学校教育1』財団法人教育研究振興会，1974年。
仲新監修『日本近代教育史』講談社，1973年。
仲新編『日本子どもの歴史5　富国強兵下の子ども』第一法規出版，1977年。
仲新・伊藤敏行編『日本近代教育小史』福村出版，1984年。
文部省編『学制百年史』帝国地方行政学会，1972年。
山住正己編『日本近代思想大系6　教育の体系』岩波書店，1990年。

3　文明開化と子どもの生活

伝統と革新のカオス

　欧米文化の導入は，すでに幕末に始まっていたが，その先進性・優位性についての認識は「東洋の道徳，西洋の芸術」（佐久間象山「省䚡録」）という表現に象徴されている。維新後，諸外国との交易を通じてさまざまな西洋の文化が取り入れられ，とりわけ廃藩置県の頃から政府の欧化政策にともなって顕著になった。すなわちそれは，政府の復古的変革の行きづまりと，欧米との外交交渉，とりわけ岩倉遣外使節らが欧米視察（1871～1873年）の過程で得た彼我の差……政治的・経済的・社会的・文化的落差の自覚に因るところが大きいといわれる。

　維新政府は，諸道関所の廃止，平民の苗字使用の許可，戸籍法公布による華族・士族・平民の3族籍設定，伝馬・宿駅制の廃止，人身売買の禁止，断髪令，廃刀令など江戸時代の遺制・遺風の撤廃に努め，鉄道敷設，郵便局設置，電信開通，徴兵令発布，太陽暦の採用，近代的「学制」の頒布をはじめ欧風の制度・生活習慣の導入を図ってきた。その結果出来した世相の変化について，1876（明治9）年の「開化便益智競」は，やがて「民選議院」「府県令会議」も加わるであろうことを予告しながら，民生に深く関わり人気の高かった施設や制度を書き上げている。それによると「人材学校」「保護ノ巡査」が大関，

「公平裁判所」「簡易諸官院」が関脇,「富国ノ開拓」「国易ノ勧業」が小結となっており,「救命ノ病院」「航海三菱」「軽便紙幣」「急便汽車」「通明瓦斯燈」「廣開道路」「ポンプノ消防」「救助ノ窮育所」「発明博覧会」「金融ノ公債証」「急報ノ電信」「航海安灯明台」「不朽ノ石橋」「電報ノ火元」などを上位に置いている。国民生活をとりまく条件が,前代とは比較にならないほどに大きく変化したことが分かる。また,維新政府の財政基盤を確保した「地租改正」や徳川時代を克服する身分上の原則である「四民同一」「女郎解放」などには,高い地位を与えていないところに作者の時代批判が窺えて面白い。

　このような急速で広範囲な開化は,いずれも生活上の便益を与えるに足るものではあったが,多くの戸惑いや混乱の原因ともなった。藤沢衛彦「明治時代風俗概観」は,「直垂姿に靴を穿くもの,シャッポに袴,その袴の丈と同じ長さの書生羽織をだぶつかせるもの,茶筌髪に両刀を帯べる少年,男袴で勇ましい少女,勇肌くりから紋々の人力車夫,笄飾つた芸者の馬乗り,弁慶縞に半被着た駕籠舁児,等々,その乱雑さ,醜陋さを,これは又,既に西洋模倣を嫌ふ国粋保存者の,羽織袴に大小差して,扇子を右手にぱちりぱちり,古風ななりでやつて来るもある」(鏑木清方編『風俗画大成8　目でみる文明開化の時代』国書刊行会,1986年)と,明治初年の風俗を描いているが,まさしく紛乱状態を呈した。それらは,人力車の発明(1869年),自転車の使用(1870年),背広服の着用,コウモリ傘の流行,靴の国産製造開始などの背景と無縁ではなく,開化と旧守,欧化と国粋が個人においても,社会においても混在した時代であった。「男袴で勇ましい少女」は,おそらく女子師範学校の生徒であろう。開化の名の下に出来した新しい生き方は,伝統的価値の否定であり同時に再評価でもあったが,世間の耳目をそばだたせるに充分なほど奇異であった。こうした状況は,少なくとも1890年頃まで続いた。

　1871(明治4)年の「散髪脱刀令」の後,男子の頭髪について「半髪頭を叩いて見れば,因循姑息の音がする。総髪頭を叩いてみれば,王政復古の音がする。じやんぎり頭を叩いて見れば,文明開化の音がする」と唄われたが,斬髪が急速に普及したのは西南戦争の頃からであり,それ以後も新旧の髪型が混在した。旧暦でいうと明治5(1872)年11月に布告された太陽暦採用は,「そも

そも各国交際を結びしより以来，かの制度文物の資けて我が治に補あるもの
は，これを採用せざるなし，太陽暦の如き各国普通これを用いて，我ひとり太
陰暦を用ゆ，豈不便にあらずや」（改暦詔書）と欧化政策の趣旨を述べ，翌12
月3日を明治6年1月1日としたものである。けれども，学校・官庁・病院な
どを除いて依然として太陰暦が通用し，地方によっては「徳川暦」といって懐
かしむ風があったという（『明治ニュース事典1　東京日日』毎日コミュニケー
ションズ，1983年）。農耕・祭事をはじめ庶民の生活に深く入り込み馴染んだ
暦を切り替えることは，抵抗が強かったのである。改暦に先だって頒布された
「学制」も容易に定着せず（第2節参照），「人ノ空腹ニハ頓着セズシテ，徒ラ
ニ学校ヲ設ケ，読書ヲ勧メ」（『民間雑誌』1874年2月）る政府に対して学校を
攻撃対象とした一揆が頻発したことなど，開化政策が国民の生活や意識から遊
離したものであったことを窺わせる。こうした状況が，子どもや青年をとりま
いていたのである。

啓蒙思想と明六社

　文明開化期を象徴する出来事に，西欧近代思想の流入がある。それらは，政
治・経済・社会・文学などあらゆる領域にわたって翻訳・紹介された。例え
ば，ミル，ベンサム，スペンサーら英国流の自由主義・功利主義・個人主義思
想，ルソー，モンテスキューらフランス流の自由平等・天賦人権論，ダーウィ
ンの生物学的進化論，ギゾーやバックルの文明史観などまさしく百花繚乱の観
があった。それら近代思想をもって国民の啓蒙に当たり，文明開化の一翼を
担ったのが，「明六社」である。それは，森有礼が『万国史略』の著者西村茂
樹を動かして結成したものであった。福沢諭吉，西周，中村正直，加藤弘之，
津田真道，箕作麟祥ら10名が1873（明治6）年秋に会合し，翌年『明六雑誌』
を刊行して正式発足の運びとなった。

　福沢は既に『西洋事情』を著し，当時は慶応義塾で開化期を代表する啓蒙書
といわれる『学問のすゝめ』を書き継いでいた。「天は人の上に人を造らず，
人の下に人を造らずと云えり」という有名な書き出しのこの著書は，国民の自
立と国家の富強を実学に求めたものとして「学制」精神とも表裏し，学校の教

科書として採用する県もあったほどである。中村正直（敬宇）は，幕府派遣留学生としてイギリスで学んだ旧幕臣であるが，1870（明治3）年11月にスマイルズの『セルフ・ヘルプ』を翻訳し『西国立志編』として刊行していた。飛鳥井雅道が，吉野作造の「福沢が明治の青年に智の世界を見せたと云ひ得るなら，敬宇は正に徳の世界を見せた」（『日本文学大辞典』新潮社）という一文を引用しながら，「開化の道徳的原理は『西国立志編』でうちたてられた」（飛鳥井雅道『文明開化』岩波新書，1985年）と述べているように，100万部も売れたこの著書は伝統的・儒教的世界観に強い衝撃をあたえ，後述の通り当時の青年に新しい生き方を教えたのである。

　ところで大久保利謙が明六社のありようを「官僚リベラリズム」と見做したように（大久保利謙編『明治啓蒙思想集』筑摩書房，1967年），明六社同人の自由な啓蒙的発言は，主張の如何にかかわらず反政府的行動とは一線を画したものであった。そのことは，彼らの多くが陸軍省・文部省・外務省・司法省・大蔵省などに身を置く官僚であったことと無関係でなく，そこに限界があった。毎号3000部を売った『明六雑誌』をみると，「高度に理論的な問題が，きわめて具体的に論じられて」（飛鳥井）おり，彼らが決して派手な空論を展開したのではないこと，津田真道のように「拷問論」「服章論」「運送論」「人材論」「廃娼論」など，所論がきわめて多岐にわたるのも彼らの特徴であり，そこに啓蒙家としての面目があったといえる。しかし，例えば「民撰議院設立建白」に対する明六社同人の態度からも窺えるように，後に民権運動に与したものはいないのである。1875年，政府が「讒謗律」・「新聞紙条例」によって言論統制に乗り出すと，機関誌の刊行を中止し解散を決めたのも，そうした明六社の限界を物語るものであるという（田中彰『日本の歴史24　明治維新』小学館，1976年）。

　また，明六社の知識人はある種の「愚民観」を共有しており，「奴隷根情の人民」（敬宇），「愚蒙」（西村）などの言葉がそれを代弁しているとされる（鹿野政直『日本近代化の思想』研究社，1972年）。その結果，日本的伝統への正当な評価や配慮を欠いた，「普遍的」（西欧）文化の無批判な摂取あるいは押しつけに終始したという。しかも，そうした欧化が国家目的としての意味をもつに

至ると，摂取される学問は「応用」可能な実学すなわち自然科学へ傾斜を強くすることになったのである。

　同時代の啓蒙家を列挙すると，加藤弘之の『人権新説』を批判した馬場辰猪・植木枝盛，ルソーの『社会契約論』の一部を翻訳し『民約訳解』として刊行した中江兆民，『日本開化小史』の田口卯吉などがおり，いずれも後世に強い影響を与えたものばかりである。けれども明六社に代表される初期の啓蒙家は，開化を急ぐあまり概して翻訳・紹介に終始した。民権運動の挫折や復古主義の台頭を踏まえて西欧文化を冷静に評価し，新たな国民文化の可能性を模索し始めるのは，明治20年代に入って徳富蘇峰の活躍を待たなければならない。周知の通り彼は，西欧文化をその基底を形造る精神も含めて全体的に導入し「土着化」を図るべきだと考え，民友社を設立し，雑誌『国民之友』や『国民新聞』によって広い国民の支持を集めたのである。

開化と書生の生態

　当時よく錦絵に描かれた銀座煉瓦地の様子は，実際には「日本橋一里四方の文明開化」（木戸孝允）を象徴するものでしかなく，小木新造によれば，それも目抜きの大通りに限られ，開化期において庶民の衣食住や衛生面など生活条件で江戸時代を大きく乗り越えたものは無かったという（小木新造『東京庶民生活史研究』日本放送出版協会，1979年）。それにもかかわらず，東京は新知識と西欧の空気に触れることのできる憧れの場であり，全国から若者が参集したようである。1875年2月，明六社による第1回公開演説会に参加した土佐出身の植木枝盛もそうした地方青年の1人であった。演説を聞き，啓蒙家の著書を読みふけり，新聞縦覧所へ通い，時には西洋風の生活を体験し，いわゆる書生生活を「満喫」した植木らにとって，東京は「開化の灯台」（前掲『文明開化』）であった。

　坪内逍遙は，『当世書生気質』のなかで「心づくしや陸奥人も。欲あればこそ都路へ。栄利もとめて集い来る。富も才智も輻輳の。大都会とて四方より。入りこむ人もさまざまなる。なかにもわけて数多きは。人力車夫と学生なり。おのおのその数六万とは。……げにすさまじき書生の流行」（『日本の文学1』

中央公論社）と述べ，新しい時代を象徴する書生の群れの生態を風刺を込めて描写したが，東京はそのような若者で満ち溢れたようである。しかも，多くの場合「徳川時代の。敞袍主義書生の風を学び。チト外容主義を廃しては。というたところが馬耳東風。鯰気取りの生意気書生が。ますます輩出する今の時世」（同上書）と作者を嘆かせる風俗であった。彼らの生活は，怠惰・放蕩・無知・無頼というおよそ知識階級にふさわしくない姿において戯化されており，実際にそうした実態があったのであろう。

図1-5 現代日本
シャーベット（かき氷）を食べたばかりの学生。
（ビゴー画「トバエ」35号，1888年7月15日刊）

　もっとも，青雲の志を抱き，機至れば要路に登用されるであろうことを夢見て上京し，学問に勤しむものも少なくなかった。書生こそ時代を造るとする気概が，当時の地方青年の中に強くあったことは，越後西蒲原の私塾生の例（後述）からも窺える。藤沢衛彦によれば，1873，4年頃の書生は大抵一見してどの様な学問をしているものか分かったという。すなわち，「和学書生は，袴の紐を前に正しく畳んで結び，漢学書生は腰にきっと手拭いをぶらさげ，共に概して洋学を嫌つて，袴の腰板に紐を掛けて前に結んだ洋学書生に反目した風があった」（前掲『風俗画大成8』）としている。『東京繁昌記』の描くそのような書生像は，逍遙が戯化したそれと異なり，不遇のなかにも地理家・経済家・窮理家・政事家などを目指して精進する若者の姿であった。もっとも，『繁昌記』は，「洋学に非ざれば寧ろ学無からん」とし政治的・経済的・軍事的発展の基礎は洋学にあるとする書生と，「孔子の道は，至正至大にして西洋夷狄の道と日を同じうして論ず可からざるなり」とする漢学生と，「日本魂」「和歌の徳」の重要性を主張する和学生との

間に論争を展開して優劣を競わせ，結局一老爺をして「我が国今日の開化は，和漢洋三役者を俤うて，新狂言を開かんと欲するの秋なり」と，三学の一致を諭させる筋立てを構成している。明六社啓蒙が世の耳目をそばだたせている頃，なお和学・漢学を志し，その学問的立場の正当性を主張する若者がいたのであろう。作者は，そうした若者たちの空虚な確執を惜しんだのである。彼らの議論の当否はともかく，何らかの学問によって立身を図ろうとする青年たちの存在が前提になっていることに留意したい。

地方の開化と子ども

東京・横浜の開化は，さまざまな機会を通じて徐々に地方に伝播した。陸上交通の進歩，電信や郵便制度の発足，雑誌や新聞の発刊などは，情報を伝える上で重要な契機になった。学校制度の整備，中央集権的な行政制度の確立，図書館・博物館の開設，新聞縦覧所などの普及もまた同様である。自由民権運動の全国的高揚やそれに伴う民権結社の学習活動は，文明開化の歴史的意義を地方の青年にも自覚させたと考えられる。いったい，地方における文明開化とは何であったのだろうか。

永井秀夫によると，村の文明開化は多くの場合「学制」に基づく小学校開設が契機になったという（永井秀夫『日本の歴史 25　自由民権』小学館，1976 年）。多くの困難，とりわけ設立維持費の捻出や授業料徴収，教員の確保といった問題を克服する過程で，学校世話役として中核的役割をはたした旧名主層・豪農商層が，初期の自由で開明的な教育を支えた。それは，学校が民権運動の拠点となり，彼ら自身が活動の推進者となったことと決して無関係ではない。成人・子どもを問わず学校は，地域村落における開化のシンボルであった。

「学制によって設けられた学校で学ぶ内容は，文明開化の教育内容であった」（仲新『明治の教育』至文堂，1967 年）と仲新は述べているが，福沢を初めとする初期の啓蒙家の著述で小学校教科書として採用されたものは少なくない。佐渡・相川県の「小学学科課程表」（1874 年）をみると，下等 4 級の読み方で小幡篤次郎の『天変地異』を，地理で福沢の『世界国尽』を，同 1 級の窮理輪講で『窮理図解』を教えたことが分かっている。小幡の書は，自然現象にまつわ

> Column ⑦

ある青年教師の明治維新

　1867（慶應3）年，徳川幕府が大政奉還し，明治政府が樹立された。明治維新は人々の生活を大きく変えた。江戸時代，子どもは親の仕事を継ぐものだったが，明治に入ると世襲が原則ではなくなり，職業転換をはからざるをえなくなった子どもたちも出てきた。その一人が明治に入り，教師となった溝口幹（1852〜1933年）である。
　幹は現在の三重県伊勢市に生まれ，父親の仕事を継ぎ，伊勢神宮の御師（伊勢神宮の祈禱師で，信仰を遠隔地に伝える役目をもつ）になるはずだった。幼い頃から国学，漢学，算盤を習い，将来必要になる知識，教養を身につけていった。神事に関わる仕事も幼い頃から手伝い，後継ぎとしてお披露目もされていた。順調だった幹の人生が思いがけない展開をみせるのは1871（明治4）年のことであった。世襲の廃止が決まったことで，生活は一変し，新たな職業を模索することになった。そのような時に檀家であった盛田家当主の誘いを受け，1872年，幹は愛知県の小鈴谷（今日の常滑市）で教師になった。幹が御師になるべく修学していた漢学，国学，算盤の知識は教師にも必要とされた資質であった。幹は教員免許をとるために1874年から1879年にかけて愛知，大阪，東京，大津の師範学校に行き，1880年に愛知県から認可状を受領した。幹は大阪に行く際に「蒸気車」に乗った。その時の感想を「其速ナルハ空中ヲ飛揚スル擬ハレ近傍ノ草木沙礫ハ悉ク混シテ目ヲ止メル能ハス愈快々々実ニ人造ノ物トハ思ヘス偏ヘニ鬼神ノ作業ト疑ハル」（1877年6月17日）と日記に記している。このような体験は新しい時代になったことを幹に実感させたことだろう。
　小鈴谷に戻ってからさらに勉学に励み，ドイツ語など外国の学問についても学んだ。1887年35歳で小鈴谷村尋常小学校の校長になり，翌年には私立鈴渓義塾の塾長となった。鈴渓義塾は多数の優秀な卒業生を出したことで知られている。塾で行われた学問のレベルは「高等小学校程度とは名ばかりで，学科は当時の中等学校に劣らない」高いレベルにあったという（細見京之助編集，内題「溝口先生小傳」盛田久左衛門発行，1925年）。幹が少年時代に培った知識と教養は，明治になり，教師という職業にいかされて，子どもたちに受け継がれていった。

る民間の迷信を科学的法則によって解き明かそうとしたものであり，『世界国尽』は天下の禍福が「国民一般の知愚に係る」とする知識主義の立場に立った啓蒙書であった。「新潟県小学学科課程表」にも，『窮理問答』『世界風俗往来』『童蒙教草』『西洋事情』『西国立志編』などの書名がみえる。小学校の蔵書目

録（佐渡相川町・広栄小学校）中に前記の書籍の多くを記載するものがあり，実際にそれらを取り揃え子どもに教えたことが知られる。そのような傾向は，独り越後・佐渡の問題ではなく，地方が開化に対していかに強い関心をもっていたかが窺えるのである。

　太陽暦の使用，散髪令をはじめ庶民の生活習慣の改変を迫る政府の施策は，地方を徐々に変えた。しかしながら，地方の開化は局所的で，港湾都市・県庁所在地においてめざましかったが，近世以来の在郷町や農村にあっては遅々としていた。1872（明治5）年に横浜で人々を驚かせたガス灯が，新潟では明治末年に初めてともった。1882年に東京銀座についた電灯が新潟に入ったのは同末年頃，さらに信濃川上流の栄村（西蒲原郡）では大正期のことであった（『栄村誌』下）という。個人の生活レベルでは，さらにその差は大きかったであろう。永井は，南多摩郡連光寺村富沢家の家計簿をみて，ランプ・石油・ポンプ式井戸水揚機の購入は1880年，洋服・靴・襟巻・夏帽子などの着用は1890年頃らしいとする（前掲『日本の歴史25』）。前時代には代々名主を務め，養蚕業をも営む豪農においてなお文明開化はこのテンポであった。多数の村人

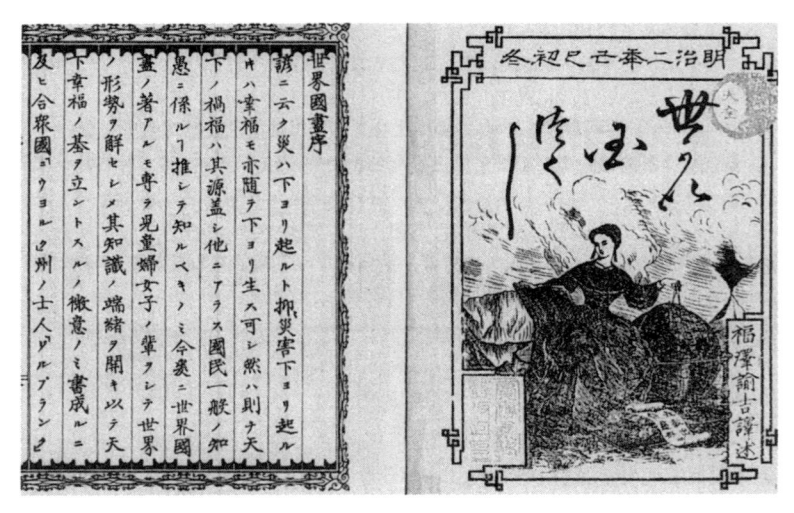

図 1-6　『世界国尽一亜細亜洲』の最初の頁

が開化の便益にあずかったのは、さらに後の事であろう。

　実際、庶民の生活習慣は容易に改まらなかった。旧暦が「徳川暦」の呼称で長らく生き続けたことは、既にみたとおりである。確かに、江戸時代には祝儀・不祝儀・祭儀・普請・消防・警護などの役割を担い、年少者の教育に重要な役割を果たしてきた若者連中・若者組といった青少年組織のように、警察制度・消防制度等の成立に伴って存在意義を失い、多くの伝統や儀礼と共に消滅の道を辿ったものもある（熊谷辰治郎編著『大日本青年団史』1942年）。しかし、東京・横浜や主要な都市の開化とは対照的に、大勢は緩やかであり、変化は局所的でいびつであった。

　越後三大私塾の1つ西蒲原郡粟生津の長善館に学んだ燕町の青年・佐藤良三郎が、1888（明治21）年5月に塾を「脱走」し上京した顛末をみると、彼は「文明ならんと欲して進まず、開化ならんとして却て退くが如き」（「心底書」）状況に悲憤し、我が目で世界の進歩を確認し、国家富強のために献身したいと述べている。けれども彼の意識のなかには、欧化への憧れと同時に家名や父母への孝という儒教的徳目の遵守が対立的価値となって存在していることが分かる。彼の「脱走」は、そうした内なる矛盾を「愛国」「日本皇帝」への献身によって解決しようとするものである（高木靖文「明治中期私塾考」『燕市史研究』第7号　1989年）が、これがこの時代を生きた地方青年の文明開化であり、次に来る国家主義的・儒教的教育体制の土台を成すのである。

参考文献
飛鳥井雅道『文明開化』岩波新書、1985年。
鏑木清方編『風俗画大成8　目でみる文明開化の時代』国書刊行会、1986年。
鹿野政直『日本近代化の思想』研究社、1972年。
田中彰『日本の歴史24　明治維新』小学館、1976年。
永井秀夫『日本の歴史25　自由民権』小学館、1976年。
芳賀徹ほか編『ビゴー素描コレクション3　明治の事件』岩波書店、1989年。

第2章
資本主義の成立・展開と生活・教育の変化

1 天皇制国家体制の確立と展開

近代天皇制国家機構の確立

　明治維新改革による王政復古と五カ条の誓文および五傍の掲示によって，中央集権的官僚政府が創出され，戊辰戦争を経て中央集権的軍閥＝軍隊が発足し，その憲章は1882（明治15）年の「軍人勅諭」で完成されることとなった。また1869年の版籍奉還と1871年の廃藩置県により名実ともに天皇のもとに領有権が統合されることとなり，全国的な規模での国家的土地領有制が成立した。また，1872年の地租改正によって小農民には地券が交付されて土地の私有制が法認された。経済的には商品生産経済の発達による全国市場の成立・成長とともに資本制経済の移植がなされ，日本資本主義の成立をみることとなった。

　このように天皇制国家は資本家と地主の同盟＝ブロックを階級的な基礎として資本制国家として成立してきたのであるが，他方，支配の形態としてはブルジョア性よりはむしろ絶対主義的な特質をもって成立してきた。例えば立憲国家体制を成立させながらも，天皇大権として統帥権を独立させ，執行機関の独自な意志決定を認めた高級官僚の独立性の承認，議会には，衆議院と共に貴族院を設置して二院制とし，重要な政策決定をつかさどる枢密院を存在させ，天皇に対する内閣の単独輔弼制と軍部大臣の優越的な地位を認めることなど，主

権の在り方と国家機構の形成のされかたに執行権力の絶対的な性格を付与された国家制度として成立したのである。

その政策上のヘゲモニーは当初は三条実美・岩倉具視・大久保利通・木戸孝允などの少数の専制政治家によってなされたのであるが，国家はこの政治的・社会的機能の遂行を士族層の特権を剥奪しながら，また同時にその遂行に不可欠の要素とみなして，脱皮と犠牲を強要したのである。その天皇制国家成立への画期は1881年の国会開設詔勅であり，1889年，伊藤博文の国家構想による「大日本帝国憲法」の発布と1890年の帝国議会の開設において確立した。

大日本帝国憲法の発布と教育勅語

1889（明治22）年2月11日，大日本帝国憲法が欽定憲法として明治天皇から国民に下付された。その内容は全文76ヵ条からなり，第1章天皇（17ヵ条），第2章臣民権利義務（15ヵ条），第3章帝国議会（22ヵ条），第4章国務大臣及枢密顧問（2ヵ条），第5章司法（5ヵ条），第6章会計（11ヵ条），第7章補足（4ヵ条）である。その特徴は天皇大権を確立し，臣民としての権利義務を法定し，国家機関としては帝国議会と裁判所のみを設置して，あとは国家財政の運用のみを明記したことにある。内閣や枢密院は，それらが天皇を輔弼し，諮詢に応えることとした。陸海軍は天皇の統帥権・編制権のもとにあるとされた。とりわけ天皇は「万世一系」の「神聖不可侵」の存在であり，統治権を「総攬」するとされ，緊急勅令，公共保持の命令，文武官僚の組織と任免を含む官制権，宣戦・講和・条約締結などの外交権や，戒厳布告などの権限を有するとされた。帝国議会は衆議院と貴族院の二院からなり，法律案や予算案を審議・修正し否決する権限をもった。

この明治憲法の内容は，伊藤博文が，民権派の私擬憲法に対抗し，ドイツのグナイストやオーストリアのシュタインの助言を参考にしたプロシア流の君権主義を基本大綱としているものである。伊藤は，1884年3月，宮中に制度取調局を設け，井上毅・伊東巳代治・金子堅太郎らを用いて憲法制定の準備をはじめた時もその柱を，①皇室の藩屏としての華族制度の創設，②太政官制度を廃止して内閣制度を創設することに重点を置いた。まず1884年7月には「華

族令」が制定され，皇室財産の確立のための御料局の設置（1885年）と世伝御料（1890年）の治定をして憲法制定に先立って皇室の実質が固められた。1897年には約2000万円の貨幣的財産と約370万町歩の山林原野の皇室財産が確立して強固な天皇制の実質の基礎が形成された。ついで1885（明治18）年5月には太政官制が廃止されて内閣制度が創設された。同年12月には内閣官制が制定された。この太政官制を廃止して内閣をもって天皇を輔弼するという伊藤の構想は「内閣ヲ以テ宰臣会議御前ニ事ヲ奏スル所トシ，万機ノ政専ラ簡捷敏活ヲ主トシ諸宰臣入テハ大政ニ参シ，出テハ各部ノ職ニ就キ，均シク陛下ノ手足耳目タリ，而シテ其中一人ヲ撰ヒ，専ラ中外ノ職務ニ当リ旨ヲ承ケテ宣奉シ以テ全局ノ平ヲ保持シ，以テ各部ノ統一ヲ得セシムヘシ」（1885年「内閣官制に関する太政大臣三条実美の奏議」）とする責任内閣制を否定した「内閣職権」として法制化されたものである。

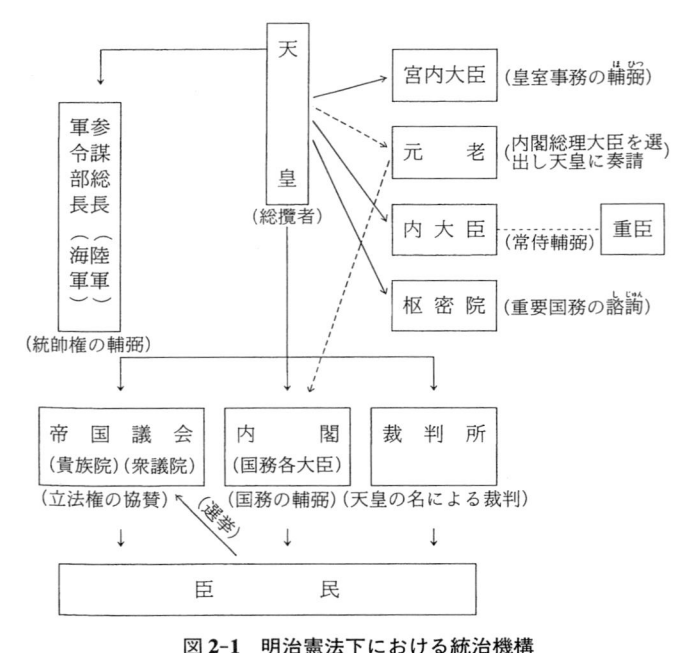

図 2-1　明治憲法下における統治機構

（大久保利謙ほか編『近代史史料』吉川弘文館，1965年参照）

図 2-2　憲法発布式の図
松斎吟光画（小西四郎編『錦絵　幕末明治の歴史 10』講談社，1977 年）

　1886 年から，伊藤は本格的な憲法の起草に着手し，1888 年 4 月に確定草案を天皇に奏上した。4 月 28 日には枢密院が「天皇親臨シテ重要ノ国務ヲ諮詢スル所」として創設され，憲法草案の検討が重ねられ，1889 年 1 月頃に成文化されている。その基本思想は欧州の主権分割の精神を否定して，君権を尊重し，束縛しないという憲法大綱であったのである。
　「大日本帝国憲法」の発布により，中江兆民による批判はあったものの国民の大多数が歓迎したなかで憲法体制が成立した。その統治機構は図 2-1 の通りである。
　成立した帝国憲法に教育条項はなく，教育は国民の三大義務の 1 つとされながら，臣民の幸福増進のための措置として位置づけられ，天皇の意思にもとづいて一元的に管理運営される体制がとられた。
　1890（明治 23）年 10 月には「教育ニ関スル勅語」が渙発された。この勅語渙発の直接の契機は地方官会議における「徳育問題の論議」にあったが，その内容は儒教的素養をもとに天皇が価値の本源とされたもので，臣民としての個人の孝や信の徳目観念を形成するとともに，智識の啓発，徳の成就，国憲や国法の尊重ならびに「一旦緩急アレハ義勇公ニ奉」ずる，いわゆる天皇の徳治に

対する臣民の忠孝が一元化された人間像が求められたもので，その在り方が「国体ノ精華」と美化され，教育の「淵源」とされた。

地方自治制度の確立

1868（慶応4）年6月の政体書の発令以来，1872（明治5）年の「大区，小区ノ設定」，1876年「各区町村金穀公借共有物取扱土木起功規則公布」などによって町村が地方人民の行政・財産権の主体であることが位置づけられた。これらの改革は政府の行財政の必要性からなされたいわば上からの改革として実施されたが，そのことは地方が政府権力の末端機構としての役割を担うこととされたのである。

しかし自由民権運動の高揚によって地方行財政機構の自主的民主的な整備を通じて地方自治を確立する要求が全国各地で高揚した。民力を維持し，国政委任事務負担を排除して地方行財政の自主性を確立し，適切な地方財政規模にすること，郡区長の公選や府県会議員の制限選挙の廃止＝普通選挙の要求運動など町村自治を貫徹する動きが高まるなかで，政府は地方分権を認めるかわりに地方議会の法を定めるとする趣旨の譲歩をして，1878年に三新法（郡区町村編制法・府県会規則・地方税規則）を公布した。「郡区町村編制法」では，町村を自治団体として公認し，戸長民選制を採用しながら，官僚機構の末端としての郡長の権限を強めることとした。「府県会規則」では，設置された府県公選議会での議事権限を地方税支弁の経費の予算および徴収方法に限定し，また「地方税規則」では旧来の府県税・民費を地方税として府県税に統合し，区町村内の人民の協議費と区分して府県財政の基礎を固めたのである。1880年の「区町村会法」の公布により区町村会も公共の経費の支出や徴収方法に関して議決権をもつこととなった。

しかし1882年12月28日「府県会規則」が改正公布され，府県会の権限が縮小された。すなわち内務卿が府県会を停止できるとし，地方税の経費予算および徴収法に関して内務卿の認可を必要としたのである。さらに自由民権運動が弾圧され，壊滅していくなかで1884年「区町村会法」改正により，区町村会の権限が限定されるとともに県令の権限が強化された。あわせて戸長が府県

知事による選任となり官選戸長となった。憲法制定が準備されるなかで，立憲政体設立以前に，法律をもって自治体の編成・権利義務ならびに監督法を制定することの必要性が認識され，人民に「自治」の精神を発達せしめて市町村の公務に熟練させることは，国事への実力を養成するものであるが，もし誤れば国家混乱の原因となると判断され，地方自治体が国政の基礎として位置づけられた。

　1887年地方制度編纂委員会が設置され，1888年に「市制町村制」が実施され，1890（明治23）年には「府県制」「郡制」が公布されて，わが国の地方自治制の基礎が確立された。1888年の「市制町村制」では「府県郡市町村ヲ以テ三階級ノ自治体ト為サン」とされているように，市町村が公法人の性格をもつ自治団体として設定され，市町村の営造物・財産に対する市町村住民の共用権およびその負担に対する分任義務が明記された。また市町村に条例規則の制定権が付与されるとともに，市町村長に制限された形で公選制が認められ，また公選参事会員の市政への参加が認められた。

　しかしながら国家官庁には，市町村公共事務に対する監督権，市長選出に対しての内務大臣の裁可制，町村長以下の主だった吏員に対する監督官庁の許可制，指定事項に関しての議決事項の許可権，市町村議会の議決停止権および解散権，吏員への懲戒処分権など官僚的統治権が確保された。そのうえ市町村会議員の選挙・被選挙権を直接国税2円以上納入した満25歳以上の男子戸主に限定したいわゆる制限選挙制とし，さらに町村議会議員の選挙には等級選挙制を採用し，村税総額の2分の1を納める上位のグループを一級選挙人，それ以下のグループを二級選挙人と区別し，それぞれ半数ずつ選出できる制度とした。その結果は，例えば長野県上伊那郡赤穂村では二級選挙人の票の重みは一級選挙人の9分の1しかないという，いわば「中等以上資産家」の自治制を創出することとなった。また財政的には市町村の公共的財政を個々の住民の私経済から分離して，予算・決算制度が導入され，あわせて国家の行政委任事務を広汎に負担することとなり財政全般への監督・規制がなされた。このように「市制町村制」により市町村の公共的性格が明確化されると共に行政機関としての性格が強められることとなった。

このような「市制町村制」の上に「府県制」「郡制」がしかれたのである。府県郡住民およびその権利義務については明記されず，条例の制定権も与えられないものであった。しかし府県のみならず郡議会が設置されて，議決権や行政監督権などが与えられることにより，府県郡行政への自治権の拡大となったことは評価できよう。また財政的にも府県郡財政一般にたいする議決権が確立され，住民の費用分担関係が詳細に明記されるなど自治体的性格の発展がみられたが，他方府県郡長は官選の官吏であり府県郡議会への公共事務に対する監督権がきわめて大きいなど官治団体の性格が濃厚な機関とされた。また府県・郡会議員選挙をみると郡会議員はその3分の2の議員が町村会で選出した議員から選ばれ，残りの3分の1は地価1万円以上の大地主の互選する議員で構成され，府県会議員は市会・市参事会・郡会・郡参事会の各構成員が選出され，その被選挙資格は各府県で1年以上直接国税10円以上を納入するものに限られた。このように自治権がかなり限られた官治的制度として成立し，また大地主・資本家などの有力者層の地方支配を法制的に支えるものとして確立したのであった。

日本資本主義の確立と社会状況

日本の産業資本の確立は，1886（明治19）年から1889年にかけての企業勃興期に大規模紡績工場が続々と設立されたころから開始されて，1897年に機械制紡績業が急速に発展して輸入綿糸を駆逐し，輸出額が輸入額を凌駕したころとされている。例えば各業種ごとにみると，織物業では日露戦争を画期として力織機化が進展し，機械工業では日露戦争期の軍需を契機として軍工廠に先導された民間造船技術が世界の造船技術レベルにまで到達するほどであり，製鉄業は官営の八幡製鉄所の高炉が正常操業をはじめ，住友・神戸などの民間製鉄所が小規模ながら発足している。石炭業においても運搬過程に機械が導入されるなど，1887年前後から1907年前後に急速に確立している。

1881年の政変で登場した「松方財政」は，財政緊縮と紙幣整理を強行したが，軍事費の膨張により，増税の形で民衆に負担せしめ，小農民の「下からの」資本主義的な発展を抑圧して，上からの資本主義化を進行させたと共に，

寄生地主制を展開させていくこととなった。産業資本の確立期には，多数の銀行が設立されて金融業への資本投下の比重が高く，日本銀行を頂点とした金融機関の整備とともに，輸出産業としての製糸業や綿糸紡績業に対しては各地の銀行を介して信用を授与するなど金融資本を育成した。日清戦争期の2億円を越える臨時軍事費も軍事公債募集により金融機関から資金を調達し，一挙に達成したほどであった。また3億6407万円の清国からの賠償金をもとに，金本位制を採用して，「戦後経営」に着手した。対ロシア戦に備えての陸海軍の拡張と，台湾の植民地経営が主たる内容であったが，産業資本の確立過程の進行途次に勃発した日露戦争による17億円余の「戦費」は，国内経済に深刻な影響を及ぼした。日露戦後経営は朝鮮・「満州」の植民地経営が中心の地位を占めることとなった。

　産業資本の確立期は，また重工業が必要とする男子熟練労働者が貧農層と都市雑業層から供給されることによって，手工的熟練者が後退し，賃金は家族を養うに至らず，長時間労働は病気・早老・短命をもたらした。また農民の3分の2を占めた小作農は高率の現物小作料を支払うため日雇・出稼労働者となることが多かったが，彼ら出稼労働者の賃金は家計補充的な低賃金に限定された

図2-3　製糸工場で働く女工（明治末期）
（『四日市市史　第18巻』1990年）

ため，娘が製糸工場の女工になりこの賃金を小作料にあてるなどなされていた。

このような社会状況のもとで，国民を統合しなおす場としての村や町として地域を位置づけなおす試みが始められ，個人と家と町村をつなげた国家秩序をつくりなおすために，1908（明治41）年10月，桂内閣のもとに「戊申詔書」が出された。その渙発以前に地方公共団体の産業振興・勤倹貯蓄・民心統一・政争絶滅などを内容とした地方改良計画が策定されていたが，その論点は「道徳と経済の調和」であり，内務省主導による行政組織を中心として既設の職能団体や地縁団体に，新しく地域組織を設置して，組織の網の目のなかで「勤倹力行ノ公民」をつくるとし，その「公民」の資質は，忠君愛国・敬神念祖の観念をもち，産業の発達と公共心の振作，地方の改良進歩を担う人間像が期待されていたのである。

第一次世界大戦と民本主義

第一次大戦は，日本資本主義が独占段階に達しながらも，日露戦後には不安定性をもっていたものが，輸出に主導された経済の拡大を行うことにより産業構造の高度化への転換をはかる画期となった。大戦ブームの影響により造船・鉄鋼などの重工業が急速に業績を上昇させ，電気機械・肥料など新しい産業部門が勃興した。またアジア市場への製品輸出が急増した綿工業も紡績から製織へと製品構成を高度化した。また投機的色彩を帯びた株式ブームと競争構造の流動化のなかで，財閥資本のコンツェルン組織も整備されていった。三井・三菱は直系事業部門の自己金融蓄積の枠をこえて外部資金を導入し，資本市場の拡大を背景としていっそうの発展をみせた。この展開過程において直系銀行を中心とした有力民間銀行が結成したシンジケート銀行団が媒介となって，対外投資に国内の余裕資金を結び付け，自前の資本輸出を大戦期に実現した。また大戦期には，就業構造の大規模な変動がもたらされ，工場労働者を急増させ，階級的自覚を高めた。

1916年から1917年にかけて米価が急騰して実質賃金が下落したことにより，1917年から賃金増額を求める争議が急増した。1918年の米価は1915年の

2.6倍に達し，都市下層民にとって直接の生活不安にむすびつき，民衆の不満が極点に達した時，米騒動が全国に波及した。戦後の労働者の運動は進展をみせ「八時間労働制」も実現していたが，賃金水準の上昇はまた著しい賃金格差を生みだした。各階層の民衆は都市民衆の一体感から脱却し，それぞれの経済的・社会的条件に応じた固有の利害を認識し，主張しはじめ，労働者の組織的運動への期待も高まった。また地主制の動揺による小作争議も続発した。こうした諸利害の噴出や運動の多様化のもとで，普通選挙＝民衆の政治への参加要求によるゆるやかな連帯状況＝大正デモクラシー状況が生まれ，天皇制国家の支配秩序の再編成がせまられることとなった。

　1916年ころより吉野作造によって提唱された民本主義は，立憲政治の根本は国民の教養にあり，参政権の大幅な拡張も教養・智見による能力に対応して与えられるべきであるとするいわゆる天賦人権説を排した多智政治，共同共存主義，自由・責任・自治，人格中心主義，平等主義を内容とした社会改良と人格改造を同時に主張する思想であった。通俗道徳実践による人格向上を目指しはじめていた労働者にとっても，民本主義的な人格主義はイデオロギー的有効性をもつものであった。また民本主義は人格的対等性を主張することにより，労働者が自己の正当性の根拠を国家的貢献＝「国体」の発揚に依拠して自己主張する根拠となった。それとともに民本主義は君主主義と民主主義との調和を保てるものとしての「国体」補強論としても注目されたのである。

参考文献
大石嘉一郎『日本地方財行政史序説―自由民権運動と地方自治制―』御茶の水書房，1961年。
大久保利謙ほか編『近代史史料』吉川弘文館，1965年。
芝原拓自『日本近代化の世界史的位置―その方法論的研究―』岩波書店，1981年。
永井秀夫『日本の歴史25　自由民権』小学館，1976年。
歴史学研究会・日本史研究会編『講座日本歴史8，9（近代2，3）』東京大学出版会，1985年。

2　教育の制度と実態の展開

学校制度の整備

　1885（明治18）年12月，内閣制度が創設され，初代の文部大臣に森有礼が就任した。森は，文相就任直後から学制改革に取り組み，1886年3月に「帝国大学令」，4月に「師範学校令」，「小学校令」，「中学校令」を制定した。これによって，日本の近代学校における制度的基礎が実質的に確立したのである。

　小学校は，尋常小学校（4年）・高等小学校（4年）の2段階とされ，尋常小学校を義務教育とすることが定められた。しかし，就業年限が3年以下の変則的な小学簡易科の設置も認められたため，義務教育はまだ不備で年限自体も不明確であった。中学校も尋常・高等の2段階となり，尋常中学校は各府県に設けられ，府県立尋常中学校は各府県1校に限られた。全国が5つの区に分けられ，各区に1校，官立の高等中学校が設けられた。教員養成のための師範学校も，尋常・高等の2種とされ，小学校教員の養成を行う府県立の尋常師範学校と，尋常師範学校の教員を養成する官立の高等師範学校が創設された。また，最高学府の帝国大学は，大学院と分科大学（法・医・工・文・理）に分かれており，高等中学校の卒業者を入学させた。

　森は，独自の国家主義的教育思想をベースとして，日本を世界の列強と並ぶ「第一等国」の地位にまで高めることを目指し，富国強兵の教育政策を展開したのである。師範学校や小学校では，軍隊式の兵式体操が取り入れられた。高等中学校および帝国大学においては，国家・社会における指導者の養成がはかられた。1886年の諸学校令（帝国大学令，師範学校令，小学校令，中学校令）以後における諸改革において，教育を国家の管理のもとに統括しようとする考えが強くあらわれた。小学校の教科内容に対する国の統制が強化され，それにともなって教科書の検定制度が成立したのである。

　1890年10月，教育勅語発布に先立ち，第2次小学校令が制定された。同令によって，小学簡易科が廃止され，尋常小学校が3年または4年となり，少な

くとも3年が義務教育年限となった。そして、高等小学校が2年、3年、4年とされた。同令第1条に、小学校の目的について、「小学校ハ児童身体ノ発達ニ留意シテ道徳教育及国民教育ノ基礎並其生活ニ必須ナル普通ノ知識技能ヲ授クルヲ以テ本旨トス」と定められた。これにより、「道徳教育」の指導が小学校において最も重要な目的であると位置づけられた。

第2次小学校令の制定をめぐり、これを勅令とするか法律とするかについての論議が行われたが、結局、勅令という形式で制定されることになった。これ以後、日本の教育に関する基本法令は、勅令によって制定されることが慣行となった。

1900（明治33）年8月、第3次小学校令が制定された。このとき、義務教育制度が一応の確立をみた。第1次小学校令で学齢児童の就学義務が、そして第2次小学校令において学校設置義務が規定された。第3次小学校令では、使用者の避止義務および義務教育の授業料不徴収の規定が定められた。こうして、尋常小学校4年間が義務教育とされ、すべての国民に共通な4年の基礎教育の課程が成立し、市町村立尋常小学校の授業料が原則として廃止された。1907年3月、尋常小学校の年限が4年から6年に延長され、義務教育年限は6年となった。その実施は、1908年からである。

学齢児童の就学率についてみると、「学制」発布の翌年の1873年には30％にもみたなかったが、明治20年代には、就学状況が徐々に改善されていった。明治30年代に入ると就学率が急速に上昇し、1902年には、91.57％となり、この年はじめて90％を超えた。1912年には、98.23％にものぼった。しかし、就学率上昇の裏面には、心身障害や貧困のため就学の機会を得ることのできない子どもたちの問題がよこたわっていた。

すでに述べたように、第1次小学校令において教科書の検定制度が成立したが、その後さらに教科書に対する国の統制が強化された。1903年4月に小学校令が改正され、教科書の国定制度が成立した。この国定制度を成立させた直接的な契機は、1902年暮れの教科書疑獄事件であった。これは、教科書の採用をめぐる教科書会社と教育関係者との間の贈収賄事件であり、収賄の容疑で教育関係者が多数検挙され、社会に大きな衝撃を与えた。しかしながら、教科

書国定化の背景として特に注目せねばならない点は、かねてより帝国議会において教科書の国定化への要望がなされているなど、国定制度成立への気運が高まっていたことである。

以上のような初等教育制度の整備の過程と関連して、中等教育制度の整備が行われた。1891年12月の中学校令改正によって、高等女学校が尋常中学校の一種として位置づけられた。そして、1895年1月、「高等女学校規程」が制定されたのである。

1893年3月に文部大臣に就任した井上毅は、富国強兵の基礎が産業の振興にあると考え、「実業補習学校規程」、「簡易農学校規程」、「徒弟学校規程」、「実業教育費国庫補助法」等を制定し、実業教育振興政策を強力に推進した。

1899年2月、中学校令が改正され、尋常中学校が中学校と改められた。それとともに、新たに「高等女学校令」と「実業学校令」が制定された。これら3つの法令により、中等教育制度は、①男子の高等普通教育を授ける中学校、②女子の高等普通教育を授ける高等女学校、③農業、工業、商業等を授ける実業学校の3つの系統に分けて整備された。しかし、これら3つの学校は、入学資格、修業年限からみても決して同格ではなかった。高等普通教育において男女間の格差があり、また高等普通教育と実業教育との間にも格差が生み出され、学校体系のうえに問題を残すことになった。

1894年6月、「高等学校令」が制定された。これにより、高等中学校が高等学校と改められ、専門教育を主たる目的とすることになったが、実際には帝国大学への予備門として機能していく。また、明治後期には専門教育機関が発達し、1903年3月の「専門学校令」の制定により、専門学校は、官立のみでなく、公立・私立のものも認められた。なお、1907年4月の「師範学校規程」等の制定により、師範学校の整備が行われた。

教育勅語と訓育

1889（明治22）年2月、大日本帝国憲法が発布され、翌年11月、第1回帝国議会が開催された。1890年2月の地方長官会議における徳育の根本方針樹立の要望を契機として、山県有朋内閣総理大臣および芳川顕正文部大臣の責任

> Column ⑧
>
> ## 学歴社会の誕生
>
> 　近年，少子化にもかかわらず都市部の私立の中学受験が盛況だ。私立で特に人気があるのは，卒業生を一般的に偏差値が高いといわれる大学に送り込む中高一貫校である。子どもを「より優秀」な大学に，と願う人々の学歴志向がうかがえる。
> 　日本の学歴社会は明治時代に始まったといわれている。身分で将来就く職業や得られる収入が決まっていた江戸時代においては，どの身分のどういう家に生まれるかが重要だった。しかし，明治時代になると身分制度は廃され，新たな基準が設けられることになった。それが学歴であった。学校制度が整備される前は人々は学力や技術や縁故で社会的地位や経済力を高め，上昇していくことになったが，明治20年代以降になると，学歴が立身出世と結びつきはじめた。そのきっかけとなったのが，1887（明治20）年に定められた試験と学歴による官僚の任用試験制度である。それまでが藩閥による縁故任用であったことを考えると画期的な変化だった。しかし，この学歴は帝国大学卒業者であるか否かが鍵となった。帝国大学とその前身校卒業の「学士」たちは無試験で高級官僚になることができた。一方で，私立の学校の卒業者は受験資格が得られるにとどまった。帝国大学の卒業であるか，私立の卒業であるかは大きな違いがあり，特に官立の学校の卒業資格が重要視された。1900年，大学は東京帝国大学（現在の東京大学）と京都帝国大学（現在の京都大学）のみであり，学生は3240人に過ぎなかった。若者たちは将来をかけて，この狭き門の入学試験に臨んだのである。
> 　明治30年代以降になると，官僚だけでなく，企業の採用にも学歴が大きな威力を発揮するようになった。新たにサラリーマンという職業階層が現れ，財閥系の企業や銀行は組織を管理し，運営できる力を持つ人材を求めた。1920（大正9）年になっても有業人口のうちサラリーマンは5.5％に過ぎなかったため，「インテリ」や「知識人」と認識されていた。また，経営者は企業の社会的威信を高め，官庁に対抗するために，積極的に学歴者の採用を進めていった。このように学歴は就職と結びつき，以降の収入や社会的地位と関わりをもったため，長い間にわたって人々の強い関心をひくことになった。

のもとに，教育勅語の起草がすすめられた。その原案は，当時の法制局長官の井上毅によって起草された。そして，枢密顧問官の元田永孚の協力のもと，幾度も修正され，勅語案が成立したといわれている。1890年10月，教育勅語が発布された。

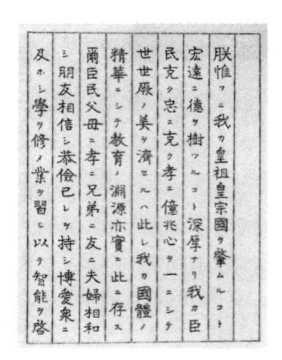

図 2-4　教育勅語
(海後宗臣『教育勅語成立史の研究』私家版，1965 年)

　教育勅語発布の翌日，芳川文相は，「勅語ノ謄本ヲ作リ普ク之ヲ全国ノ学校ニ頒ツ」こと，そして，学校の式日等において，「勅語ヲ奉読シ且意ヲ加ヘテ諄々誨告シ生徒ヲシテ夙夜ニ佩服」せしめることを指示する訓示を発した。その後，教育勅語の謄本が各学校へ下賜され，1891 年 6 月には，「小学校祝日大祭日儀式規程」が定められた。同規程により，小学校で挙行される祝日大祭日の儀式の形式が明示されたが，そのなかで，御真影に対する礼拝とともに，教育勅語の奉読および勅語に基づいて「聖意ノ依ル所」を誨告することが学校儀式の中心に据えられることとなった。

　次に示すのは，1892 年 2 月に長野県で定められた「小学校祝日大祭日儀式次第」である（長野県教育史刊行会『長野県教育史　第 11 巻』）。

第一条　紀元節　天長節　元始祭　神嘗祭及新嘗祭ノ儀式ハ左ノ次第ニ拠ルヘシ
　　但未タ　御影ヲ拝戴セサル学校ニ於テハ第四款第十款第十一款ヲ省ク
一　生徒ノ父母親戚及町村内ノ参観人着席
二　生徒一同着席
三　町村長学校職員其他参列員着席
四　学校長若クハ首席教員　陛下ノ　御影ヲ奉開ス　此間一同起立
五　一同最敬礼
　　学校長若クハ首席教員一同ニ代リ左ノ祝詞ヲ陳フ
　　　謹テ天皇陛下ノ万歳ヲ祝シ奉ル

謹テ皇后陛下ノ万歳ヲ祝シ奉ル
　六　唱歌（君ガ代）一同起立合唱ス
　七　学校長若クハ教員　勅語ヲ奉読ス　此間一同起立
　八　学校長若クハ教員小学校祝日大祭日儀式規程第一条第三款ニヨリ演説ス
　九　唱歌（第四条ニ拠ル）一同起立合唱ス
　十　一同最敬礼
　十一　学校長若クハ首席教員　陛下ノ　御影ヲ奉閉ス　此間一同起立
　十二　一同退席

　この式次第から，当時の学校儀式の重々しい雰囲気がうかがわれる。さて，こうした儀式は，子どもたちにどのような印象を与えたのであろうか。溝上泰子（元島根大学教授）は，『ほるぷ自伝選集女性の自画像20　わたしの歴史』（ほるぷ総連合，1980年）のなかで，儀式の体験を回想し，次のようにのべている。

　　……講堂は別棟ではなくて当日には二教室のしきりをとって，式場にするのです。そして，式場になった教室の奉安殿の戸をあけると，扉の内側に紫のまくがたれています。子どもたちの前の左側に，村長はじめ村会議員。右に先生がならびます。……いよいよ，まくをはらって，ご真影・明治天皇と皇后がでてきます。「一同最敬礼！」それから，校長がモーニングと白手袋に威儀を正して，荘重に登壇して，写真の横におさめてある桐箱をもち出して，式台におきます。手袋をはめたまま，紫のひもをといて，中から，巻紙をとり出して，それを拝読する姿勢に入ったとき一同，頭をさげます。
　　すると「朕惟フニ，我ガ皇祖皇宗国ヲ肇メルコト……」（ママ）と，重々しくよみつづけます。そして「明治二十三年十月三十日　御名御璽」と終るまで，一同，咳一つできないのです。時計ではかったら，五分内外のものでしょうが，とても長いのです。

　こうした学校儀式の場面においてのみでなく，修身科のような教科の授業においても教育勅語の指導は徹底して行われた。1891年11月の「小学校教則大綱」の制定により，教育勅語の趣旨徹底がはかられた。また，日露戦争後における国家主義思想の高揚にともない，教育勅語のための特別教授綱目が定められたが，愛知県海西郡校長会作成による「勅語教授要旨」（1908年）中，「一，勅語教授ヲナスニハ左ノ段階ニ依ルモノトス……ニ，同第五学年　同暗誦，大

体ノ意義　ホ，同第六学年　同暗写解釈」（愛知県教育委員会編『愛知県教育史第3巻』）と記されている。このことからわかるように，教育勅語の暗誦・暗写等が高学年の子どもたちにとって必須のものと考えられていたのである。

ヘルバルト派教授法の展開

　明治20年代には，明治10年代におけるペスタロッチ主義の開発教授法の非効率性が指摘され，ヘルバルト派の教授法が導入された。1887（明治20）年1月，ドイツからハウスクネヒトが招聘され，帝国大学文科大学で教育学の講義を行った。これを契機として，ハウスクネヒトの門下生によりヘルバルト派の教育理論が盛んに紹介された。その教育理論が日本に取り入れられたのは大日本帝国憲法をはじめあらゆる面でドイツをモデルとした時代であり，それが道徳教育を重視するものであったため，教育勅語に適合するものとして歓迎されたのである。ヘルバルト派の教育理論のうち，日本の教育界に大きな影響を及ぼしたのは，その教授論であり，とくに教授段階論であった。ヘルバルトの「教授の一般的段階（明瞭，連合，系統，方法）」はヘルバルト派のツィラー，ラインらによって5段階とされたが，日本では，予備，提示，比較，総括，応用というラインの5段教授法が流布していたのである。なお，場合によっては，予備，提示，応用の3段で完結することもあった。

　表2-1に，長野県尋常師範学校附属小学校訓導与良熊太郎の『信濃教育会雑誌』（1896～1897年）誌上に掲げられた論文中の読書科における5段教授法の例を示す（長野県教育史刊行会『長野県教育史　第4巻』）。

　5段教授法は，やがて，形式化，画一化して注入主義に陥るなどの弊害が露呈した。これに対し，明治30年代頃から，教師中心の画一的な教授法を批判し，子どもたちを学習の主体に位置づける立場からの教育方法の改革の試みがあらわれた。これがのちの大正自由教育運動へつながっていくのである。

　また，小学校教育における訓練重視の傾向のなかで，1887年頃から，国家祝祭日の儀式，心身鍛練の訓育行事としての遠足・運動会・行軍・修学旅行，のちの学芸会にあたる課外の生徒談話会・練習会等の学校行事が誕生した。

表 2-1 読書科

段階	教授内容
目的提示	題目を示す
予　備	既有知識の指摘，文字の読方・意義
提　示	素読・講義
連　結	事実の整頓・概括・格言
総　括	新出文字排列・文典抽出・文章形式 既知のものとの類似・差違点
応　用	道徳上の判断と応用，順序換えて談話 作文・文字を書く，字句の摘書・読方・意義 教師の口語を書く，思想を作文 論理的・審美的に読ませる

大正自由教育運動の高まり

　大正時代に入ってまもなく第一次世界大戦が勃発し，その頃から日本においても自由主義運動や社会主義運動が急速に発展した。当時政府は，従来からの学制改革問題の解決を目指すとともに，忠良な臣民たるに必要な国民思想の徹底をはかるため，1917年9月，内閣直属の教育諮問機関としての臨時教育会議を設置した。

　同会議の答申に基づき，1918（大正7）年3月，「市町村義務教育費国庫負担法」が公布された。同法は，従来どおり学校経費の設置者負担の原則を踏襲しつつも，義務教育費の国庫支出を従前の「補助」から「負担」に改め，義務教育に対する国の財政上の責任を明確にしたものである。

　また，同会議の答申に基づき，1918年12月，「大学令」および「高等学校令」が制定された。これにより，高等教育機関の拡充がはかられた。大学は，帝国大学のほか，官立の単科大学の設置も可能となり，公立・私立の大学も認可されることになった。高等学校も，官立のほかに，公立・私立の高等学校の設置も認められた。こうして，大学・高等学校の学生数が大幅に増加した。

　1924年4月，内閣直属の教育諮問機関である文政審議会が設置された。同審議会は，臨時教育会議の「兵式教練振作ニ関スル建議」をうけ，学校教練の実施についての答申を行った。その答申に基づいて，1925年4月，「陸軍現役将校学校配属令」が公布され，さらに翌年4月，「青年訓練所令」が制定され

た。これらの法令により，中等学校以上の男子を対象として，現役の将校の指導のもとに学校内で軍事教練が行われるようになり，それとともに，陸軍省および文部省の管理下にあり，男子の勤労青年に軍事教練を行う青年訓練所が設置された。

以上述べたような政府の側からの教育制度の改革が行われる一方，同じ時期に教師中心の画一的な教育を批判し，子どもの自発的，主体的な活動を重視する立場からの教育方法の改革運動が展開された。

この運動の萌芽は，明治末における樋口勘次郎の活動主義の主張および谷本富の自学輔導論等にみられる。しかし，この運動が本格的に展開されたのは，第一次世界大戦後においてであった。当時，国際的に民主主義・自由主義的思想が普及し，いわゆる大正デモクラシーの思潮が高揚し，それに呼応して日本の教育界において展開されたのが，大正自由教育運動であった。欧米の新教育理論に触発され，師範学校附属小学校および私立学校を中心に，その運動は広がっていった。この運動の高揚を象徴するできごととして注目されるのは，1921（大正10）年8月，大日本学術協会という出版社の主催により開催された八大教育主張講演会である。当時，この講演会に対する現場の教師の関心は高く，全国から2000名をこえる教師が集まった。

師範学校附属小学校における注目すべき実践校として，まず兵庫県明石女子師範学校附属小学校があげられる。同校では，1907（明治40）年9月に及川平治が主事として着任以降，子どもの能力不同という認識のもと，個別教授と学級教授を調和させる分団式動的教育法が試みられた。千葉県師範学校附属小学校では，1919年6月に手塚岸衛が主事として着任以来，子どもたちの「自治」および「自学」を標榜する「自由教育」の実践が行われた。また，同じ年の5月に奈良女子高等師範学校附属小学校の主事となった木下竹次のもとで，自律的な学習を生み出すべく実践的努力が重ねられた。子どもを学習の主人公とし，独自学習―相互学習―独自学習という新しい指導形態が生み出されるとともに教科の枠を取り払い，未分化な合科学習の実践が展開されたのである。

私立学校における自由教育の実践校としてまずあげねばならないのは，成城小学校である。同校は，1917年4月，沢柳政太郎によって創設された私立学

校であり，創設当初から「個性尊重の教育」,「自然と親しむ教育」,「心情の教育」,「科学的研究を基礎とする教育」を目指し，少数定員で個性的な教育が行われた。また，二重学年制や子どもの成長のプロセスとカリキュラムの関連の研究等が行われ，注目を集めた。その他，赤井米吉の明星学園（1924年5月開校），羽仁もと子の自由学園（1921年4月開校），西村伊作の文化学院（同），野口援太郎・志垣寛等を中心に創設された池袋児童の村小学校（1924年4月開校）および桜井祐男の芦屋（御影）児童の村小学校（1925年4月開校）等注目すべき学校が誕生した。

この時期，パーカーストの考案によるドルトン・プランが日本に紹介され，成城小学校，福井県師範学校附属小学校，熊本第一高等女学校等においてその実践が試みられた。また，鈴木三重吉の『赤い鳥』の運動および山本鼎の自由画教育運動に代表される芸術教育運動が高揚した。

大正自由教育運動の「最後の，そして頂点的な存在」（梅根悟）と評価される池袋児童の村小学校では，自然のなかで，「教師対生徒と云ふ観念に囚はるゝ処なく，教科目や教授時間，はては教授法などと云ふものに縛らるゝこと」のない自由な雰囲気の学校づくりが行われた（志垣寛『私立池袋児童の村小学校

図 2-5 池袋児童の村小学校の運動会（1934年）
（民間教育史料研究会編著『教育の世紀社の総合的研究』一光社，1984年）

要覧』教育の世紀社，1924年）。一人の教師が一度に70〜80人の子どもたちを教育するようないわゆる工場における大量生産方式の教育を打破し，小規模で一人一人の子どもの成長に応じた教育をすることに主眼がおかれた。

また，熊本第一高等女学校においては，1923（大正12）年4月から，全学年の生徒を対象とするドルトン・プランの実践が展開された。吉田惟孝校長の指導のもと，1・2年生は週1回1日午前中4時間，3・4年生では週2回午前中1日4時間（計，1週8時間）ドルトン式の個別学習が行われた。子どもたちは，教師作成の学習の手引（＝「指導案」）に従い，参考資料が準備された「学習室」において，自分のペースで学習を行った。なお，子どもたちは，学習に入る前に，4週間単位でつくられる「指導案」をもとに各自4週間分の計画をたてていた（吉良侯『大正自由教育とドルトン・プラン』福村出版，1985年）。

大正デモクラシーの思潮の退潮に呼応して，大正自由教育運動は，行政権力の抑圧を受けたり，運動に内在する矛盾等が原因となり，1930年代に入ると衰退していった。

なお，大正期における学校行事は，大正自由教育運動を背景として，従来の学校行事と比べて大きく変化した。学芸的・体育的行事としては，自由画展覧会，劇のある学芸会，お伽会，唱歌会，陸上競技大会等が生まれた。また，学校行事の運営が子どもの自治活動の一環として位置づけられ，子どもが行事の運営に積極的に参加することが奨励される場合もあった。

参考文献
稲垣忠彦『明治教授理論史研究―公教育教授定型の形成―』評論社，1966年。
海老原治善『現代日本教育実践史』明治図書，1975年。
国立教育研究所編『日本近代教育百年史　第4巻　学校教育2』，『同第5巻　学校教育3』財団法人教育研究振興会，1974年。
佐藤秀夫『学校ことはじめ事典』小学館，1987年。
佐藤秀夫『教育の文化史1　学校の構造』，『同2　学校の文化』，『同3　史実の検証』，『同4　現代の視座』阿吽社，2004〜2005年。
中野光『大正自由教育の研究』黎明書房，1968年。
中野光『大正デモクラシーと教育―1920年代の教育―』改訂増補，新評論，1990年。

3　資本主義と子どもの生活・文化

資本主義と子どもの労働

　　工場づとめは監獄づとめ　金のくさりがないばかり
　　籠の鳥より監獄よりも　製糸(きかい)づとめはなおつらい

　　　　　　　　　　　　　　　　　（山本茂実『あゝ野麦峠』角川文庫）

　これは，資本主義の成立・展開期において製糸や紡績などの繊維工場で雇用されていた「女工」と呼ばれた若い女性労働者たちがその心情の一端を吐露した「糸ひき唄」の一部である。

　日本の資本主義は，都市においては労働力を商品として資本家に売ることにより生活費を得る他はない労働者を創り出しつつ，一方農村においては〈地主―小作人〉の半封建的な関係を温存し，それに依存しながら発展した。大多数の小作農は，高率の現物小作料を支払わねばならず，農業だけでは生計を維持することができなかった。それゆえ，小作人の子どもたちのなかには学校に通うこともできずに，低賃金の労働力として工場で働かされたり，さまざまな奉公に出されたりしたものもあった。

　重化学工業が未発達であった19世紀の終わりから20世紀の初め，日本の資本主義をささえたのは軽工業，とりわけ製糸や紡績などの繊維工業であり，そこでおもに雇用されたのが農家から家計の補助と「口減らし」のために送り出された女工たちであった。例えば，1902（明治35）年において全職工49万8891人のうち約54％にあたる26万9156人が繊維工業に集中しており，そのうちおよそ88％にあたる23万6457人が女性だった（『農商務統計表』）。

　彼女たちの多くは，1日12時間以上の長時間労働や夜勤，せまく不衛生な寄宿舎住まいを強制され，外出さえも厳しく制限された。「監獄よりも」「なおつらい」というのは決して誇張ではなかった。このような労働と生活が彼女たちの健康を蝕んだ。「工場へ行ったがため，やった故に，村にはかつてなかった怖るべき病い――肺結核を持って村娘は戻った。娘はどうしたのか知らんと案じているところへ，さながら幽霊のように蒼白くかつ痩せ衰えてヒョッコリ

立ち帰って来る。彼女が出発する時には顔色も赧らかな健康そうな娘だったが，僅か三年の間に見る影もなく変り果てた。それでもまだ，ともかく生命を携えて再び帰郷する日のあったのはいいが，なかには全く一個の小包郵便となって戻るのさえあった」という（細井和喜蔵『女工哀史』岩波文庫）。

さらに学齢児童による工場での労働全般について各年度『農商務統計表』によってみるならば，1900年代のはじめにおいて全職工のうちほぼ8％が14歳未満の学齢児童であった（以下表2-2参照）。絶対数では先にみた繊維工場で働く子どもがもっとも多かったが，子どもの占める比率ではマッチ工場やガラス工場を中心とした化学工場がもっとも高かった。マッチ工場では危険な薬品が扱われるが，「之ヲ取扱ハシムルモノハ壮年男工ニ限ラス往々婦女幼少年工ヲシテ之ニ当ラシムルコトアリ……薬剤調合室頭薬室横附室ノ如キハ衛生上注意ヲ要スル処ナルモ之ニ欠ケル処多シ例ヘハ有毒性ノ物質ヲ取扱フ職工ニ対シテ手洗場及食堂ノ設ナキカ如キ之ナリ」（農商務省商工局『職工事情』）という報告にみられるように，ここでも子どもたちは危険な状況にさらされていた。

このようななか，就労する子どものための教育機関を設ける工場もあった。大阪私立教育会が府下の50人以上を雇用する工場を対象に行った調査によれば，工場内の教場において読書・作文・算術・習字・裁縫・修身などが2時間程度行われる工場もあったと報告されている（横山源之助『日本の下層社会』岩波文庫）。また，長野県では1914年から「製糸工場特別教授」という，後述する「工場法」のもとでの「工場内特別教育」につながる措置が実施されていたという（花井信『製糸女工の教育史』大月書店，1999年）。今のところ工場内教育の「成果」への評価は分かれているが，いずれにしても，十分な食生活に支えられていない子どもが長時間労働の前ないし後に学業に取り組むのにはかなりの困難が伴ったであろうことは容易に想像できよう。

このような子どもたちの工場での労働をめぐる厳しい状況を改善するために1911年になってようやく年少者などの雇用を制限する「工場法」が成立した。しかし，この法律も施行が1916年まで延ばされたうえ，実際にはいくつもの抜け道が用意され，ただちに効果をあげるというわけにはいかなかった。たしかに12歳未満の児童の就業，15歳未満のものおよび女性の12時間以上の労

表 2-2　14歳未満の工場別職工数と比率

年	職　工	繊維工場	機械工場	化学工場	飲食物工場	その他	合　計
1903年 (明治36年)	14歳未満(a) 全　体(b) (a)/(b)×100	24,197 270,974 (9%)	966 34,223 (3%)	6,593 49,988 (13%)	2,226 35,920 (6%)	6,978 92,734 (8%)	40,960 483,839 (8%)
1905年 (明治38年)	14歳未満(a) 全　体(b) (a)/(b)×100	26,178 302,723 (9%)	1,536 49,863 (3%)	7,230 55,430 (13%)	3,614 51,497 (7%)	9,892 128,338 (8%)	48,450 587,851 (8%)
1907年 (明治40年)	14歳未満(a) 全　体(b) (a)/(b)×100	36,622 354,667 (10%)	2,463 62,045 (4%)	7,045 65,415 (11%)	2,148 48,192 (4%)	9,316 112,973 (8%)	57,594 643,292 (9%)

(各年度『農商務統計表』による)

働と深夜業を原則的に禁止したことにはそれなりの意味があった。しかし，学齢児童も「工場主ニ於テ尋常小学校ノ教科ヲ授クル施設ヲナス」などすれば雇用できたし（「工場法施行令」第26条），なにより最大の問題は「常時十五人以上ノ職工ヲ使用スル」工場などにおいてしか適用されないという点にあった（「工場法」第1条）。つまり，「工場法」は常時15人以上雇うことのできないような零細な工場には適用されなかったのである。したがって，「工場法」によって大中の工場を締め出された子どもたちはそれらの零細な工場に流れ込んでいった。児童労働が解消されるまでにはまだ時間が必要であった。

　一方，身分制社会において町人階級の子どもたちが家業をつぐための修業という意味をもっていた丁稚・徒弟奉公も，依然としてひろくなされていた。1889年に大阪府三島郡芥川村で生まれた中道大治郎は，次のように丁稚奉公の思い出を述べている。

　　これは，もう月給も何もありまへん。ええ，仕着っていうんです。つまり，正月と七月の夏祭りに着物をもらう。……それにちょっとおこづかいをくれまんネ。ええ，五十銭くらい。そのかわり，十年なり十五年なり勤めて年がいくと，家もたして，嫁さんもろて，商売さしますという契約で，それ別家というやつですが，それを楽しみに月給も何ももらわんと働くんです。……丁稚に行くときはね，大阪に口入れ屋てのがありますネン。今の職業紹介所。……しくじって故郷へ帰る

ということにゃ，もう恥辱でしやないんでんな，面目のうて……そやさかい，最初行った所でどうしても辛抱せんならんことになってた。わたしらでも，そらなんぼ泣いたことあるかわかりまへんワ。

(藤本浩之輔『聞き書き 明治の子ども 遊びと暮らし』本邦書籍，1986年)

ここにも語られているように，奉公には一人前の職業人に育てあげるという人間形成の役割や，女中奉公の場合には行儀見習いなどの教育的意味が期待されることもあった。しかし，月給も支払われないようなところに出されることからもわかるとおり，子どもが多く貧しい家庭にとっては，奉公は「口減らし」の手段であったというのがその本質であったとみるべきであろう。

子どもの生活と遊び

生活の基本となるものはいうまでもなく健康である。そこで，『内務省統計報告』が掲げる子どもの死亡数と死因を年齢別にまとめたものが表2-3である。これによれば，1886（明治19）年には1歳から3歳までの子どもが1年間に17万人あまり死亡していることがわかる。これはその年の全死亡者の20％を占めている。それが20年後の1906年には減少するのではなく，反対におよそ30万人にまで増加し，全体に占める比率も31％と高くなっている。1886年と1906年を通じて1歳から3歳までの死因の多くを占めていたのは発育・栄養上の病気であった。明治維新後，西洋医学がとり入れられ，天然痘予防のための種痘が組織的に実施されるようになったにもかかわらず，子どものための医学は立ち遅れ，このように乳幼児の健康は脅かされ続けていたのである。

さらに表2-3において特徴的なことは，16歳から20歳までの青年の死亡数も20年間で1万人近く増加しており，1906年における青年の死亡数の40％を結核などの呼吸器病が占めていることである。呼吸器病は，4歳から15歳においても死因の第1位を占めていることとあわせて，19世紀の終わりごろから急激に重大な問題になってきたことがわかる。この背景の1つには，先に述べたような資本主義の急速な発達にともなって増加した女工など，働く子どもや青年の苛酷な労働条件があった。

これまでみてきたように資本主義の発展は子どもにとって厳しいものであっ

た。しかし、その厳しい状況のなかでも子どもは、さまざまな機会をとらえて発達していく。学校に通うことのできた子どもたちにとっては学校が生活の中心となったが、子どもは学校だけで人間形成されるのではない。毎日通学することのできたものを含めたすべての子どもたちにとって学校外での生活はその人間形成に大きな意味をもっていた。

当時、多くの子どもたちは、家庭においてはひとりの働き手としての役割が与えられていた。農作業や家事の手伝い、子守などが任されていた。「家事の手伝いは、子供にとって辛いだけのものではなかった。子供の生活のリズムであり、季節の移り変わりを鋭敏に感じさせる、重要な契機の一つであった」（古島敏雄『子供たちの大正時代―田舎町の生活誌―』平凡社、1982年）といわれるほどに手伝いはつねに子どもにとって生活のなかの大切な位置をしめていた。

手伝いと並んで大きな意味をもっていたのが遊びであった。自然に囲まれた子どもたちは山や川などを一番の遊び場とした。先にも引用した中道大治郎は少年時代の遊びを次のように懐かしげにふりかえる。「例のジャコ（フナやドジョウのこと）とりにもよう行きましたね。…小さい川でしたら、両方をせいて（堰をこしらえて）しまうんです。魚が逃げんようにしておいて、中の水を

表 2-3　死因別死亡者年齢

(人)

年	年　齢	伝染性病	発育栄養的病	神経系五官病	呼吸器病	消化器病	その他	合　計
1886 (明治19)	1～3歳 (%)	19,020 (11)	36,872 (22)	44,595 (26)	22,688 (13)	31,570 (18)	16,423 (10)	171,168
	4～15 (%)	25,410 (26)	9,692 (10)	20,116 (20)	11,462 (12)	23,033 (23)	9,587 (9)	99,300
	16～20 (%)	8,369 (33)	1,669 (7)	3,043 (12)	4,426 (17)	4,236 (17)	3,744 (14)	25,487
1906 (明治39)	1～3歳 (%)	16,117 (5)	75,247 (25)	60,971 (20)	70,565 (24)	37,277 (12)	38,977 (14)	299,154
	4～15 (%)	6,271 (7)	4,586 (5)	21,970 (24)	31,693 (34)	21,575 (23)	6,298 (7)	92,393
	16～20 (%)	2,838 (8)	892 (3)	4,293 (12)	14,047 (40)	6,668 (19)	6,519 (18)	35,257

(『内務省統計報告』による)

バケツや手桶でかい出しますネン。…その時分は，農薬ちゅうのはなかったし，水もきれいですからねえ，ぎょうさんおりました。とったものは持って帰って，フナやモロコは大豆といっしょに炊きますネン」(前掲『聞き書き　明治の子ども　遊びと暮らし』)。遊びの道具も自然のものが利用された。竹で鉄砲や竹馬が作られ，巻貝は中にろうを溶かし込んでコマ（バイと呼ばれた）にした。女の子たちは小石や小豆を使ってお手玉（関西では「おじゃみ」とも呼ぶ）を作って遊んだ。

　都会では駄菓子屋や玩具屋で遊び道具を買うことができた。「ブリキ細工もろくろく見られぬ明治中期の玩具類，多くは江戸風俗の名残りを止めた，罪のない品物ばかり。……なかんずく欲しがったのは厚いかね胴の独楽，もちろんあぶない代物だから，ねだっても買ってはくれず，薄い奴では幅が利かず，子供心にやきもきした。その代りに，鉄の輪回しや剣玉は流行と同時にさっそくお仲間いり，剣の方へ玉を載せるのはちょっと手練を要するので，通学の途中にも歩きながら一心不乱，だが，これらの流行も束の間，そのうち石蹴りやまり投げに移って，追い追い新式の遊戯に逐われ，以上の玩具もすべてブリキやゴム，セルロイドの製品といれ代った」(山本笑月『明治世相百話』中公文庫)。時代とともに遊び道具にも新しい工業製品が入りこんでくるのである。

図 2-6　戦争ごっこをする日本の学童たち（写生画）
（ビゴー『イリュストラシオン』1904 年 2 月 20 号）

このように時代の状況は玩具に反映されたが，同時に遊びにも影響をあたえた。戦争が起こると子どもたちの遊びも殺伐としたものとなった。戦争ゴッコ（＝擬戦）がそれである。愛知県では日清戦争の子どもに与えた影響が調査されたが，そこでは木の棒を刀とし，竹竿を銃に見立てて戦争ゴッコに興じる子どものようすが報告されている。また日露戦争下においても「今や全国到る処，児童相集まれば，盛んに日露両軍の擬戦を為しつゝあり」という状況で，時にはロシア兵役の子どもが誤って殺されるということもあった（『教育時論』第682号，1904年3月）。

　一方，青年たちはどのような生活をおくっていたのであろうか。一部の恵まれたものたちは，小学校を卒業後，中等・高等の教育を受けることができたが，大多数の青年たちは，先にみたように奉公に出されたり，工場で働かされたりしたほか，それぞれの地域にとどまり家業を手伝うことになった。彼らの学習意欲を吸収したのは，実業補習学校と青年会などによる夜学会であった。実業補習学校は，1893（明治26）年の「実業補習学校規程」の公布を契機として各地につくられ，小学校教育の補習と簡易な実業教育を授けたが，彼ら勤労青年の中等教育の「安価な代用品」としての役割をはたすこととなった。

　もともと農村の青年たちは，若者組や娘組などの地域の自主的・自治的な集団に属し，生活のしきたりや道徳，村行事の技術などを学んでいた。若者組は，1890年ころから「小学校教育の障害物」と批判されるようになり，やがて広島県で雇教員をしていた山本滝之助を中心とした青年会運動により青年会として編成されていく。青年会は，夜学会を主要な行事とし，「青年会は夜学会なり」といわれるほどであった。例えば兵庫県では1911年において実業補習学校が64校設置されていたのに対し，青年会による夜学会は2200にも達していたという（桑村寛『近代の教育と夜学校』明石書店，1983年）。このような青年会による活動は，日露戦争直後から国家によって注目されるところとなり，官製の青年団組織として再編成されていった。青年団は，県や郡から活動の目的や内容が与えられ，また小学校の校長や町村長を指導者とすることによって国家の支配体系の末端に組み込まれ，国家の体制を下から支えていくことになった。

子どもの雑誌・読み物の誕生とその展開

　資本主義の発展は，一方では貧困層の子どもや若者の労働に支えられつつ，他方で新しい文化を提供した。1890（明治23）年前後から企業が勃興しはじめ，子どものための文化も商品としてこれまでになく大量に供給されるようになってきた。また，後には1910年から1920年代にかけて伝統的な多産多死から少産少死への産育形態の転換に伴い（図2-7），「二度と同じこの子はえられないという固有名詞をもった子どもへの親の愛の心性」を具体化した文化――子ども専用の服や絵本など――が誕生してくる。これらの新しい文化の積極的な消費者となったのは，ホワイトカラーのサラリーマンや弁護士，大学教授に代表される専門職など都市部で形成されつつあった新中間層の家庭であった（中内敏夫「『新学校』の社会史」『叢書・産育と教育の社会史5　国家の教師　民衆の教師』新評論，1983年）。

　子どものための雑誌や書籍が登場したのは企業勃興の時期であった。当時の著名な雑誌としては，徳富蘇峰の『国民之友』（1887年創刊）や山県悌三郎による『少年園』（1888年創刊）があった。いずれもまだ本格的な企業の経営によるものではなかったが，前者は創刊の翌年には毎号平均約1万2000冊が発行されたとされ，後者も小学校の卒業者以上を読者とし創刊号は1万2000冊印刷されたといわれる。これらの雑誌は当時の子どもや青年に大きな影響を及

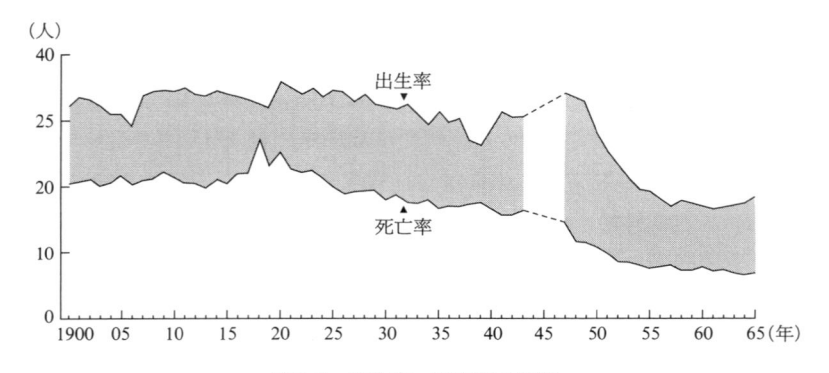

図2-7　出生率・死亡率の推移
出生率，死亡率ともに人口1000人あたりの数。
（『叢書・産育と教育の社会史5　国家の教師　民衆の教師』新評論，1983年）

ぼした。とりわけ,「平民主義」を掲げ,当時を新日本の「建設的の時代」と捉えて「天保の老人」にかわる「明治の青年」への期待を表明した『国民之友』は,青年会などを通じて全国の青年に強いインパクトを与えた。

このような雑誌の誕生につづいて子どものための読み物も生まれた。1つは教育界から,もう1つは娯楽の要素をもった大衆文学の世界から誕生した。前者は,大日本教育会による「少年書類」の懸賞募集に入選し1890年に刊行された『少年之玉』という,愛知県の教員三輪弘忠の作品である。これは,虎吉と国吉という2人の少年を主人公にした立身出世の物語であったが,修身訓話的内容で当時の教育界からの要請という面をつよく反映していた。

一方後者は,尾崎紅葉らの硯友社の同人であった巌谷小波の筆によって新興の出版企業博文館から叢書『少年文学』の第1冊として1891年に出版された『こがね丸』である。これは,金眸という大虎に父親を殺された黄金丸という犬の仇討ちの物語であった。書き出しが「むかし或る深山の奥に,一匹の虎住みけり。幾星霜をや経たりけん……」となっていることからもわかるとおり,言文一致体ではなく文語体で子どもにとっては決して読みやすいものではなかった。さらに「妾」の牝鹿が登場することもあって,モラルの面から子どもの読み物として適切な内容かどうか疑問が出されたりもした。しかし,このような難点にもかかわらず,『こがね丸』は初めての本格的な子どものための読み物として世間に受け入れられ,これを契機に作者の小波はおとぎ噺作家として長く活躍していく。

『こがね丸』の好評に力をえた博文館は,教育の普及と印刷技術の進歩,購買層の出現といった諸条件の成立を背景に,子どもを対象とした商品としての文化に注目し,これ以後子どもたちを読者とした出版にいっそう力を入れていく。なかでも小波を主筆にむかえて1895年に発刊された雑誌『少年世界』は多くの子どもたちの心をとらえた。社会主義者の荒畑寒村は,「日清戦役の初期に東京の博文館から『少年世界』が発行され,私は毎月,地球の左右に陸軍士官と海軍士官の軍服を着た二少年が日章旗と軍艦旗をひるがえしている表紙画の雑誌が,絵双紙屋の店頭に出るのを一日千秋の思いで待つようになった」と子どものころの思い出を語っている（荒畑寒村『寒村自伝』岩波文庫）。

> **Column ⑨**
>
> ## 近代家族の登場と子育て
>
> 　1974（昭和49）年に生まれてくる子どもの数が減少しはじめてから，日本における少子化傾向は回復をみせない。2005 年度の合計特殊出生率は 1.31 と数年ぶりに上昇したが，一時的なもので楽観はできないという見方が強い。2005 年から取り組まれている「子ども・子育て応援プラン」には「大企業のうち男性社員による育児休業の取得実績がある企業を 2 割以上に」という目標が示されている。父親の育児参加によって，少子化傾向に歯止めをかけることが期待されているのだが，裏を返してみれば，子育ての比重が母親にかかりすぎていることを示唆している。ところで，この「育児を担う母親」像はいつごろ登場したのだろうか。
>
> 　江戸時代において，子どもは注意深く養育されていた。ここで注意しておかなければならないのは，子どもの養育主体は父親であったという点である。武士や村役人などでは，父親が子どもにしつけをして，学問の手ほどきをしていた。子どもが将来「家」をつぐ大切な後継ぎである以上，当主である父親が責任をもって育てるのは当然のなりゆきであった。女性は妻や嫁としての自覚は求められたが，母親の役割は期待されていなかった。しかし，一般的な百姓などの家では男性女性ともに家事育児を行っていた。男性から女性に育児の主体が移ってくるのは明治時代である。
>
> 　明治時代になると，女性は家庭を守り，男性は外で仕事をするという近代家族が誕生し，子育ての主体は女性が担うものとする考えが形成されてきた。その背景に，企業に勤めるサラリーマンなど近代特有の職業がうまれ，その職に就いたのが男性であったことがあげられる。仕事も家事も育児も分担していた夫婦は，仕事と家事・育児に分業することになった。1890 年代から 1900 年代には母親や母親になる女性たちを対象にした教養誌が創刊された。そこに描かれた母親像について沢山美果子は「母親は子どもには『子ども』欄の童話を読んでやり，『簡易料理』『今昔いろは料理』をみながら自ら調理する。また『幼児の改良服』『伝染病』『掃除』の記事を読み，子どもの衣類，健康，衛生万般に気を配り，著名女史の『史伝』を読んで，その生き方を範とする」ものであったという（沢山美果子「近代的母親像の形成についての一考察——一八九〇〜一九〇〇年代における育児論の展開—」『歴史評論』443，1987 年）。明治時代は今に通じる性別役割分業という意識が家族に浸透しはじめた時代だった。

　雑誌『少年世界』の成功は，子ども向け雑誌の多様化をもたらした。1900 年には『幼年世界』が年代別雑誌として創刊され，さらに 1902 年には最初の

性別雑誌として『少年界』と『少女界』が誕生した。これらの雑誌は、子どもたちに創作や翻訳、翻案などのさまざまな読み物を提供した。しかし、少年雑誌の隆盛は、必ずしもその質的発展を意味しなかった。いくつかの雑誌は、営利主義に走り、暴力や人種差別をあおる低俗な読み物によって読者をひきつけようとしていた。例えば押川春浪の「海底軍艦」「武俠艦隊」などの刺激的な読み物は子どもたちを魅了し、同時に日本帝国主義の対外侵略を正当化して若い読者にひろめるという役割をはたした。

　1910年代になるとこのような通俗的児童文学の低俗性を批判して新しい児童文学を提供しようという動きがあらわれた。その旗手となったのが芸術教育運動の担い手の一人でもあった鈴木三重吉を主宰者とする雑誌『赤い鳥』であった。三重吉は、「『赤い鳥』の標語(モットー)」のなかで自らの運動を「世俗的な下卑た子供の読物を排除して子供の純性を保全開発するため」の「一大区劃的運動」と位置付け、質のたかい童話や童謡を提供した。また『おとぎばなし集 赤い船』を著した小川未明も文学性のたかい作品を生み出していく。

　彼らの児童文学（童話・童謡）に対する取り組みの姿勢や創作の方法は一般に「童心主義」といわれる。童心主義は、一方で低俗的な児童文学を批判しその芸術性をたかめるという面をもった。しかし、他方で他方において子どもの心の特殊性を絶対化し、それゆえ抽象的な子どもを想定することとなり、また当時の子どもの文化が基本的に中産階級以上の家庭の子どもを対象としていたという限界ともあいまって、戦争が近づくにつれいっそう厳しさを増していった多くの子どもをめぐる時代状況から児童文学者たちの目をそむけさせることにもなった。

参考文献
小川太郎『日本の子ども』新評論，1960年。
「産育と教育の社会史」編集委員会編『叢書・産育と教育の社会史 5　国家の教師　民衆の教師』新評論，1983年。
菅忠道『菅忠道著作集 1　日本の児童文学』あゆみ出版，1983年。
鳥越信『近代日本児童文学史研究』おうふう，1994年。
仲新編『日本子どもの歴史 5　富国強兵下の子ども』第一法規出版，1977年。
花井信『製糸女工の教育史』大月書店，1999年。

藤本浩之輔『聞き書き　明治の子ども　遊びと暮らし』本邦書籍，1986年。

4　戦時下の子どもの生活と教育

恐慌から戦争へ

　1929（昭和4）年に始まった世界恐慌の影響は，その翌年の春以降に日本にも波及し（昭和恐慌），生糸から綿糸，鉄鋼，農産物といったあらゆる産業分野を急襲した。そのため都市では賃金の不払いなどがなされ，失業者が町にあふれた。また，米や繭に代表される農産物の価格が大暴落し，労働者や農民の生活は窮乏のどん底に落とされた。このことは，欠食児童や中途退学して働きにでる子どもの急増を招いた。「キャベツは50個でやっと敷島（タバコ）一つ」といわれるほど農村の窮乏状態は深刻であり，特に東北地方を中心として，娼妓や女中に「身売り」を余儀なくされる子どもが続出した。

　1931年9月の「満州事変」，1937年7月からの日中戦争以降，日本は対外戦争による植民地開拓を目指すことによって，昭和恐慌にみられるような国内の経済的・政治的危機を乗り切ろうとする道を進んだ。中国の東北部である「満州」を植民地にすることは都市失業者や窮乏農民の移住を可能とし，恐慌を克服して生活の安定をもたらすことができると宣伝して，軍部は国民の合意を得ようとした。1941年12月に始まり

図 2-8　飢饉に襲われた岩手県青笹村小水門部落の子どもたち

（小西四郎・林茂編『中公バックス日本の歴史別巻4　図録維新から現代』中央公論社，1967年）

1945年8月に敗戦を迎える太平洋戦争期まで、この戦争の道は続いたのである。

昭和恐慌を契機にして、賃下げや解雇、土地取り上げに反対する労働者や農民による労働争議・小作争議が頻発した。それは、生活苦からの解放を願い、自らの生活を守ろうとする運動であった。そのような国民の動きに対しては、彼らの不満の爆発を抑え、さらに彼らを戦争に駆り立てようとする政策が実施された。1928年の「治安維持法」の強化に始まり、日中戦争期の国民精神総動員運動に至る一連の国民の弾圧・教化政策がそれである。この動きのなかで国民の生活改善要求は抑えられ、戦争遂行という目的に動員されていったのである。

しかし、対外膨張に活路を求めるという政策は、生活苦にあえいだ日本の国民を根底から救う道ではなかった。逆に、戦争の長期化による軍事費の増大は国民の生活をさらに圧迫し続けた。戦争の道は国内の疲弊と他諸国からの反発を招き、戦局の悪化とともに日本の戦時国家体制は崩壊を迎えることになる。当時の子どもたちは、このような社会情勢のなかで自己形成を遂げていったのであった。

恐慌下の生活と生活綴方運動・新興教育運動

昭和恐慌の影響のもと、厳しい生活条件のなかで生きる子どもたちに、家族、友人、地域の動きなどをリアルに見つめさせ、綴らせることを通して、たくましく生き抜く力を培わせることを目指す教育運動が展開された。生活綴方運動がそれである。1929（昭和4）年10月にこの運動の先駆としての意味をもつ雑誌『綴方生活』が創刊された。翌年2月、秋田の北方教育社の人たちが雑誌『北方教育』を創刊し、北方性綴方運動を展開した。綴方教師たちをつき動かしたものは、農村恐慌に苦しむ欠食児童や廉価な労働力として働かされた長欠児童のぎりぎりの生活現実であった。『北方教育』の第10号（1933年1月）には「社会現実の生きた問題、子供たちの生活事実、それを凝視し、観察し、真に生活に則した原則を樹立することは生活教育の理想であり、又方法ではなかろうか」とあり、地域の生活に生きる子ども一人一人を生かす生活教育

の探求が行われたのである。

以下にあげるのは，東北の綴方教師・国分一太郎がまとめた文集「もんぺの歌」に載せられた，貧しい農村に生きる1928年頃の尋常小学3年生の綴り方である。

　　　　　僕の夜しごと　　　　　　　　　　　　　　三年　阿部平蔵

僕の夜しごと，／いつも同じ／そのしごと，ふしきりだ。／ランプを母のそばにおいて，／くらくてされない。／外の方では内務省がかえる。／その時僕らはふしきりだ。／そのふしきりおわったらば，／あげものあげてくれるとよいなあ。／いろりの中に／ねっこをくべて，／とうとうともやす。／それはけむたいよ。／父のみぬあみ，／もう少しですむのだ。／早いみぬあみ，／僕はそれにまけないでいそぐ。／そしたら手がへる。／いたくてされない。／十ぱきったらよいのだ。／早くしまうとよいなあ。　　　（山形県北村山郡長瀞校。百田宗治・滑川道夫・吉田瑞穂編『生活綴方代表作品　ぼくの夜しごと』金子書房，1953年）

書くことを通して生活に対するリアルな認識を育てるという生活綴方運動の目的は，当時の社会や国家の矛盾に子どもの目を向けさせることにつながる。それを恐れた治安当局によって，生活綴方運動は1940（昭和15）年頃から弾圧され衰退に追い込まれた。

図2-9　防空壕掘り
（朝日新聞社編『日本百年写真館Ⅰ』朝日新聞社，1985年）

戦争の道をつき進む国家政策にとって危険な教育運動に対する弾圧は，生活綴方運動に向けられただけではなかった。国内外の先進的な労働運動・農民運動とプロレタリア文化運動の影響のもとに展開された新興教育運動にも弾圧が加えられていた。この運動は，資本主義社会のなかで弱い立場ゆえに抑圧された賃金労働者であるプロレタリア階級の子どもの生存権と教育権を擁護し，戦争遂行という国家目的や国家主義的教育政策・制度を直接的に批判する活動を行った。1930年11月に非合法な組織として日本教育労働者組合が結成された。また，同年8月には合法的な宣伝機関として新興教育研究所（所長，山下徳治）が設立されており，運動の高揚が図られていた。しかし，1934年頃にはこの運動は崩壊させられてしまったのである。

戦時教育体制の進行—国民学校の成立—

　日中戦争が始まった年である1937（昭和12）年の8月からは国民精神総動員運動が展開され，精神面での軍部への全面的な協力が国民に求められた。そして，その翌年4月には「国家総動員法」が公布された。日中戦争遂行に際して国民を戦争のための「人的資源」と捉え，それと資金や物資，設備などの「物的資源」との両面において国家が統制し，「挙国一致」体制に全面的に組み込むというのがその内容であった。

　このような情勢のなかで，1937年12月には内閣直属の諮問機関として教育審議会が設置されている。同審議会は教育の根本理念を「皇国ノ道」におき，皇国民の「錬成」を教育の目的とした。「錬成」とは，子どもたちを「総力戦体制に順応する皇国民（天皇の臣民）に教化すること」を意味した。こうした動向のなかで，子どもたちは，年少とはいえ皇国民の一員として戦時国家体制の一翼を担う存在であるという意味で「少国民」と呼ばれた。

　同審議会の答申に基づいて1941年3月には「国民学校令」が公布された。その第1条に「皇国ノ道ニ則リテ初等普通教育ヲ施シ国民ノ基礎的錬成ヲ為スヲ以テ目的トス」とあるように，ここでも「錬成」が目的とされた。国民学校は初等科6年，高等科2年からなり，その教科編制は国民科，理数科，体錬科，芸能科，実業科（高等科のみ）の5種類の教科で構成されていた。国民科

では，修身・国語・国史・地理の学習を通じて，天皇賛美の精神が教え込まれた。また体錬科は単なる体力増進が目的ではなく，「天皇のために身をささげるための」精神修養が企図された。そして，武道や「正常歩」の訓練などが，多くの場合体罰を伴ってなされた。

天皇を賛美する精神を植えつけ日中戦争を「聖戦」と信じ込ませるために，以前から行われていた教育勅語の「奉読」や「君が代」斉唱，「御真影」（天皇・皇后の写真）への最敬礼などといった儀式も学校行事などを通して積極的に活用された。また，1937年の暮に内閣情報部が「国民愛唱歌」として公募・制定した「愛国行進曲」などの唱歌を子どもたちに歌わせ，「愛国心」を鼓舞しようとした。

一方，学校教育の外では，1932年の「肉弾三勇士」の戦死美談のように，子ども向けの軍国美談や忠君愛国を鼓吹する物語が作られ，子どもの戦意高揚に用いられた。1930年前後から大衆文学作家の連載小説，田河水泡「のらくろ」（1931年）や島田啓三「冒険ダン吉」（1933年）といった連載マンガにより人気を博した『少年倶楽部』（1914年創刊）では，戦争や軍隊に関する記事，作品が多く掲載されるようになっていた。また，与田準一作・武井武雄画「愛国コドモカルタ」（1940年），日本少国民文化協会編「愛国いろはかるた」（1943年）なども市販されている。

このように教科・学校行事だけでなく，歌や美談などを含めた子ども文化全般にいたる領域で，天皇賛美の精神，さらに日中戦争を美化する内容が子どもたちに吹き込まれた。つまり，日中戦争は中国大陸の植民地化を企図した侵略戦争ではなく，「東洋平和」「東亜新秩序建設」のための「聖戦」であると子どもたちは教えられたのである。

勤労青年の教育に目を転ずると，1935（昭和10）年4月公布の「青年学校令」に基づいて，初等教育の補習と簡易な職業教育を目的とした実業補習学校（1893年成立）と軍事教育を主なる目的とした青年訓練所（1926年成立）が統一され，青年学校が設置された。この学校は，尋常小学校卒業者を対象とした普通科（2年），普通科修了もしくは高等小学校卒業者を対象とした本科（男子5年・女子3年），本科卒業者に1年以上修業させることとした研究科，そして

特に年限の定められていない専修科からなっていた。青年学校では軍事教育が重点的になされ，1939年4月からは12〜19歳の男子に対し義務制となった。この体制による勤労青年の教育は，1947年の新学制発足まで継続した。このように青年も戦時体制にしっかりと組み込まれることになったのである。

戦時教育体制下の子どもの生活

1910年代から1920年代にかけて，日本は数世紀ぶりの出生率，死亡率などの人口動態変動の始発点を迎えていた。それまでの国是でもあった伝統的な多産主義にかわり，都市では「少ない子を大切に育てる」という少産少死型の家族計画を有する「新中間層」と呼ばれる階層が生まれていた。農村社会の地縁・血縁による共同体から切り離された都市生活者である新中間層は，共同体の存続を前提にした家父長制家族から離れ，独立した親子関係を作りあげようとしたのである。新中間層の間では避妊を奨励する「産児制限（調節）」の思想が広がった。そして，『愛児を優等生にするには』（1931年）といった家庭教育書がよく読まれ，学歴志向の高まりとともに子どもの個性や能力に親たちの関心が強く向けられるようになった。

昭和恐慌下では失業・貧困家庭において多産の負担は大きく，一時期，国民衛生の向上や食糧不足問題の解決策として産児制限（調節）による人口抑制が世間で盛んに論じられた。しかし，日中戦争以降，対外膨張政策による植民地移民の方針が確定されるにおよんで，政府は産児制限（調節）の動きに対する弾圧を強め，戦争遂行のための「人的資源」確保を目指して，それまで以上に「産メヨ増ヤセヨ」をスローガンとする多産奨励政策を推進したのである。

とはいえ，多産による人口増加が図られても，その人口を維持するだけの経済力は日本の戦時体制にはなかった。この時期の国民は，慢性化していた不況と戦時物資動員のために，次第に耐乏生活を強いられるようになっていった。

子どもたちの「社交場」として，東京の下町で駄菓子屋が一番にぎわったのは1920年代から1930年代にかけてであった。失業者が飴や菓子を行商しながら，おまけにみせる紙芝居もこの時期に登場し人気を集めた。「黄金バット」はその初期の人気シリーズである。こうした子どもの生活場面を彩る風俗も，

時局の深刻化のなかで，食糧品の配給制や失業者の兵隊・軍需工場への徴用により衰退していった。また，ボートや自動車，ままごと道具，戦車や軍艦などのブリキ玩具は1938年の国内向け金属玩具の製造禁止を境に姿を消し，金属を木などにかえた代用玩具が出回っていた。

生活の根幹にかかわる食糧確保については，この時期最も深刻な問題であった。全国的な大凶作となった1934年の11月の内務省による全国常食調査では，米を常食としない村が182村に達するという結果が報告されている。米に限らず食糧品は絶対的に不足しており，やがて太平洋戦争に突入すると米を皮切りにあらゆる食糧品がすべて配給統制下に置かれることとなったのである。1939（昭和14）年に始まる「満蒙開拓青少年義勇軍」の制度も，食糧増産のための労働力確保を主要な目的の1つとして実施されたものであった。1943年頃からは「決戦料理」の名で野草や昆虫の食用が奨励された。

1937〜38年頃からは徐々に衣料も乏しくなり，スフと呼ばれるパルプを化学処理した，もろい人造繊維が混用された。しかし，配給割り当ての衣料切符はもっていても商品の方が慢性的な品切れ状態というありさまであった。

学校では教師が子どもに「戦地の兵隊さんのことを思って，ぜいたくするな」という言葉を繰り返した。1942年，「大東亜戦争一周年・国民決意の標語」として国民学校5年生の作として発表された「欲しがりません勝つまでは」が流行語になったことからも逼迫した子どもの生活事情の切実さはみて取れる。

戦時教育体制の崩壊

1941（昭和16）年12月に，日中戦争の泥沼化を解決するという理由でアメリカなどの連合軍との太平洋戦争が始まった。ここではまず，太平洋戦争開戦の知らせをきいて，少国民としての決意を新たにする子どもの心情を，1942年頃の作文によってみることにしよう。

　　　　　大東亜戦争と私の覚悟　　　　　　　　　　　　　四学年　山本明子
　昭和十六年十二月八日，朝のりん時ニュースを聞いて本当に驚いた。私はお母さんに「米国と英国にくらしくってしやうがないわ。」といふと，そこにゐたお兄

さんは「米国や英国なんかに負けてたまるかい。ね博ちゃん。」と小さいお兄さんにいふ。「うん，僕が大人だったら米国や英国なんかたゝきつぶすよ。」と博兄ちゃんはゐばってゐた。お母さんは「ぢゃ今大きくしてあげるから米英両国をふみつぶしてごらんなさい。」とおっしゃった。博ちゃんはいよいよとくいになって「そんなら世界地図を出してごらん。さうしたら僕は米英両国の所だけふみつぶすよ。」といったのでみんなで大笑ひをした。

……時々二階にゐると元気な声で，「天にかはりてふぎをうつ──。」と，歌ひながら列をつくって並んで行く先頭にりっぱな体をして，かたのところにくらゐをつけてゐるのを見ると，今度はあの人が何時になって帰っていらっしゃるのかわからないので心配で心配でたまらない。

　私も早く大きくなってりっぱな人になって，戦争にいけないからといってざんねんがってばかりゐないで，女は赤ちゃんをたくさん生んでその赤ちゃんを全部りっぱに育てるといふことがやはり，天皇陛下のためにつくすことだと考へると，嬉しくてたまらない。

　今でもあの大東亜大戦争が始まった日のことを考へて，何事もやりぬく気持ちで，もっとしっかり勉強しようと思ふ。
　　　　　　　　　　　　　（山中恒『御民ワレ　ボクラ少国民　第2部』辺境社，1975年）

　この作文を書いた子どもは，戦地に赴く兵士たちに同情の念をもちながらも，少国民の1人としての役割を果たそうという覚悟を述べている。この作文をみると，この時期の皇国民教育が，子どもたちの心情の奥にまで届いていたことがわかるであろう。

　しかし，覚悟や決意のみで戦争が推進できるわけはなかった。戦局の悪化とともに，もはや学校教育を実質的に維持できないほど情勢は追い込まれ，修業年限の短縮，徴兵猶予の廃止，学校転換，学徒出陣，勤労動員，学童疎開などの政策が実施された（表2-4）。

　学童疎開は今後の貴重な兵力・労働力としての子どもを空襲から守るために行われた。食糧の豊富さや人々の親切さなどの疎開先の環境の善し悪しは，地域差が大きいが，劣悪だったところが大半であったようである。親兄弟に甘えることのできない辛さや，なによりも食糧の不足が子どもたちの最大の不満であった。

　青年たちは徴兵や学徒出陣，勤労動員といった形で，軍事体制に取り込ま

表 2-4 勤労動員・学童疎開関係年表

年，月	法令・要綱等	特徴
1938 (S13), 6	集団的勤労作業運動実施ニ関スル件通達（文部省）	中等学校以上の学生・生徒による夏期休業中 3〜5 日の勤労作業開始
1943 (S18), 6	学徒戦時動員体制確立要綱	「有事即応態勢」に学徒動員を位置づけ，軍事的労働力の供給源とする
1944 (S19), 1	緊急学徒勤労動員方策要綱	勤労動員年間 4 カ月継続を決定
1944 (S19), 3	決戦非常措置要綱（学徒動員実施要綱）	中等学校程度以上の学徒の通年動員（同年 7 月には，国民学校高等科の児童の動員も決定）
1944 (S19), 6	学童疎開促進要綱	国民学校初等科児童の縁故疎開促進
1944 (S19), 7	帝都学童集団疎開実施要領	縁故疎開できない，保護者から申請のあった国民学校初等科 3 年から 6 年の学童の集団疎開の実施（東京区部だけでなく，その後，大阪，名古屋，横浜，川崎，横須賀，神戸，尼崎，小倉，戸畑，若松，八幡の 12 都市で実施）
1944 (S19), 8	学徒勤労令	国民学校初等科児童と青年学校生徒を除く学徒の軍需産業への通年動員
1945 (S20), 3	決戦教育措置要綱	国民学校初等科を除き 4 月から全学校で授業停止
1945 (S20), 5	戦時教育令	全学校に学徒隊を結成

れ，十分な学校教育を受ける機会を失うだけでなく，命をかけて戦争の犠牲となっていった。彼らの大多数は，戦争という極限状況のなかで人生や生死の意味に苦慮しつつも，戦争目的を問わないまま「聖戦」という言葉を信じ，加害者意識が希薄なままで進んで戦争に身を投げ出していったのである。ここにも皇国民教育の徹底ぶりがうかがえるであろう。徴兵や学徒出陣で戦地に赴き，悲痛な叫びとともに散っていった青年の声は『きけわだつみのこえ』や『戦没農民兵士の手紙』などの記録に収められている。

　1945（昭和20）年 2 月には，近衛文麿首相は膨張政策の破綻の認識のもとに，天皇に戦争終結の「聖断」を求めたが，天皇は近衛の上奏文を棚上げにした。その後，同年 4 月の沖縄戦，8 月の広島・長崎に対するアメリカ軍による原爆投下によって多くの命がさらに失われることになった。戦死者数の推計にはさまざまあるが，日本国民は軍人・軍属と民間人を合わせて日中戦争以降，

約310万人が犠牲になったといわれる。日本が被害を与えたアジア諸国では，最大の被害国であった中国だけでも900万人から2000万人以上が死亡したという数字が中国側から発表されており（江口圭一『新版　十五年戦争小史』青木書店，1991年），日本の戦争責任，なかでも戦争に子どもたちを加担させた教育の責任は重いといえよう。

参考文献
岩手県農村文化懇談会編『戦没農民兵士の手紙』岩波新書，1961年。
上笙一郎編『日本子どもの歴史6　激動期の子ども』第一法規出版，1977年。
竹内途夫『尋常小学校ものがたり—昭和初期・子供たちの生活誌—』福武書店，1991年。
日本戦没学生記念会編『きけわだつみのこえ』岩波文庫，1982年。
百田宗治・滑川道夫・吉田瑞穂編『生活綴方代表作品　ぼくの夜しごと』金子書房，1953年。
山中恒『ボクラ少国民　第1～5部，補巻，ノート』辺境社，1974～1982年。

第3章

戦後復興と生活・教育の再出発

1　新しい教育の理念と制度

戦後教育改革の開始

　私は，日本が負けたなんて，すぐには信じられませんでした。なぜかといえば敗戦というありえないことが起きたのなら，文字どおり驚天動地の何かとてつもないことが起きなければならないはずです。それなのに，まわりの景色はさっきまでと寸分の変りもないではありませんか。
　　　　　　　　　　　（あの日を記録する会編『8月15日の子どもたち』晶文社，1987年）

　1945（昭和20）年8月，日本政府はポツダム宣言を受諾し，連合国に対して無条件降伏した。冒頭の引用文は，敗戦を知った当時国民学校4年生の一児童のものである。敗戦への驚きと，周囲の自然の不変化という二重の驚きとともに，それまで教えられてきたことへの疑念が，ここには表明されている。

　すでに同年4月から国民学校初等科を除き，学校での授業は原則として停止されていた。その日の日本の教育状況について，占領軍の教育担当官は「千八百万人の生徒はぶらぶらしており，四千の学校が破壊され，必要な教科書の二〇％しか利用できない。軍人が教育上の責任ある地位を占め，教科書は軍国主義的宣伝で充満している。教師はちりぢりになっている。文部省は軍国主義者の道具であり，自由主義的な教育家は特高警察から姿をくらましている」（鈴木英一『日本占領と教育改革』勁草書房，1983年）と報告している。

文部省は，8月16日学徒動員解除を指令し，24日には学校教練，学校防空等に関係する一連の法令を廃止した。さらに28日には9月中旬までに「平常ノ教科授業」を再開することを，9月26日には疎開学童の速やかな帰省を指示している。まさに学校教育の矢継ぎ早の平時への〈復元〉施策であった。

敗戦後の日本政府および文部省の教育の基本方針を明示したものに，9月15日の「新日本建設ノ教育方針」がある。世界平和と人類の福祉に貢献する「新日本」の建設のため，戦争遂行を目的とする教育施策を一掃し，「文化国家」「道義国家」建設の基礎を培う教育施策の実行に努力していることが述べられ，新しい教育の目標を「国体ノ護持」にいっそう努めるとともに，軍国的思想と施策を除去し，平和国家を建設することとした。そのために，国民の教養を深め，科学的思考力を涵養し，平和愛好の念を篤くし，「智徳ノ一般水準」の向上をはかるとしている。また9月20日の文部次官通牒により教科書への〈墨塗り〉が実施された。当時国民学校教師であった堀田（三浦）綾子は，その心境をつぎのように物語っている。

　わたしは涙が溢れそうな思いであった。先ず修身の本を出させ，何頁の何行目から何行目まで消すようにと，わたしは指示した。生徒たちは素直に，いわれたとおり筆に墨を含ませてぬり消して行く。誰も何もいわない。なぜこんなことをするのかとは，誰も問わない。

　……教科書は汚してはならない。大事に扱わねばならないと教えてきた。その教科書に墨を塗らせる。……昨日まで，しっかりと教えて来た教科書の中に，教えてはならぬことがあった。生徒の目に触れさせてはならぬ個所があった。教師にとって，これほどの屈辱があろうか。

（三浦綾子『石ころのうた』角川書店，1974年）

教科書への〈墨塗り〉は，戦前教育の否定を象徴的に示すものであった。しかし〈墨塗り〉を指示する教師にもそれに従う子どもたちにも，新しい教育を積極的に展望しようとする姿は，まだみられない。

ポツダム宣言には，日本の非軍事化と民主主義化の二大方針が規定されており，それは占領教育政策の基本となるものであった。確かに敗戦直後の日本政府ないし文部省の施策は，軍国主義の払拭と平和主義とを教育の基本方針とすることを明言した。しかし，同時に「国体ノ護持」を強く意識したものでも

あった。非軍事化の一方で〈国体護持〉を強調した文部省の教育方針が，日本の好戦的な国家主義の哲学を温存するための教育政策の組織化を意図するものであることを，アメリカ政府は見逃さなかった。

　連合国軍最高司令部（GHQ）は，10月から12月にかけて「日本教育制度ニ対スル管理政策」をはじめとする，いわゆる「四大教育指令」を発令した。第一の「管理政策」に関する指令は，教育内容における軍国主義的および超国家主義的イデオロギーの普及を禁止するとともに，軍国主義的・超国家主義的教育関係者の罷免と，自由主義的ないし反軍的元教育関係者の復帰を求めた。この指令をうけて，第二の指令では軍国主義的・超国家主義的教育関係者を罷免するための具体策が示され，第四の指令では特定教科（修身・日本歴史・地理）の授業停止とその教科書の回収という強硬な手段によって，教育内容面での軍国主義的・超国家主義的要素を除去することを指示した。第三の指令は，直接的には，学校教育への国家神道の強い影響力を排除することを命じたものであるが，第一の指令にある「基本的人権ノ思想ニ合致スル諸概念ノ教授及実践ノ確立」の奨励といった民主主義的傾向の復活強化の方針と符合するものと考えられる。これらの指令により日本の教育は根本的な改変を迫られ，軍国主義的要素の徹底的除去と極端な国家主義的要素の排除とともに，民主化の基礎を形成する占領初期の教育政策が実施に移されていく。なお，占領初期の一連の施策は教育改革の禁止的措置とも呼ばれ，占領軍民間情報教育局（CI & E）の厳しい監督と統制のもとで行われた。しかし，それは民主的改革の妨げとなるものを除去するという積極的な意義をもっていた。

米国対日教育使節団（第一次）の勧告

　戦後日本の教育改革における，軍国主義および超国家主義の排除と民主主義的傾向の復活を方向づける諸施策の実現に大きな役割を果たしたのが，米国対日教育使節団（第一次）である。

　アメリカ政府の国務・陸軍・海軍三省調整委員会（SWNCC）は，1945年9月の「日本人の新しい方向づけに関する積極的政策」のなかで，専門家グループの日本への派遣を提起しており，戦後日本の教育，宗教，文化等について援

助・助言するための使節団を組織することが，CI & E の重要な政策課題の1つであった。翌1946（昭和21）年1月，連合国軍最高司令官（GHQ/SCAP）マッカーサーは，使節団派遣をアメリカ陸軍省に要請した。使節団メンバーの人選は国務省を中心に進められ，2月18日に団長ストッダード以下4名の女性と1名の黒人を含む27名の最終メンバーが確定した。来日当時のメンバーの職業は，大学教授14名，教育行政官5名，団体職員4名，連邦政府職員4名であった。

図 3-1　小学校を視察する米国教育使節団（第一次）
（土持ゲーリー法一『米国教育使節団の研究』玉川大学出版部，1991年）

使節団は，来日するまでにワシントンやハワイ，グアムにおいて，使節団の基本的性格をめぐっての論議を重ねるとともに，日本の教育制度・政策等についての調査資料の配布やレクチャーを受けるなど，周到な事前準備を行っていた。3月5日と7日の二陣に分かれて来日し，数多くの教育関係者との会見や関西地方への視察旅行など精力的な活動を展開し，3月30日に報告書を完成させ，マッカーサー宛に提出した。

　　教師たちの最高の力量（the best capacities）は，自由という空気のなかでのみ花開くものである。これを整備することが教育行政官というものの責務であって，その反対ではない。子どもの時代の測り知れない資質（resources）は，自由主義

という太陽の光のもとでのみ豊かな実を結ぶであろう。（佐藤秀夫ほか『米国対日教育使節団に関する総合的研究』（国立教育研究所，1991年）所収の訳文による）

これは公表された『米国教育使節団報告書（第一次）』の序論の一節であるが，戦後の新しい教育のあるべき姿を端的に示しているといえよう。

同『報告書』は，まず戦前日本の教育体制を高度に中央集権化された19世紀型の絶対主義的なものととらえ，たとえ軍国主義や超国家主義が席巻しなくとも，近代の教育理論によって改革されねばならないものであったと断定し，その偏狭な愛国心と忠誠心への服従を強いる教育目的，一部の特権者のための学校制度，画一的なカリキュラム，官僚支配の教育行政などを批判した。

そのうえで，新しい教育は個人の価値と尊厳の承認を基本理念とし，個人の能力と適性に応じて教育機会を与えるという教育の機会均等を基本原理として，教育内容および制度にわたり全面的な改変を勧告した。具体的には，①教育内容・方法に対する生徒および教師の大幅な自由の承認，②文部省権限の縮小と視学制度の廃止および教育委員会制度の創設，③6・3・3制の単線型学校体系による授業料無償・男女共学の9年制義務教育制度，④大学レベルでの教員養成，⑤高等教育段階での一般教育の採用などを掲げている。

マッカーサーはアメリカ陸軍省に使節団派遣を要請した直後，日本政府に対しても使節団に協力するための「日本側教育家委員会」を組織することを指令している。2月7日に発足したこの委員会は，南原繁（東京帝国大学総長）を委員長に，学者・知識人をはじめ国民学校・中学校・青年学校の校長など29名からなっていた。このなかには，戦前の「教育改革同志会」のメンバーも加えられ，比較的リベラルな構成であった。

日本側教育家委員会は，単に使節団に協力しただけではなく，戦後教育の改革方針についての積極的な提言や働きかけを行った。例えば，南原委員長はストッダード団長との会見に際して，新しい教育は「皇国の道」に代表される天皇制国家体制下の教育目的を廃し，「人間性の発達」や「学問の自由」をコアに「個人の価値」「個人の自由と人格の尊厳」「自発性」「国際的な精神」「教育制度の地方分権」などの民主的な教育価値に基づいて展開されるべきことを主張している。また，学校制度に関して，使節団は当初，6・5制という戦前日

本の伝統的な学校制度の一部を温存した上で、それを民主化する方針であった。そこには、教育改革を実現するには日本側の主体性を尊重しなければならないとする、使節団の基本性格を認めることができる。これに対し、日本側教育家委員会が6・3・3制の単線型学校体系の採用を強く働きかけた結果、『教育使節団報告書』に明記されることとなったのである。6・3・3制はアメリカ側の押しつけではなく、日本側の要求であり、同時に戦前の教育改革論の成果を踏まえたものであった。なお、日本側教育家委員会は独自にまとめた『報告書』を4月上旬、安倍能成文相に提出し、その後8月には新しく設置された教育刷新委員会へと発展的に解消された。

ところで、『教育使節団報告書』に盛られた勧告の多くが、次項以下に述べる憲法・教育基本法や学校教育法に反映されている。しかし、その過程は、文部省をはじめとする保守層の消極的な対応により、すんなりとは進行しなかった。例えば、『報告書』には、6・3・3制の単線型学校体系のもと義務制、男女共学、授業料無償、3カ年の「初等中等学校」（現行の中学校に相当する）の設置が勧告されていた。にもかかわらず文部省は『報告書』発表直後、「公民実務学校」という複線型の学校改革案を提示したのであった。こうした文部省の消極的な姿勢に対して、一部の教育学者の批判や学校関係者の運動さらには国民の期待が、教育改革を積極的に推進させる力となった。

新しい教育の理念

米国教育使節団の示した改革の方向に沿って、天皇制国家体制下の教育から民主的社会における教育へと転換する教育理念の確定作業が進展する。

　　四年生の子どもには新憲法についての解説をしても、とても理解することはできないとは思ったが、それでも昔の日本と今の日本とはどうちがうか。天皇は昔は神さまであるというように学ばなければならなかったが、天皇も人間であること。この世の中において一番いやなことは戦争であること。人間は愛し合うために生まれてきたはずなのに殺し合うなどは最も悪いことであること。人間にとって一番大事なものは命であること、命を大事にすること。そして人間が人間らしく生きることの大事なことなどをいろいろな例をとり入れて話していった。そし

てこういうことはすべて新しい憲法の精神から出ていることなどを，新しい日本の誇りとして話していった。

(金沢嘉市『ある小学校長の回想』岩波新書，1967年)

ここには，日本国憲法のもとでの新しい教育の一端を窺うことができる。

1946（昭和21）年11月に制定された日本国憲法には，第26条1項において，「すべて国民は，法律の定めるところにより，その能力に応じて，ひとしく教育を受ける権利を有する」と，国民のすべてが無差別平等に教育を受ける権利を保障している。大日本帝国憲法のもとでは，教育は納税，兵役とともに臣民の国家に対する義務であり，教育に関する事項は天皇の大権に委ねられていた。新しい憲法の明記した「権利としての教育」は，教育をめぐる国家と国民との関係を根本的に転換させるものであった。また，「法律の定めるところにより」という文言は，戦前の教育関係法令の勅令（命令）主義を否定し，法律主義の採用を明確に示している。

翌年3月31日，日本国憲法の示す理念にのっとり，戦後日本の教育理念・理想を宣言した，教育憲章ともいうべき教育基本法が制定された。

前文では「民主的で文化的な国家」建設と「世界の平和と人類の福祉」への貢献という憲法の示す理想の実現は，「根本において教育の力」によると，新しい国家における教育の果たす役割の重要性を強調し，「個人の尊厳を重んじ，真理と平和を希求する人間の育成」，「普遍的にしてしかも個性ゆたかな文化の創造をめざす教育」の普及徹底をはかるべきことを表明した。新しい民主的国家における教育の目的は第1条に明示されている。前文の「個人の尊厳を重んじ」を踏まえ，個人の「人格の完成」を教育の第一目的とした。同時に「平和的な国家及び社会の形成者」としての「国民の育成」を期すことも教育目的とされた。そこに示された「国民」は，①真理と正義を愛し，②個人の価値をたっとび，③勤労と責任を重んじ，④自主的精神に充ちた，⑤心身ともに健康という5つの要素をそなえた存在である。

第2条では，第1条の教育の目的が「あらゆる機会，あらゆる場所において」実現されること，そのためには「学問の自由を尊重し，実際生活に即し，自発的精神を養い，自他の敬愛と協力によつて，文化の創造と発展に貢献する

よう努めなければならない」とした。すなわち，第1条の教育の目的にそった教育が普遍的に実現されることを期待すると同時に，そうした教育の実現にむけて国民一人一人が能動的に働きかけていく努力が要請されている。また第3条は，教育を受ける機会について，日本国憲法第26条1項の示す教育の機会均等の理念を，「人種，信条，性別，社会的身分，経済的地位又は門地によって，教育上差別されない」と，いっそう具体的に表現した。

　第4条以下では，義務教育，男女共学，学校教育，社会教育，政治教育，宗教教育，教育行政の条項がつづき，憲法および教育基本法第3条までに示された教育理念を具現化するための制度的原則が規定されていた。

　ところで，憲法・教育基本法の提示する戦後教育の理念は，それまでの教育勅語的教育理念とは，相容れないことは明白である。新しい教育理念の確定化は，同時に教育勅語の処理をめぐる作業でもあった。教育勅語の処理について，CI & E は，1945年10月頃から超国家主義的解釈を明確に否定する新勅語の制定論に傾き，同志社大学教授有賀鐵太郎の起草した「京都勅語案」を作成させていた。また教育使節団は，その委員会報告書の段階で勅語と御真影の恒久的廃止を主張していたにもかかわらず，正式の『報告書』では学校儀式での勅語の奉読と「御真影」への礼拝を禁止する勧告にとどめた。一方日本側教育家委員会の『報告書』でも新教育勅語渙発論が提起され，論議を呼んだ。結局，新勅語の制定は実現されず，学校における教育勅語等の奉読も1946年10月の文部省通牒により禁止された。しかし，憲法・教育基本法の施行後も，教育勅語が有効ないしは存続しているといった見解が一部に存在していた。そこで1948年6月，衆・参両院は教育勅語等排除ないし失効確認の決議を行い，これを公式に廃止した。

新しい教育のスタート

　1947（昭和22）年3月31日，教育基本法とともに学校教育法が制定され，翌4月1日から戦後の新しい学校教育がスタートした。憲法・教育基本法に示された民主的教育理念のもと，教育の機会均等の原則に立脚した学校教育制度は，戦前の複線型学校体系を放棄し，単線型学校体系を構築していた。すなわ

ち，小学校（6カ年），中学校（3カ年），高等学校（3カ年），大学（4カ年）を基本とし，定時制高等学校や一部の大学の課程等を除き，同一年齢段階に複数の種類の学校教育の機関を設置しない，6・3・3・4制の採用であった。また，教育基本法の9カ年義務制の規定により，小学校教育および中学校教育を義務教育とした。前期中等教育としての中学校教育が義務教育制度のなかに組み入れられたことは，戦前の義務教育の延長が初等教育年限の延長として実施されてきた事実を考慮すれば，そのもつ意義は高く評価されてよい。

小学校教育の目的は「初等普通教育を施す」こととし，中学校では「中等普通教育」，高等学校では「高等普通教育及び専門教育」を，それぞれ「施す」ことを目的とした。中学校の教育目的に「中等普通教育」の文言を，わが国教育法規上はじめて使用することにより，中学校教育を義務教育の完成として捉えるのではなく，小学校・中学校・高等学校の三者をとおして国民教育の機関として位置付ける思想を表すものであった。

新制高等学校の多くは，旧制度下の中等学校，すなわち中学校・高等女学校・実業学校を母体に設置された。これら旧制中等学校は，「中等学校令」

図3-2 高校生も男女共学

（写真：朝日新聞社，『昭和　二万日の全記録　第8巻　占領下の民主主義　昭和22年▶24年』講談社，1989年）

Column ⑩

戦後の幼児教育

　現在，文部科学省が管轄する幼稚園と，厚生労働省が管轄する保育所は，同じく小学校入学前の子どもを対象としながらも，別々の道を辿って発展してきた。
　幼稚園は，戦後，「学校教育法」（1947年）によって，教育機関としての「学校」となり，「幼稚園は，幼児を保育し，適当な環境を与えて，その心身の発達を助長することを目的とする」とし，家庭教育を補完する施設ではなく，独立した教育機関として規定された。これにより，幼稚園は，満3歳から就学までの幼児を保育し，知的・社会的・情緒的発達を助長する集団的教育の場へと大きく変わったのである。
　一方，保育所は，戦前は託児所と呼ばれたが，「児童福祉法」（1947年）により，「保育所は，日日保護者の委託を受けて，その乳児又は幼児を保育することを目的とする施設とする」と規定され，入所児童は，原則として，乳児から就学までの幼児とすることになった。なお，1956年には「保育に欠ける乳児又は幼児を保育する」と要保育児が限定されることになった。
　文部省は，1948年になって，幼稚園だけでなく保育所をも対象にした「保育要領」を作成したが，1956年に作成した「幼稚園教育要領」では，「幼稚園の1日の教育時間は，4時間を標準とする」等と記しており，以後「保育」という用語を一切使用していない。
　一方，厚生省は，1965年「保育所保育指針」を作成したが，そこでは，「養護と教育とが一体となって，豊かな人間性をもった子どもを育成するところに，保育所における保育の基本的性格がある」と述べ，「教育」という語を用いている。両者とも，乳幼児期が人間形成の基礎を培う時期であり，そのためには，一人一人の子どもの興味や関心に基づき，心身の発達に必要な「あそび」を重視した保育内容の展開を重視している。
　幼稚園と保育所の両者を統合する幼保一元化については，戦前から議論があり，戦後，1946年に国会でも審議されたが，幼稚園は文部省，保育所は厚生省という縦割り行政の壁は崩せず，結局，二元化の道を歩むことになったという経緯がある。しかし，1963年の文部・厚生両省の局長通達により，「保育内容」は一元化されたといってよい。現在，保育所は，早朝・夜間保育と長時間保育の方向にあり，幼稚園も「預かり保育」の名の下に，延長保育を行っている。2006年に法制化された「認定こども園」は，実質一元化を目指すもので，女性の社会進出や子育て支援，少子化対策の遅れを取り戻す目的で作られたものであるが，充分な成果をあげていない。

（1943年制定）という単一の法令により規定されながら，各学校種別間の実質的な格差は解消されていなかった。高等学校の教育目的を，「中等学校令」の規定した「高等普通教育または実業教育」から「高等普通教育及び専門教育」へと転換させたことは，後期中等教育を一元的に捉え，中学校に続く国民教育機関として，高等学校を位置付けるものであった。

　新学制による小学校・中学校は1947年4月から，高等学校は翌1948年4月から発足する。高等学校の新設に際しては，多くの府県がいわゆる高校三原則（総合制・小学区制・男女共学制）を採用し，国民教育機関としての内実を深める努力がなされた。

　新制大学は，1949年度の発足を原則としたが，一部の公私立大学は前年度からスタートした。大学は，「学術の中心として，広く知識を授けるとともに，深く専門の学芸を教授研究し，知的，道徳的及び応用的能力を展開させること」を，その目的とした。専門教育ばかりではなく，広く一般教育を重視するとともに，国民教育機関の最高段階として大学を位置づけた。戦前の大学は一部のエリートの占有物であり，「国家ノ須要」に応じる学術の教授研究機関であった。これに対し，新しい大学は広く国民一般に開放され，国家目的への隷従を排し，憲法の保障する学問の自由に基づき真理を探究するための学術の中心機関として，再生されたのである。なお，都道府県の国立大学には教員養成学部を設置し，教員養成を師範学校においてではなく，原則として大学で行うこととなった。

参考文献
大田堯編『戦後日本教育史』岩波書店，1978年。
海後宗臣編『戦後日本の教育改革1　教育改革』東京大学出版会，1975年。
国民教育研究所編『教育基本法読本―制定40年と民主教育の進路―』労働旬報社，1987年。
国立教育研究所編『日本近代教育百年史　第6巻　学校教育4』財団法人教育研究振興会，1974年。
鈴木英一『日本占領と教育改革』勁草書房，1983年。
鈴木英一ほか「米国対日教育使節団報告書の成立事情に関する総合的研究」『名古屋大学教育学部紀要―教育学科―第31巻』1985年3月。
山住正己・堀尾輝久『戦後日本の教育改革2　教育理念』東京大学出版会，1976年。

2　新教育の実施

6・3制教育の実施

　1947（昭和22）年4月，新学制による6・3制の教育が開始された。新学制の大きな特色の1つは新制中学校の成立である。新制中学校は，旧国民学校高等科と青年学校を母体として出発したため，校舎や施設の下地はきわめて乏しかった。したがって新制の中学校は，新学制の実施当初から独立校舎をもつことが原則とされたにもかかわらず，実際には戦災を免れた旧国民学校高等科などの校舎を転用して，最初から独立校舎を保ち得た中学校はわずか15％ほどに過ぎず，校舎や施設の不備，不足は深刻な問題であった。

　6・3制発足当初は，敗戦後における国家の疲弊と国民生活の困窮になおはなはだしいものがあり，教育に関する国家予算も，要求に比してきわめて少額に抑えられ，1949年にはドッジ・ラインの余波で6・3制教育予算が全額削除されたりした。いわゆる「6・3制の危機」が叫ばれたのも，この頃のことである。そのため，新制中学校建設問題の地方財政へのしわ寄せはとくに大きく，地方財政窮乏のなかで，その建設をめぐって責任をとり自殺した村長や校長も幾人か出るなど，血のにじむような努力が全国にわたって繰り広げられた。

　例えば愛知県半田市においては，1947年4月18日に4つの新制中学校の設立をみたが，独立校の1校を除き他はいずれも小学校に併置された。その後，逐次に一部校舎の新・増築がなされたが，翌年1月，半田市新制中学校建設委員会委員長名の文書で，

　　1日も早く全員を収容出来る新制中学校が建設せられるようにと望んでいたのでありますが，……これらに要します建設費予算額は，今年度来年度分として1千957万4千円の巨額になるものとされております。しかしこれらに対しての財源は国庫補助・起債・税収入・寄附金等に求めるのでありますが，大半以上は市民各位の寄附金にまたねばなりません。

　　　　（半田市誌編纂委員会編『新修半田市誌　中巻』第一法規出版，1989年）

と述べ，続けて国家再建の基盤を教育に求め，市民への協力を懇願している。この事例は，当時の市町村における中学校建設問題の，最も一般的なものであったといえる。

6・3制教育実施当初の教員についてみると，その組織状況は新制中学校の場合，従来国民学校ないし青年学校に勤務していた教員が約70％を占め，前の勤務が旧制中等学校だった教員は僅か6％ほどにすぎず，他の者は新規採用などであった。しかも発足時では約20％の教員が不足していたといわれ，該当教科の免許状ももたずに授業をしていた教員も多数存在した。

新制の小学校においても，諸事情による退職や中学校への異動によって教員が不足し，その補充のために若年教員──特に女子教員──を多く採用した。しかも仮免許状および臨時免許状の教員が，1950年でなお46％強と全教員の半数近くに及んだのが実情であった。

このような困難な事情のもとで出発した6・3制教育も，相次いで講じられた学校施設，教員の給与や定数に関する改善措置によって漸次整っていき，その後数年の間に一応の整備・安定をみるに至ったのである。

新教育の発足に伴い，教育課程も根本的に改革された。すなわち文部省は，すでに敗戦の翌年に CI & E の指示と指導の下で，民主主義の教育理念に基づいた新しい教育課程の作成に着手し，1947年「学習指導要領一般編（試案）」および各教科別の「学習指導要領」を発表した。

これらの「学習指導要領」は，当時はまだ手引書としての性格をもっていたが，新しい教育課程（「学習指導要領」で「教育課程」の語が使用されたのは1951年の改訂からで，それまでは「教科課程」と表現）の基準を示したものとして，その後の学校教育に重要な役割を果たすことになった。

新教育課程によると，小学校の教科は国語，社会，算数，理科，音楽，図画工作，家庭，体育，自由研究からなり，中学校における教科は，必修科目と選択科目に分けられ，必修科目は国語，社会，数学，理科，音楽，図画工作，体育，職業とし，選択科目は外国語，習字，職業，自由研究と定められた。

この教育課程において，小・中学校に共通する最も大きな特色は社会科の誕生である。社会科は GHQ の指令により「停止」された旧来の修身（公民），

図 3-3 青空教室
(『毎日グラフ別冊　サン写真新聞第 3 集』毎日新聞社，1989 年)

日本歴史，地理に代わって新たに設置されたもので，「学習指導要領社会科編Ⅰ（試案）」によると，その「任務」は「青少年に社会生活を理解させ，その進展に力を致す態度や能力を養成する」ことにあった。

　自由研究の新設も，新教育推進のうえで注目された。これは子どもの個性を「その赴くところに従って，のばしていこう」とのねらいから，時間設定されたものである。また家庭科が，初めて小学校の男女すべての子どもに課せられることになったのも，男女平等という新教育の理念の反映であった。

　このようにして，新教育課程に基づく教育が始められたが，間もなく自由研究は，「特別教育活動」（中学校・1949 年），「教科以外の活動」（小学校・1951 年）の新設により，きわめて短い期間で発展的解消をみた。

　既述したように，全国的に過半数をはるかに超える多数の中学校が，小学校に併置されたりして独立校舎をもたないまま授業を開始した。このため，それによる影響は小学校の授業へも及んだ。その結果，二部授業あるいは三部授業を行ったり，講堂，廊下や物置き，旧工場を教室として利用するなど，いわゆる「不正常授業」を止むを得ず行った小・中学校が全国に数多く現出した。また都市においては，戦争で被災した幾多の学校もあり，俗にいう「青空教室」

や教員不足を要因とする「すし詰め教室」も多く存在した。しかし子どもたちは，そうした悪条件にもかかわらず，総じて元気や明るさを失うことなく学校へ通った。そして，このような悪く劣った教育環境も，やがて校舎等の建設とともに順次改善されていき，異常な授業風景も姿を消していった。

新制高等学校の発足と教育

新制の高等学校は，全国一斉に 1948（昭和 23）年 4 月から発足した。新制高等学校が，新制中学校とくらべて比較的円滑に成立をみたのは，新学制の実施後 1 カ年の準備期間があったこと，旧制中等学校を母体にして新制高等学校へ移行できたことによるものである。

ところで新制高等学校の発足に際して，CI & E はアメリカの教育にならい，公立の高等学校が「総合制」「学区制」「男女共学」の 3 つの原則によるよう強硬に主張した。その結果公立高等学校においては，この三原則に従っての統廃合が，1948 年から 1950 年にかけて全国的に繰りひろげられることになった。

文部省の『公立高等学校統廃合実施状況調査報告』（1949 年 9 月 1 日現在）によれば，統廃合により普通科と職業科を併置した総合制の高等学校が急激に増加し，そのため全国の高等学校数は約 80％ までに減少している。しかし，統廃合の度合いは，都道府県によって大きな差異がみられた。すなわち全部ないし大部分の高等学校に総合制を実施したところ（福井，広島，宮崎，滋賀，京都，愛知など）と，総合制をまったく，あるいはほとんど実施しなかったところ（東京，埼玉，北海道，大阪，佐賀など）とがあり，統廃合の実施比率は，概して関東・東北地方よりも中部・近畿地方以西において高かった。この最も大きな原因は，占領軍の地方軍政部による強制の程度によって生じたものといわれる。

学区制については，46 都道府県（沖縄県を除く）のうち 34 府県において実施されているが，普通科と職業科によっても実施に相違がみられ，また学区の規模も 1 学区 1 校程度の小学区から 1 学区平均 5 校以上の比較的大きな学区まであって一様でなく，その規模に差異がみられた。

男女共学は，新制高等学校の重要な特色をなすものであるが，これについて

みると全国公立高等学校の約63%が実行しており、一般的な傾向としては関西地方でかなり徹底して行われているのに対し、北海道・東北地方では実行の比率が低くなっている。

このように総合制・学区制・男女共学は、全国的規模で実施されたものの、現実には学校の伝統、社会の教育観、学校の施設・設備の問題などもあり、実施上種々の困難が付随した。そのため殊に講和条約締結後は、「占領政策の是正」という社会の風潮とも関連して、これらの原則の実施結果の見直しをする地方も現出した。特に学区制については、小学区制では希望する学校へ入れないなど底流にくすぶっていた不満が表面化し、その修正、撤廃を促し、多くの地方で中学区制や大学区制へと改編されていった。

また新制高等学校は、教育の形態によって全日制、定時制、通信制の課程で新たに出発することとなった。

新教育に対応する新教育課程は、1947年の「学習指導要領一般編」の補遺に初めてその基準が示された。そこには、生徒の民主的社会生活を営む能力と個性の発達を重視する観点から、高等普通教育を主とする新制高等学校の教科目として、次のものがあげられている。

国語、書道、漢文、社会（東洋史、西洋史、人文地理、時事問題）、数学（解析Ⅰ・Ⅱ、幾何学）、理科（物理、化学、生物、地学）、体育、音楽、図画、工作、外国語

このほか実業（後の職業）に関しては、農業、工業、商業、水産、家庭の各学科についてそれぞれの科目を別に示している。科目のうちで「時事問題」と「地学」は新設のものであるが、前者は新しく生まれた社会科のなかでも、特に新教育を象徴する科目であった。なお、発足当初より設けられていた単位活動としての自由研究は、中学校と同様に新設の「特別教育活動」の影響で1951年に廃止された。

新教育課程を支える大きな特色は、選択教科制と単位制の導入にあった。例えば上述の1947年の教育課程では、必修の教科目は国語、体育のほか、社会、数学、理科のうちから各1科目とされ、卒業に必要な単位数を85単位と定めている。

このののち新教育課程は，高等学校教育の変遷に応じて必修・選択の教科目名，時間数，単位数等の修正がたびたび行われてきたが，選択教科制，単位制そのものについては，今日まで継承されている。

9カ年の義務教育終了後，子どもたちのうち希望者は高等学校を目指す。こうした子どもたちの高等学校への進学率をみると，1950（昭和25）年に42.5%であったのが，1954年に初めて50%を超え，その後は経済成長，さらには高度経済成長の波にも乗って急速に高まっていった。

経験主義教育方法の導入

6・3制教育の実施に伴い，教育内容も根本的に刷新された。敗戦直後における教育状態のもとでは，当面の措置として子どもたちは，いわゆる「墨塗り教科書」や，戦時中の教科書から不適当な部分を削除した粗末な仮綴じの教科書を授業で使用した。

しかし，1947（昭和22）年における6・3制教育の発足後から，子どもたちは新教育方針に基づく文部省著作の新しい教科書で授業を受けることになった。

この新教科書の基本的な特徴の1つは，旧来の国定教科書が絶対的権威をもつ唯一の教材であったのに対して，新教科書は「参考書の1種」ともいうべき性格をもつ主教材とされたことである。今1つの特徴は，例えば新設された社会科の最初の教科書『土地と人間』（小学6年用），国語の教科書『いなかのいちにち』（小学1年用）などにみられるように，内容構成上新しく経験主義教育を前提とする単元学習を取り入れたことである。

なお，新教育においては，当初から教科書の国定制度を廃止して検定制度とすることを方針として打ち出していたが，現実には，検定制度は少しおくれて1948年5月に成立した。これを境に，学習指導要領に準拠した検定教科書は，文部省著作の教科書をしのいで急速に普及していった。

しかし，一方で，教科書検定制度は，社会情勢の変化とともに教科書の内容（とくに社会科）が「思想的偏向」の理由で論議の対象になるなど，その後しばしば問題をひきおこすこととなった。

2 新教育の実施

教育内容の刷新とともに,教育方法についても大きな変化がみられた。その最も注目すべき変化は,CI & E の指示・指導によってすすめられた経験主義教育方法の導入である。

元来アメリカの教育界では,1930年代に有名な進歩主義(Progressivism)と本質主義(Essentialism)の 2 大教育陣営による対立がみられた。進歩主義教育は,子どもの興味や生活経験を重視するいわば経験主義教育の立場にたち,その代表的人物としてデューイやキルパトリックらがいる。これに対して本質主義の教育とは,文化的,社会的遺産の基本的要素を子どもへ伝達することを強調するいわゆる系統的学習の立場にたっており,本質主義者の代表としてバグリーやモリソンらがあげられる。

ところで敗戦後のわが国において,新教育が展開されるにあたって導入されたのは,このうちの進歩主義教育理論のほうであった。1946年,文部省は,CI & E の指示にそってまとめた新教育の手引書「新教育指針」を全国の教育関係者たちに配布した。それには学習指導の原理として,子どもの生活・興味に即して教材を選択し,自主的学習,協同学習を説き,討議法を勧めるなど経験主義に立脚した教育方法が叙述されており,その頃の学習指導法に啓蒙的な役割を果たした。

この新しい学習指導の方法は,当時の「学習指導要領」にもみられるように,子どもの自主性や生活経験を重視する単元学習によるところから生活単元学習と呼ばれ,またデューイらの教育理論に基づいて問題解決学習と称された。

こうした経験主義を基盤とする教育方法は,いわゆる「learnig by doing(なすことによって学ぶ)」の考えをふまえ,具体的には,例えば郵便ごっこといった「ごっこ学習」などとして広まり,戦後の新教育を代表する新しい学習指導法として,特に昭和20年代に小・中学校を中心に全国で盛んに実行された。

新教育の教育内容・方法と関連して,カリキュラム改造運動が1947年から1949年頃にかけて全国的に展開されている。この運動は,まず社会科の学習計画を中心に始められたが,やがて生活カリキュラム,コア・カリキュラムなどカリキュラム全体の基本構造に関する改造を目途とする方向へと変転して

図 3-4　模擬議会
(『毎日グラフ別冊　サン写真新聞第 2 集』毎日新聞社，1989 年)

いった。

　ところで，カリキュラム改造運動の先駆けをなしたものは，埼玉県川口市で実験的に行われた社会科の研究で，のちに川口プランとして広く知られたものである。この川口プランに刺激を受け，またその頃のカリキュラム改造運動の気運に乗って，有名な奈良女子高等師範学校附属小学校プラン（奈良プラン），東京の桜田小学校の桜田小プランなどを始め各地で多くのプランが発表され，その数は数百にものぼったといわれる。

　しかし，このカリキュラム改造運動が最高潮に達したかにみえた 1949 年頃から，これら改造運動に対して，子どもの学力低下の問題や教育現実からの遊離などといった批判が頻出し始め，それ以後カリキュラム改造運動は急激に退潮していった。

　既に記述したように，1951 年から小学校に「教科以外の活動」が，また 1949 年に中学校，1951 年，高等学校に「特別教育活動」が新設され，しかも

初めて教育課程のなかに正規に位置づけられた。

ここにおいて児童（生徒）会活動，クラブ活動，学級会活動（ホームルーム）は，全国の小・中・高等学校で教育課程の一環として正式に実施されることになった。わけてもクラブ活動は，子どもの自発的，自治的活動の面からも奨励され，スポーツ分野では全国，地区等の対外試合が段々に復活，盛んとなり，文化の分野でも，学校間の交流などが次第に行われるようになっていった。

教育の再編成

1951（昭和26）年9月，わが国はアメリカのサンフランシスコにおいて対日講和条約に調印した。これを契機にわが国の教育政策は，全般にわたって大きく転換，是正されることとなった。

ところで新学制の実施により，子どもの自主性や生活経験を重んじる新教育は，新しい民主国家建設のために国民の期待をになって出立したが，わずか数年足らずの1950年頃から世間の批判を受けることになった。つまり親たちは，占領下の混乱した社会の子どもへの悪影響を認めながら，一方で子どもの道徳心の不足，非行の頻発や基礎学力の不足を嘆き，これらの要因が新教育にあると考えたのである。

こうした世情の背景もあって，講和条約後における新教育手直しの新たな教育政策として，まず道徳教育の振興が，つづいて社会科の改訂問題がとりあげられた。

道徳教育の振興については，すでに1950年9月の第2次米国対日教育使節団報告書にもみられたが，それより少し前の同年5月，天野貞祐が文部大臣に就任して以来，文部省は講和条約後をみすえて，道徳科目を特設し愛国心を育てる方向でその具体化を図った。また社会科の改訂に関しては，従前希薄であった道徳的要素の注入とともに，社会科へ系統的学習をとり入れることを主眼として政策をすすめ，1955年，社会科の改善のため小・中学校の「学習指導要領」を改訂した。

その後1958（昭和33）年，道徳教育の振興，系統的学習の重視だけにとどまらず，戦後における教育課程見直しの総決算ともいえる小・中学校「学習指

導要領」の全面的改訂が実施された。これらの「学習指導要領」は，初めて「告示」として出され法的拘束力をもつことになったほか，全般的に国家主義の色彩が強まり，また教育課程の最低基準を示すなど国家の基準性も明示している。次に小・中学校の「学習指導要領」について，そのほかの重要な特色を列挙してみると

(1) 道徳の時間を特設する。
(2) 教育課程を4領域（各教科，道徳，特別教育活動，学校行事等）とする。
(3) 生活学習より，知識の系統的学習を重視する。

などである。

高等学校の「学習指導要領」は，1960年に小・中学校と同様の基本線で改訂されたが，そのなかで道徳教育の強化に対処したものとしては，「社会」に代えて「倫理社会」「政治経済」の2科目を新設したのが注目される。

このように，教育課程は大きく再編成されることになったが，このことは決してスムーズに実現したわけではなかった。日本教職員組合（日教組）を始めとした批判的勢力による種々のはげしい抗争や抵抗運動との，まさに攻防の結果によるものでもあった。

ところで既述したとおり，1958年改訂の「学習指導要領」では，新しく「学校行事等」が教育課程のなかに加えられた。このことは，具体的には儀式，体育祭（体育大会），文化祭（文化発表会），遠足，修学旅行などが正規に教育課程のなかにくみ込まれたことを意味する。

このうち，特に儀式について若干ふれておく。すなわち，新教育が占領下において開始されて以来，入学式・卒業式などで「日の丸」（国旗）の掲揚，「君が代」（国歌）の斉唱は，必ずしも行われてきたわけではなかった。しかし，講和条約締結をひかえた1950年秋，文部省はこれらの儀式などでの使用を通達した。この結果，いわゆる「君が代」「日の丸」論争が，学校現場における学校行事との関連で，後々に長く尾をひくことになったのである。

参考文献
唐澤富太郎『近代日本教育史』誠文堂新光社，1968年。

土屋忠雄ほか編『概説近代教育史―わが国教育の歩み―』川島書店，1967年。
仲新『教育学叢書1　日本近代教育史』第一法規出版，1969年。
仲新監修『日本近代教育史』講談社，1973年。
細谷俊夫ほか編『教育学大事典』第一法規出版，1978年。
文部省『学制百年史』帝国地方行政学会，1972年。

3　戦後の子どもの生活と文化

不就学・長欠児と児童労働

　太平洋戦争の末期になると，本土への空襲も激しくなり，1945（昭和20）年8月6日には広島，9日には長崎に原爆が落とされ，甚大な被害を受けた。そのため，家を焼かれたり，両親や兄弟を殺傷される子どもたちも増加した。このような状態で，日本は敗戦を迎えることになり，戦災孤児は空襲を受けた都市においてはどこにでも存在しており，浮浪児としての生活を余儀なくされていた。

　元神奈川県中央児童相談員の大宮録郎は著書『浮浪児の保護と指導』（中和書院，1948年）のなかで，1947（昭和22）年1月から同年12月までの間に扱った子どものうち，300名を抽出して実態調査した結果を記している。例えば，戦災孤児が浮浪生活に入る直前に居住していた場所を都道府県別に分類したのが表3-1である（なお，この表には，保護者がありながら，その手許を離れて浮浪している子どもたちも含まれている）。

　この表によれば，対象となった子どもたちは，京浜地方の浮浪児保護を目的として設立された横浜市内の児童保護所に収容されているので，東京，神奈川の出身が約6割余となっている。しかし，残りの4割ほどはほとんど全国にわたっていることがわかる。すなわち，子どもたちが，浮浪児という名の示すごとく東や西に流れていることを物語っている。

　また，当時は生活困窮によって児童を通学させることが困難な家庭が少なくなかった。それゆえ，不就学・長期欠席児童の存在が大きな社会問題となっていた。

図 3-5　外国人女性の靴を磨く原爆孤児
(村上義雄編『写真が語る子どもの 100 年』平凡社，2002 年)

表 3-1　浮浪児の出身地

府県名	実数	府県名	実数	府県名	実数	府県名	実数	府県名	実数
東　京	94	神奈川	93	大　阪	13	静　岡	8	埼　玉	8
千　葉	6	愛　知	6	海　外	6	群　馬	5	茨　城	5
宮　城	5	福　岡	5	兵　庫	4	福　島	4	長　崎	4
栃　木	3	京　都	3	広　島	3	岡　山	2	山　形	2
鹿児島	2	北海道	2	山　梨	1	長　野	1	新　潟	1
秋　田	1	和歌山	1	愛　媛	1	徳　島	1	宮　崎	1
沖　縄	1	不　明	8						

(大宮録郎『浮浪児の保護と指導』中和書院，1948 年より作成)

　文部省の 1949（昭和 24）年 4 月の調査によれば，不就学児は小学校では 4万 778 人（全在席児童の 0.4%），中学校では 4 万 7555 人（全在席生徒の 0.9%）に達している。その原因についていえば，小学生では 7.3%，中学生では 41.7%が家庭の貧困によるものであり，年齢がすすむにつれて子どもが労働力として使用されていることがわかる。

一方，長期欠席児童についてみると，1955年度の文部省の調査によれば，小学生は11万4264人，中学生は14万5823人にのぼっている。主たる原因として，小学生の場合は「病気」，中学生の場合は「親の無理解」があげられているが，実際のところは「貧困」が最大の原因であり，"戦争の傷跡"が深いことがわかる。

　これと関連して，満15歳未満の児童が違法に働かされている（原則として満15歳未満の児童の就業は禁止されている）ことが少なくないと思われる。雇用者側の間に年少労働者を低賃金で酷使する傾向が強く，貧困な親のなかには，子どもを働かせることによって生活を維持しようとする者も多かった。

　1947（昭和22）年4月から5月までの調査によると，新聞売り，靴みがき，花売りなどをして街頭で働く児童は全国に511人おり，そのうち家計の中心になっている者が58.1％もいる（野垣義行編『日本子どもの歴史7　現代の子ども』第一法規出版，1977年）。また，生徒のなかには「売血アルバイト」をしているものもおり，1952年12月28日には，宮城県で血が売れず困窮した中学生が窃盗をはたらいたという事件が発生したりもした。

子どもの健康と学校給食

　明治以来1941（昭和16）年頃まで徐々に向上してきた子どもの体位は，戦中・敗戦直後には，再び低下していた。このことは，子どもの衛生状態や栄養摂取の状況とも大きく関わっていた。敗戦直後の劣悪な衛生状態を改善するために，例えばDDT散布によってシラミの退治が図られたり，回虫の駆除のため虫下しが飲まされたりした。

　また一方，十分な栄養を供給するために，アメリカ占領軍の援助もあって，1947年1月から学校給食が開始された。わが国の学校給食は，1932年当時の経済不況により学校で昼食を欠く児童が増加して社会問題となったため，文部省がその対策として「学校給食実施ノ趣旨徹底方並ニ学校給食臨時施設方法」に関する訓令を出し，経費を国庫から支出したことに端を発している。その後，貧困児童の養護を主眼とした学校給食は，1940（昭和15）年の「学校給食奨励規程」の公布によって児童の栄養改善と体位向上を目的とするものへと変

図3-6 苦い虫下しを飲む
（熊谷元一『なつかしの小学一年生』河出書房新社，2001年）

わり，戦争の激化とそれにともなう学童疎開などにより廃止に至ったのである。

1952（昭和27）年になると，文部省は学校給食を教育計画のなかに位置付けて指導を行うように指示を出し，この年から全国でパンの完全給食がはじめられた。パンの完全給食といっても，はじめはコッペパン1個に脱脂粉乳のミルクがつくだけであったが，母親たちを弁当作りの苦労から解放し，子どもたちの体位向上にも役立つことになり，1954年には「学校給食法」が制定されている。

このようにして学校給食は浸透していくのであるが，実施されていない地域では依然として弁当持参の子どもがいた。けれども，なかには弁当をもってくることのできない子どももいた。土門拳の写真集『筑豊のこどもたち』（築地書館，1977年）には，弁当をもってこない子どもが目のやり場に困って，椅子にすわったまま絵本をみている写真が載っている。この理由としては，学校給食の不十分な普及とエネルギー政策の転換による筑豊の炭坑労働者の失職などをあげることができよう。

さらに，1958年に出版され，60万部を超えるベストセラーになった安本末子『にあんちゃん』にもその状況をみることができる。『にあんちゃん』は，

佐賀県の小さな炭坑町で両親を亡くした兄妹4人が貧しい生活のなかでもくじけることなく生きる姿を少女の眼で綴ったもので，後に映画化もされている。著者10歳の時の日記の一部には次のようにある。

　　昭和28年4月9日　木曜日　晴
　　おひるの時間に手をあらって，中竹さんと児玉さんについてきてもらい，6年2組の教室に，きょうも行ってみました。きのういなかったのできょうはべんとうはもたずに行きました。
　　にあんちゃんがおるかおらないか，教室の中をのぞいてみましたが，きょうもおりません。どこに行ったのだろうと思いながら，うんどう場を見つけるとおったので，「にあんちゃん。」とよぶと，すぐわかってこちらにやってきました。
　　「にあんちゃん」とは2ばんめのあんちゃんだから，にあんちゃんで，高一兄さんのことです。お父さんがまだ生きておられたころ，私が「高ちゃん，高ちゃん」といっていたので，それはいけないといって，2年生のとき，お父さんがつくってくださったよび方です。
　　にあんちゃんがきたので，
　　「末子たべんから，べんとうやるけん，とりおいで。」というと，
　　「そがんことせんで，おまえたべれ。」といってしかられました。
　　にあんちゃんだって，ひもじいのです。それでも私を思ってたべないといわれたのです。にあんちゃんがたべなかったので，私もたべませんでした。
　　　　　　　　　　　　　　（安本末子『にあんちゃん』西日本新聞社，2003年）

子どもの文化と遊び

敗戦後の1946（昭和21）年2月に『子供マンガ新聞』が発行され，つづいて『月刊子供マンガ』が世に登場している。童話や絵本よりもマンガがいち早く子どもたちに提供されている。1948年1月には雑誌『漫画少年』が創刊され，1950年10月からは手塚治虫の「ジャングル大帝」の連載がはじまっている。さらに，『少年クラブ』，『少女クラブ』をはじめ『冒険王』，『少年画報』，『野球少年』といった雑誌がつぎつぎに創刊され，昭和20年代後半から30年代の前半にかけて，マンガ・ブームが生じていった。そして，1959年3月に『週刊少年マガジン』，同年4月に『週刊少年サンデー』が創刊されると，月刊誌は週刊誌へと移っていった。

また，テレビ以前のマスコミ文化の中心となったのはラジオ放送であった。特に民間放送の開始された1951年9月からは急速な発展を遂げ，翌年3月にはラジオの受信契約数は971万2000台に達し，1957年3月には1397万台にまで増加している。なかでも1947年から3年7カ月にわたった「鐘の鳴る丘」，1950年5月から翌年10月までの「三太物語」，1957年1月から1959年2月にわたる「赤胴鈴之助」は子どもたちに人気が高かった。

　一方，子どもたちの遊びについては，戦後から1975年頃までを次の3つの時期に区分することができるという（前掲『日本子どもの歴史7』）。

　第1期　昭和20〜30年頃。遊びの興隆時代。

　スポーツと辻遊びの盛んな時期である。めやすを終戦（S20）から経済の戦前水準への復活（S27〜28）または，テレビ放送開始（S27）においてもよい。テレビ文化なしの時代。

　第2期　昭和30年頃〜昭和40年頃。遊びの下降時代。

　テレビ文化と商業主義にしだいにからみとられていく時期である。めやすを神武景気（S30）から新幹線開通・東京オリンピック（S39）においてもよい。テレビ文化普及進行（1〜90％）の時代。

　第3期　昭和40年頃〜昭和50年頃。遊びの沈滞時代。

　テレビ・マンガ・塾・おけいこごと，そして商業主義にからみとられて遊びが閉塞していった時期である。めやすを新幹線開通・東京オリンピック（S39）からオイルショック（S48）においてもよい。テレビ文化確立。カラー放送普及進行の時代。

　このうちここでは第1期についてふれておきたい。この期の遊びの特徴は野球であろう。子どもたちは，見よう見まねでグローブやミットを作り，ボールも糸をまいて，木を削ったバットを使ってい

図3-7　布製のグローブ
（図3-6と同書）

た。高校野球や大学野球が復活し，ラジオの実況放送がはじまったこともよい刺激になっていた。「6・3制野球ばかりが強くなり」と皮肉られたのもこの頃であった。

半澤敏郎『童遊文化史　第4巻』（東京書籍，1980年）によれば，当時の日本は敗戦国として連合国軍の占領とマッカーサー総司令部の監督下にあったので，戦前から広く奨励されていた柔道や剣道は禁止され，反対に野球はアメリカ発祥のスポーツゆえに，1946年には生命を取り戻したという。

新しい子どもたち

日本の敗戦によって，それまでの徹底した「皇国民錬成」の教育は崩れていった。しかし，そのもとで育てられた子どもたちは，なお米英に対する復讐を語っていたが，まもなく民主主義社会といった新しい状況に対応していくことになり，学校の雰囲気も戦前とは大きく異なってくる。

例えば，阿久悠『瀬戸内少年野球団』（文藝春秋，1983年）には，1946（昭和21）年4月から男女共学やそれに伴う学内の民主化に対する子どもたちのとまどいが記されている。この書物は，阿久悠自身の戦後史が小説の形式で発表されているので，資料的には限界もあるが，貧しかったけれども活気に満ちあふれていた当時の様子の一端をみることができる。

また，この時期の新しい高校教育を扱った小説としては，石坂洋次郎『青い山脈』を取り上げることができる。この作品は，1947年6月から10月まで朝日新聞に連載され，後になると映画化もされ，話題になった。この作品が当時の学生や生徒に広く読まれた理由について，伊ヶ崎暁生『文学でつづる教育史』（民衆社，1985年）では，1つは解放された青春というテーマ，あと1つは東北（青森）の一私立女学校の，いわば封建的・前近代的な学校経営に対する民主化運動が描かれていたことが指摘されている。この小説には次のような一節がある。

去年，雪子が赴任したばかりのころ，学校にはまだ生徒あての手紙の検閲制度が行なわれていた。生徒に間違いがないように，という趣旨は結構なようであるが，はたから見ていると，教育をするということは生徒のアラを拾うことだという消

極的なものが感じられて面白くなかった。で，雪子は職員会議の席で，しばしばこの制度の廃止を唱えて，とうとう自分の主張を実現させたのであるが，それだけに寺沢新子がもって来た手紙も読みたくない気持ちが強かった。

(石坂洋次郎『青い山脈』新潮文庫)

　これは，ある日，若い英語の教師，島崎雪子の受持生徒である寺沢新子が職員室にやって来て，「恋しい，恋しい」と書くべきところを「変すい，変すい」と書かれている手紙を差し出した場面であり，当時の手紙に対する検閲制度を廃止した様子が描かれている。この小説は，理事会民主化運動とも呼べる結果を生んでいて，「他愛のない筋ではあるが……当時の抑圧された学校体制を変革しなければならないという広はんな人びとの感情と意識に支えられていた」(前掲『文学でつづる教育史』)ことは否めないところである。『青い山脈』は小説としての限界があるとはいえ，当時の雰囲気の一端を伝えている。

　一方，大学は，旧制の大学，専門学校，高等学校，師範学校などを前身として，4年制の大学が設置され，高等教育機関のなかにあった差別が取りのぞかれた。その結果，1950年には，短期大学も含めて350校にのぼる大学が誕生し，「駅弁大学」ということばが生まれた。命名者は大宅壮一で急行列車の止まるところに駅弁あり，駅弁のあるところに大学ありということで付けられ，たちまち流行した。

　さらに，彼は「太陽族」ということばも創り出している。もとはといえば一橋大学に在学していた石原慎太郎の『太陽の季節』が1956年の第34回芥川賞を受賞し，ベストセラーになったことに端を発している。この作品に対しては選考委員の見解が大きく分かれたが，同年5月には，これが映画化され，世間の話題を呼んだ。この作品は，「大人たちからはひんしゅくと好奇心で，同時代の青年たちからは共感と羨望」(奥野健男「解説」『太陽の季節』新潮文庫)をもって迎えられ，奔放な青少年の心情を表現して「太陽族」ということばが生まれたのである。

　ちなみに青少年の犯罪についてみると，1945(昭和20)年から1949年までは，毎年犯罪発生件数の記録が更新された時期であった。1950年から1954年までは，朝鮮戦争による特需などによって戦後の復興が進められ，敗戦直後の

犯罪増加傾向がおさまり，退潮を示した時代であった。しかし，昭和30年代前半になると，再び犯罪発生件数が増加しはじめた。この時期からは犯罪率でみれば，少年では上昇，成人では下降している。

　濱島朗編『現代青年論』（有斐閣，1973年）によれば，石原慎太郎は故小田実とともに昭和ひとけた後半生まれの世代ということになり，この世代は，戦前に幼児期を経て，敗戦時からその直後に15歳に達した勤労動員・学童疎開を経験した世代で，昭和ひとけた前半生まれとともに戦後の混乱に巻き込まれ不良化せざるを得なかった世代と位置付けられている。

参考文献
伊ヶ崎暁生『文学でつづる教育史』民衆社，1985年。
中野光『戦後の子ども史』金子書房，1988年。
野垣義行編『日本子どもの歴史7　現代の子ども』第一法規出版，1977年。
村上義雄編『写真が語る子どもの100年』平凡社，2002年
安本末子『にあんちゃん―十歳の少女の日記―』西日本新聞社，2003年。

第4章

経済の成長・停滞と生活・教育の変容

1 経済成長と教育

経済と教育

　1950年代は，占領政策の転換とともに日本資本主義の復活・再編が行われ，来るべき1960年代の高度成長を準備する時であったともいえよう。日本経済の大いなる発展のためには，教育に待つところ大であるとされる。そのための地ならし的諸施策が教育の面でも展開されたのである。1954（昭和29）年5月「教育二法」（義務教育諸学校における教育の政治的中立の確保に関する臨時措置法，教育公務員特例法の一部改正法）の制定をはじめとして，任命制教育委員会による教育行政の中央集権制回帰，1957年11月愛媛県を皮切りとする教員への勤務評定実施による管理強化さらに同年以降強まる教科書検定および1958年10月に告示された小・中学校の「学習指導要領」に示される教育内容の統制強化である。これら一連の諸施策によって，教育行政面・教員管理面・教育内容面のいずれにおいても文部省の意向が反映しやすい体制ができあがったといえる。一方「わが国の国力と国情に適合し，よく教育効果をあげ，以て，各方面に必要かつ有用な人材を多数育成し得る合理的な教育制度」（政令改正諸問委員会答申）の確立も，1960年代の計画経済政策を展開するために求められたのである。

　1960年7月，日米安全保障条約締結後，総辞職に追い込まれた岸内閣にか

わって，池田内閣が発足した。池田首相は日米安保体制を堅持しながら，「国民所得倍増計画」をはじめとする一連の経済政策を展開した。それは，国家が主導して日本の産業構造の重化学工業化および設備の近代化，大型化をはかるものであった。

政府・経済界は，このような産業構造の変化に伴う労働力（技術者を含む）需要に教育界が応じることを要請した。それをうけて文部省は翌 1961 年度より中学 2，3 年生を対象に主要 5 教科の全国一せい学力テストを実施することを表明した（『文部時報』1960 年 11 月号）。そこには，「目下政府が立案中である三十六年度より四十五年度に至る国民所得倍増長期計画において，広く人材を開発することを必要としているが，何よりも，優れた人材を早期に発見し，その者に対する適切な教育訓練を施すことがたいせつである」とあるように，当初は「人材開発」というねらいをストレートに打ち出していた。翌年にはこの目的に代えて「教育条件の整備」を前面に出してきた。

このように教育は個人の成長・発達に資するものという考えから，経済発展を支えるものととらえる考え方がこの時期以降盛んになった。1962 年 11 月文部省の「日本の成長と教育」における「教育投資論」，さらにはこの期の教育政策を代表する「マンパワーポリシー」なる語を生み出した 1963 年 1 月の経済審議会答申「経済発展における人的能力開発の課題と対策」などはその好例である。後者はまず冒頭で，人的能力政策の目的とは「国民生活の向上のための経済発展，これを担う要素としての人的能力の開発」であると述べ，「人的能力＝労働力」とみることに対する批判をかわそうとしている。技術革新と自主技術確立による経済発展を至上命題とするからには「教育および社会における能力主義の徹底」が必要であるとし，ハイタレント・マンパワーの養成を強調している。このハイタレント・マンパワーとは「経済に関連する各方面で主導的な役割をはたし経済発展をリードする人的能力」，例えば，科学技術者・経営者・労使の指導者など「高度の能力をもった人間」のことである。

高等教育では理工系を中心とした大学・大学院の充実が強調され，工学部での実習の必要性が叫ばれている。後期中等教育は「産業界の需要の変化と進学者の増加による供給側の条件の変化に即応した改善が必要」であるとし，普通

課程の就職クラスに職業教科の履修をすすめ，工業系での機械・電気・化学などの拡充や企業における実習が強調された。また，中学・高校を「能力の観察と進路指導強化」の年代として重視するとか，「飛び級制」の検討も提言されている。このように，この答申に一貫して流れている基調は，GNP（国民総生産）をよりいっそう高めるため技術革新時代にふさわしい教育の再編を求めているところにある。そのキーワードは「産学共同」と「能力主義」である。ここには経済的利益を追求し，教育本来の「個人の尊厳を重んじ，真理と平和を希求する人間の育成」を後回しにしている姿が如実にあらわれているといえよう。

　1960年代は高校への進学率が飛躍的に伸びた時期である。それは高度成長政策のもとで，高卒や大卒程度の技術者の需要が高まったのと，戦後のベビーブーム世代がこの時期にさしかかったことがあげられる。政府は1960年の国民所得倍増計画で1970年の目標年次の高校進学率を72％と予想し，ベビーブーム世代が高校入学年齢時にさしかかる1963年から1965年にかけての高校増設は工業高校などの増設を中心に考えなければならないと主張した。これは，高校進学率を低く予測することによって高校増設をおさえ，中卒労働者を一定程度確保するとともに，高校を増設する場合でもそれは普通高校ではなく工業高校を増設することによって下級技術者の確保をねらいとしたものとも考えられる。

　1961年9月，5年制高等専門学校を設置するため，学校教育法の一部改正が行われ，翌1962年4月に12校の発足をみた。その目的は「深く専門の学芸を教授し，職業に必要な能力を育成すること」と規定している。すなわち，工業高等専門学校は大卒の上級技術者と高卒の下級技術者の間で働く中級技術者養成機関として位置付けられたのである。それとともに重要なことは，戦後教育改革によって生みだされた6・3・3・4制とは別の，6・3・5制を創出したということ，およびこの学校体系はすでに1951年政令改正諮問委員会の教育制度改革案中に提示されていたことである。

　1963年6月，文相から諮問を受けた中央教育審議会は，1966年10月「後期中等教育の拡充整備について」の答申を，別記「期待される人間像」とともに

提出した。

　答申は後期中等教育の目的・性格をつぎの3点にまとめている。
(1) 後期中等教育は，15歳から18歳までのすべての青少年が，義務教育終了後の3年間，学校教育，社会教育その他の教育訓練を通じて，組織的な教育の機会を提供する。
(2) その教育の内容や形態は，各個人の適性・能力・進路・環境に適合したものであり，社会的要請を考慮して多様なものとする。
(3) すべての教育訓練を通じて，人間形成上必要な普通教育を尊重し，個人，家庭人，社会人，国民としての深い自覚と社会的知性を養う。

　答申のいう「後期中等教育」像は上記(1)にまとめられている。一見すると「すべての者に中等教育を」で有名なイギリスの経済史学者トウニーの理念と同じように思われるが，中身は「多様な」形態をもった不完全な中等教育像である。具体的には，中学校段階での観察指導の強化，高等学校段階の職業科の細分化（1973年5月1日現在，257学科），連携教育の拡大が進められた。これは各個人の「適性・能力等」に応じた教育といいながら，実質的には差別・選別的教育体制の傾向を強くもつものであったといえよう。

教師・国民の教育運動

　敗戦直後からあらゆる階層による，あらゆる分野にわたる運動が展開されることになった。戦前・戦中は天皇制国家体制のもと強力な治安維持組織が存在したため，上記の運動は起こりうべくもないし，起こったにしてもたちまち圧殺されてしまったのである。もっとも戦後も1940年代後半から1950年代前半までは，国家経済の再建に力が注がれていた時期なので，国民レベルでの教育・文化運動にまで発展したものは少ない。

　1947（昭和22）年6月に結成された日本教職員組合（日教組）は，朝鮮戦争の深刻化が懸念される1951年1月「教え子を再び戦場に送るな」のスローガンを採択し，以後反戦・平和教育運動を展開している。また同年11月には第1回全国教育研究集会（於日光，通称「教研集会」）を開催し，日教組が教職員の労働組合であることを証明したのである。

1950年前後を境にアメリカナイズされた新教育運動に対する内外の批判が強くなったが，決定的な衝撃を与えたのは1951年3月刊行の無着成恭編『山びこ学校』であった。当時の新教育運動はどれだけ子どもたちの生活実態に迫っていただろうか，うわっすべりの公式主義論に陥ってはいなかっただろうか。「民主主義教育は，しいたげられ，はずかしめられた民衆の子弟の解放の教育として出発」しなければならない。『山びこ学校』収載の綴方は，実生活の生産労働をにないながらも，貧しい生活に挑戦する姿を表現しつつ「貧しさからの解放をめざす共同の思考と行動の表明」に貫かれていたのである（海老原治善『民主教育実践史』新版，三省堂，1977年）。同年刊行された寒川道夫編・大関松三郎詩集『山芋』とともに，戦前・戦中の民間教育運動たる生活綴方運動の復興が画されたのである。

大学関係者らの知識人による運動の指導もこの期の特徴といえよう。すでに述べた1951年の政令改正諮問委員会答申に対して，東京大学教育学部関係教授団（海後宗臣，勝田守一ら）は同年10月批判的「意見」を表明した。なかでも「学校制度によって社会の階層制を助長」し，「産業構成の上で，兵卒，下士官，将校の養成をそれぞれの学校に割りつけるもの」という批判は，きたる1960年代の高度経済成長時のハイタレント・マンパワー政策批判としても有効であり，その後の政府の教育政策の本質を見抜いたものであったといえよう。

1956（昭和31）年3月「地方教育行政の組織及び運営に関する法律案」が上程されると，23人の大学総長・学長や全国76の大学の教授617名，さらに日教組や日本教育学会等の団体，全国の教育委員から続々反対声明が出された。この法案が国会で審議されているさなか，法案反対の意思表示を日教組はデモ行進によって示したが，その模様を石川達三は『人間の壁』で次のように描いている。

　　行列のなかには小学校の校長さんもいる。校務主任もいる。日教組中央執行委員もいるし，もとは看護婦であった中年の養護教諭もいる。……行進する大集団は，一見して労働者の集まりであった。教師は聖職であるとか，工場労働者とは違うとか，いろいろな世間の論議はあるにしても，こうして集まった人々の姿は，

薄給の労働者以外の何ものでもなかった。　　（石川達三『人間の壁』新潮文庫）

　地方教育行政法成立後，任命制教育委員会のもとで学校管理規則が制定され，勤務評定が導入されると，かつて共にデモ行進をした校長や主任と一般教員の間には管理する側と管理される側という溝ができあがっていったのである。

学力テスト反対闘争

　全国一せい学力テストは，1961（昭和36）年度より「人材開発」や「教育条件の整備」を目指し1964年度まで「悉皆」実施された。しかし，日教組の反対闘争や，学力テストに絡む不正問題が明らかになるにつれ，1965年以降は従来の抽出調査に戻り，やがて中止された。教委・校長と教師が学力テスト実施・阻止を争うなかで，中学生自身が学力テスト拒否に出る地域が全国各地でみられた。以下は，三池和彦『高度経済成長期における教育政策の研究』（1988年度　熊本大学教育学部卒業論文）によりながら，東京都保谷町（現西東京市）の中学生の動きをおってみよう。

　保谷町立ひばりが丘中学校では1963年6月26日学力テスト実施に際して「なぜ学力テストをやるのか」，「調査なら名前や番号を書く必要がないのではないか」という疑問が担任教師や校長の説明によっても氷解せず，当日生徒集会を開いて「賛成」「反対」を議論した。2日目も集会を維持し，最終的には教師の説得に応じて教室に入ることになったが，「やる人は自分の信念で，やらない人も自分の信念で，先生がいうからとか，大ぜいがやるからとかでなく，また，ただ面白がってやるというのではなく，みんなと話し合ってもらいたい。納得のいくまで聞いてもらいたい。私達はまだ話し合いたいのです」と放送室のマイクは生徒たちに呼びかけていたという。その結果，白紙や番号・名前のない答案が8割以上出たという。

　さらに，保谷の中学生（町内には，2校ある）の学力テストに対する生の声をひろってみよう。

　　学力テストは先生がやるのではなくて，生徒がやるのだから，生徒の意見も聞かないで，やるのはいやでした（2年男子）。

図 4-1 ひばりが丘中学校の生徒集会の様子（1963 年 6 月 27 日）
東京のひばりが丘中学校では一部の生徒がテスト開始時に校庭に出てしまい，開始が約 20 分遅れた。（写真：共同通信社，『昭和 二万日の全記録 第 12 巻 安保と高度成長 昭和 35 年▶ 38 年』講談社，1990 年）

　校長先生はこの調査は義務であるから義務教育中のみんなは受けなくてはならないといいました。なぜこの調査は義務なのだろう。調査だったらなぜこのように強制的に全国一斉にするのだろう。それに義務というものは，どんなことでもしなければならないのだろうか（3 年女子）。
　僕は休んでいたので，わからないが僕は，学力テストより，高校を多くしてほしい。なぜ？　それは，テストは毎日やっている。中間や期末テストや月例テストなどをしょっちゅうやっているのだから。学力より僕らの進学する人々たちのために高校を多くたてたほうがいいのだろうと思う（2 年男子）。
　1962（昭和 37）年度は実施見送りが決定された。1963 年度も学力テスト反対協議会の活発な活動もあって不実施の予定であった町教育委員会は，文相の町内での講演会やさまざまな圧力のもとで実施を決定した。しかし，中学生たちは「自分たちで話しあって結論を導き出そう」と努力し，最後には自分の信念に基づいて対応した結論が「白紙答案」だったわけである。まさに，子どもは大人・教師の予測をも上回る行動力・考えを示したといえよう。

高校全員入学運動

　戦後のベビーブーム期に生まれた子どもたちは，小・中学校で常に「すしづめ学級」に甘んじさせられてきた。そして，「入学試験」が課せられる高校にあっては，「定員枠」によって「すしづめ学級による授業」すら希望しても保証されないことになった。そこで，1959（昭和34）年頃から日教組・日高教さらに日本母親大会や総評などが中心になり，30の都道府県が参加して「高校全員入学問題全国協議会」（略称「全入全協」）が1962年4月結成された。

　表4-1から全入全協の高校進学率の見通しが文部省の予測と違って，いかに実際の数字に近いかがわかるだろう。

　高校全入運動は，文部省の「多様な」中等教育ではなく「完全な」中等教育を「すべての者に」保証すべく展開されたもので，「高校増設にとどまらず，小・中学校のすしづめを解消し，教師の定数をふやし，教育の施設・設備の充実をはかり，学習における子どもたちの脱落をふせぎ，すべての中学卒業者が学習意欲に燃えて高校に進学」できることを目指した運動といえる（高校全員入学問題全国協議会編『戦後民主主義教育運動の思想と運動』青木書店，1971年）。

表4-1　高校進学率の上昇と全入全協および文部省の推計

年　度	1961	1962	1963	1964	1965	1966	1967	1968	1969	1970
実　　　　際	62.3	64.1	66.8	69.3	70.7	72.3	74.5	76.8	79.4	82.1
文　部　省	66.3	61.0	60.0	61.5	63.0	64.5	66.0	68.0	70.0	72.0
全　入　全　協		66.3	64.8	68.3	70.3	72.3	76.0	78.0	80.0	82.0
中学卒業見込	141	196	250	244	237	214	196	185	174	167
高校入学見込	95	120	150	150	149	138	129	126	122	120

1）進学率は％，中学卒業見込・高校入学見込生徒数は万人
2）文部省推計および生徒数は「高等学校生徒急増対策と"高校全入運動"の可否」（文部省初等中等教育局，1962年5月9日）。全入全協の数値は『戦後民主主義教育運動の思想と運動』225頁

図 4-2　高校増設，すしづめ学級解消を求める東京の母親たち（1961 年）
（写真：機関紙連合通信社）

参考文献
乾彰夫『日本の教育と企業社会――一元的能力主義と現代の教育＝社会構造―』大月書店，1990 年．
海老原治善『民主教育実践史』新版，三省堂，1977 年．
『昭和　二万日の全記録　第 12 巻　安保と高度成長　昭和 35 ▶ 38 年』講談社，1990 年．
「戦後日本教育史料集成」編集委員会編『戦後日本教育史料集成 3〜9』三一書房，1983 年．
宮原誠一ほか『資料日本現代教育史　第 1〜3 巻』三省堂，1974 年．
歴史学研究会・日本史研究会編『日本史講座 10』東京大学出版会，2005 年．

2　子どもの生活と教育の変化――高度成長から低成長の時代へ――

高度経済成長期の地域社会と家庭の変化

　日本の社会は 1955（昭和 30）年以降 1960 年代の高度経済成長期を経て，世界でも類例を見ないスピードで激しい社会変動を経験した．まず，社会変動は産業化の進行に伴う就業構造の変動という形をとって進んだのである．産業別就業構造は，農業・漁業などの第 1 次産業中心から製造・建設などの第 2 次産

業中心へ、さらに金融・流通・公務などのサービス業と呼ばれる第3次産業中心へと移行した。産業別就業者の比率は1960年から1970年の間に、第1次産業が32.6％から19.3％へと減少し、第2次産業と第3次産業がそれぞれ29.2％と38.2％から34.1％と46.6％へと増加したのである。産業間の人口移動のスケールの大きさによって、高度経済成長期の日本の社会変動がいかに激しいものであったかがよくわかる。

ところで、工場が誘致され産業開発が進むと、おのずとそこに人々が集まり都市が形成される。したがって、産業化には都市化が必然的に伴うといえる。日本では高度経済成長期に、農村から都市への著しい人口移動がおこった。人口は3大都市圏に集中し（1960年38％から1970年50％へ）、さまざまな都市問題を発生させる一方で、農山漁村に深刻な過疎問題を生じさせたのである。

このような産業化や都市化が進展する高度経済成長期以降、子どもの地域社会と家庭における人間関係に大きな変化が生じた。

高度経済成長期に入る前は、都市においても、年長の「ガキ大将」に率いられた近隣の遊び集団が存在した。異年齢の子どもから成る遊び集団の中で、子どもは遊びのルールやさまざまな技術を継承していた。子どもは遊びを通じて、集団内での個人の役割や勝負のきびしさなどをおのずと学んでいたのである。しかし、高度経済成長期以降、「車が多いから道路で遊んじゃダメ」とか「宿題やってから、塾へ行ってから遊びなさい」といった母親の声に表れているように、空き地や原っぱなどの子どもの遊び場が縮小され、塾通いなどによって勉強時間が増加した。さらにテレビの普及も手伝って、子どもは家の外であまり遊ばなくなった。このような状況と1夫婦あたりの子ども数の減少（1952年4.93人→1962年3.90人→1972年2.20人）などによって、異年齢の遊び集団は都市において成立しえなくなった。したがって、子どもは放課後学習塾や「おけいこごと」教室に行って友達と会う以外に、地域社会における子どもどうしの人間関係をあまりもてなくなったのである。

次に家族形態についてみると、高度経済成長期に農山漁村から都市へ流入してきた労働者層の核家族世帯形成を背景として、核家族化が進行した。また、都市での住居の狭さを含む子育て環境の悪化、学歴社会化にともなう教育費の

支出増などを原因として，1夫婦あたりの子ども数は減少した。核家族世帯内で親が2，3人くらいの子どもを大切に育てる時代になったのである。これに比べると，高度経済成長期に入る前の家庭には兄弟姉妹が4，5人くらいいて，いちばん上の子どもといちばん下の子どもの間の年齢差は10歳くらいあるのが普通であった。下の子どもからみれば，上の兄姉というのは大人になりかかっている，大人と子どもの中間の存在である。家庭でも親子関係以外に，兄弟姉妹の間で，互いに励まし競い合う機会をもつことができたのである。そして，子どもは挨拶や箸の持ち方などの基本的生活習慣についても，家庭の人間関係の中で身につけていた。核家族化の進行及び1夫婦あたりの子ども数の減少は，実はこのような家庭のなかで子どもが育っていく状況や親子関係にも影響を与えたのである。

　以上のように，高度経済成長期以降，都市では地域社会の子どもの遊び集団が減少した。また，核家族化及び1夫婦あたりの子ども数の減少が進行した。そして，徐々に地域社会と家庭における子どもの「人間関係の希薄化」が生じ，既存の「地域社会の教育力」と「家庭の教育力」と呼ばれるものが低下した。つまり，高度経済成長期以降，従来は家庭や地域社会で行われていた子どもの基本的な生活行動や対人行動などについての教育を，学校に頼らなければならない状況になったのである。生活の便利さ，快適さを実現したのは技術革新であり，社会階層の移動も学歴に裏うちされていることに親が気づいた時，親の学校教育への期待は既存の「地域社会の教育力」や「家庭の教育力」を代替することのみではなく，さらに高学歴を支える知識技術の教育（教科教育）の拡充へと傾斜していった。

テレビの普及と子どもの生活

　高度経済成長の過程で，子どもたちの生活や遊びは，大量消費社会の一大市場として，商業主義のうちに取り込まれた。そして，オイル・ショックを契機として訪れた，「省エネ」・「省資源」を新たな目標とする時代は，情報とハイ・テクノロジーの時代となり，コンピュータや先端技術の採用などによってハイ・テク化された玩具・ゲームを生み出すことになる。そうしたなかで，テ

レビの普及は，その圧倒的な情報量をもって，高度経済成長とそれ以降の時代における「子ども文化」の変容に関する最も重要な役割を果たしたといえよう。

テレビは，人気マンガやラジオドラマの劇化・アニメーション化によって，子どもたちをとりこにした。テレビ番組のキャラクターは玩具となり，また文房具を彩り，菓子のおまけとなった。そして，鉄とコンクリートとに固められていく生活の空間で，子どもたちは「変身」して「怪獣」を倒し，「魔法」で「いじめっこ」をやっつけ，「二十一世紀の科学」が生み出した「巨大ロボット」を操っては「正義」と「平和」のために戦ったのである。

1963（昭和38）年1月，手塚治虫の人気漫画「鉄腕アトム」が国産第1号のテレビ・アニメーションとなって放映されると，常に30％以上という高視聴率を維持し続ける大ヒットとなった。これに乗じ，「鉄人28号」「狼少年ケン」「黄金バット」「サイボーグ009」「おばけのQ太郎」など次々とアニメ番組が作られるようになり，マンガは子どもの「雑誌」から家族の「茶の間」へと展開した。また，特技撮影を駆使した番組としては，「ナショナルキッド」「まぼろし探偵」「怪傑ハリマオ」「少年探偵団」「ウルトラマン」「仮面ライダー」などが人気を集めた。これらの「科学の力」や「超能力」で武装した正義の主人公にあこがれる一方で，いわゆる「スポーツ根性もの」にも，子どもたちは熱中した。「巨人の星」「タイガー・マスク」「柔道一直線」「サインはV！」「アタックNo.1」などは，虚実入り交じりながらも，そのリアルな説得力によって人気を集めた。

子ども向けのチョコレートやスナック菓子も，パッケージやおまけ，プレミアム企画として，テレビのキャラクターを続々と

図4-3 夕食とテレビ
(岩本努編『写真・絵画集成 日本の子どもたち3』日本図書センター，1996年)

採用した。この傾向が社会問題にまで発展した象徴的事例として，1971（昭和46）年にカルビーから発売された「仮面ライダースナック」を巡る一件がある。このスナックの袋のなかには人気番組「仮面ライダー」に登場するキャラクターの写真カードが入っており，子どもたちはおこづかいを「カード」集めにつぎ込んだ。なかにはお年玉をはたいて，コレクションするものもいた。この時「食べ物」としてではなく，「カード」のパッケージとして「スナック」を求めるために，菓子は食べずに犬にやったり，その場で捨ててしまう子どもが続出し，「食べ物を粗末にする」などとして道徳的に問題とされ，結局，メーカー側は生産中止を余儀なくされたのである。

　一方で，テレビを含め，内容の均質性や即時性という特質をもった巨大なマス・メディアは，例えば「口裂け女」に象徴されるような共同幻想の世界をもつくりあげる。「口裂け女」は，1979年に岐阜県下呂温泉の一農家の便所から出たという山姥ふうの妖怪に端を発する話が，タクシーの運転手によって京都方面に伝わり，それがマスコミの力を借りながら全国に広がったものである。それは，マス・メディアという，過剰な，しかしあいまいな情報が，学校や塾でのとりとめもない饒舌なおしゃべりの題材として拡大再生産されるなかで生まれた，情報化時代の怪異譚であった。

　都市化の進行や「受験競争」の激化に伴って，遊び場の消失や塾通いなどによる時間の拘束がおこると，子どもたちは閉塞的・抑圧的な状況に追い込まれていった。集団で遊ぶ機会が減り，テレビ画面のキャラクターに慣れ親しんだ子どもたちの目は，エレクトロニクス技術の盛り込まれたハイ・テク玩具が登場するや否や，それに引き付けられた。1979年にはテレビ・ゲーム「ブロックくずし」や「インベーダーゲーム」が登場し，喫茶店やゲームセンターなどに設置された。翌年，「ゲーム＆ウオッチ」（任天堂）が発表されると，学校の登下校時や休み時間，塾の行き帰りといった時間をも活用しうる娯楽として，子どもをとらえた。これは，1983年に登場し，その後一大ブームを巻き起こすことになる「ファミリー・コンピュータ」（任天堂）に代表されるコンピュータゲーム時代の先駆であった。

　しかし，そこにあったのはテレビ画面外での「ごっこあそび」からボタン操

作によるモニター画面上の擬似体験への移行である。画面上の世界に能動的に参加するという意味においては，1つの進化であるともいえようが，テレビないしモニター画面上の擬似体験は，人間としての身体接触や交歓を補償しない。それは家族間の，ひいては人間どうしの接触を奪い，他人の喜びや哀しみ，悩みといったものに共感する能力を育むこともない。子どもたちの「人間関係の希薄化」や私生活への沈潜といった問題状況は，以上のような生活や遊びの変化にかかわって浮上するものであり，次にみるような学校をめぐる動向にも深く根ざしているのである。

受験競争の激化と「教育荒廃」

高度経済成長によって所得・生活水準が向上し，大量生産・大量消費，「一億総中流」意識が一般化するとともに，高校への進学率は急速に上昇し，1974（昭和49）年に初めて90％を超えた。また，大学・短大への進学率も，1960年代後半から1970年代前半にかけて急上昇した。

高校教育が大衆化・準義務化し，高等教育も含めた受験競争が過熱する最中の1968（昭和43）年に，「学習指導要領」の改訂（中学校は1969年，高等学校は1970年）が行われた。同改訂は，科学技術の急速な進歩への対応，国際競争力の向上を主眼としたもので，最新の科学技術の成果を教育内容に反映させる，「教育内容の現代化」が図られた。能力主義に基づき，経済発展に寄与しうる人材の養成を目指した，この「学習指導要領」は，1971（昭和46）年度から実施されることになる（中学校は1972年度，高等学校は1973年度から）。

当時，「乱塾時代」（毎日新聞社会部『乱塾時代―進学塾リポート―』サイマル出版会，1977年）という言葉が流行するほど，学習塾・進学塾が増加し，進学熱の高まりとともに，受験競争はいっそう激しさを増していった。1977年3月には，文部省によって「児童生徒の学校外学習活動に関する実態調査」が発表され，通塾率が小学生で12％（6年生は26.6％），中学生で38％，通塾日数が小・中学生とも週2日強となっていることが明らかになった。また，将来進学させたい学校段階が高い家庭ほど通塾率が高い（「高等学校まで」の場合は12.9％，「大学まで」の場合は24.1％）という結果も示された。さらに，1979年

からは、国公立大学共通一次試験が始まり、予備校への依存、偏差値の浸透、大学の序列化が顕著になっていく。

教育内容における現代科学技術の成果の反映、系統性の重視を特徴とする、1968（昭和43）年版の「学習指導要領」は、先述したように、1970年代前半に実施された。それに伴い、学校では、高度でしかも多量の教育内容を限られた時間でこなすため、子どもの理解度を十分に斟酌する余裕もなく、詰め込み式で進度の速い授業が行われた。そうした状況は、「新幹線授業」といわれ（1964年に東海道新幹線の営業開始）、授業についていけない子どもたちを指す「落ちこぼれ」という言葉が広まった。そして、そうした問題点を示す、「七五三（教育）」という言葉──授業についていける子どもの割合が、小学校で7割、中学校で5割、高等学校で3割という状況を指す──も生まれた。

図4-4 小学校入学試験の特訓
（1978年）
（「子どもたちの昭和史」編集委員会編『[写真集] 子どもたちの昭和史』大月書店、1984年）

受験競争が激化するなか、「落ちこぼれ」とされた子どもや、学校生活でのストレスを抱えた子どもが増加し、「非行」「校内暴力」「いじめ」「不登校」などの、「教育荒廃」といわれる現象が大きな社会問題となった。例えば、校内暴力に関しては、1980年10月に、三重県尾鷲市立尾鷲中学校で警官51人が出動する校内暴力事件が発生し、1982年3月には、校内暴力の続いた千葉県立流山中央高校の校長が服毒自殺をしている。また、少年による重大事件も世間を騒がせた。1980年11月、神奈川県川崎市の予備校生（2浪）が金属バットで両親を殺害する事件が発生し、1983年の1月から2月にかけて、横浜市中区で10人の少年（うち中学生が5人）が連続して浮浪者を襲撃する事件が起

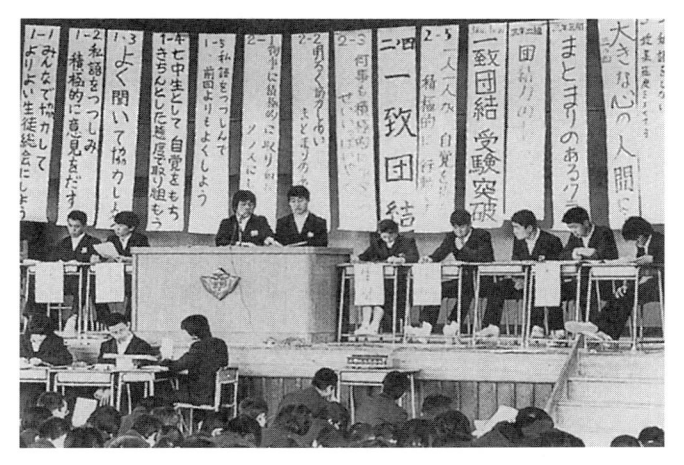

図 4-5　非行や校内暴力をなくす生徒会活動（1983 年）
（図 4-4 と同書）

こった。以上のように「教育荒廃」が深刻となるなか，1979 年には，学園ドラマ「3 年 B 組金八先生」が放送され，話題になった。

「ゆとり」のある教育へ

　学習塾・進学塾の乱立に象徴される受験競争の過熱，それに伴うゆとりの乏しい子どもの生活が問題視されるなか，そのような状況を打開するために，1976（昭和 51）年 10 月，教育課程審議会によって「教育課程の基準の改善について」（審議のまとめ）が発表された。そこでは，教育課程基準の改善のねらいとして，①人間性豊かな児童・生徒を育てること，②ゆとりのあるしかも充実した学校生活が送れるようすること，③国民として必要とされる基礎的・基本的な内容を重視するとともに児童・生徒の個性や能力に応じた教育が行われるようにすることが掲げられた。そして，授業時数については，「児童・生徒の学習負担を適正なものとし，ゆとりのある学校生活が送れるようにするとともに，各学校が創意を生かした教育活動を一層充実して行うことができるようにすることを考慮」し，削減が示された。また，教育内容についても，「児

童生徒の学習負担の適正化に特に配慮しながら，各学校段階及び各学年段階において確実に身につけさせるべき基礎的・基本的な内容に精選を図る」とした。

　以上のような，教育課程審議会の「審議のまとめ」を受けて，1977（昭和52）年に小・中学校，翌1978（昭和53）年に高等学校の「学習指導要領」が改訂された。同改訂は，1968年版の「学習指導要領」によって増大した，子どもの学習負担の軽減を目指したものであり，授業時数の削減や教育内容の精選がなされた。これを契機に，系統的な科学技術教育を重視する，「現代化」路線からの大きな転換が始まることになる。そして，教育に「ゆとり」を取り入れるこうした姿勢は，1984年に設置される臨時教育審議会によって，いっそう明確なものとなる。

参考文献
安東由則編『新堀通也の日本教育歴年史―1979-2004―』北大路書房，2005年。
苅谷剛彦『大衆教育社会のゆくえ―学歴主義と平等神話の戦後史―』中公新書，1995年。
久保義三・米田俊彦・駒込武・児美川孝一郎編著『現代教育史事典』東京書籍，2001年。
栗原彬『やさしさの存在証明―若者と制度のインターフェイス―』新曜社，1989年。
高度成長期を考える会編『高度成長と日本人　個人編，家庭編，社会編』日本エディタースクール出版部，1985～1986年。
斉藤次郎・高橋恵子・波多野誼余夫編『同時代子ども研究2　見る・読む・聞く』新曜社，1988年。
野垣義行編『日本子どもの歴史7　現代の子ども』第一法規出版，1977年。
藤田英典『教育改革―共生時代の学校づくり―』岩波新書，1997年。
『別冊太陽・子どもの昭和史　昭和三十五年～昭和四十八年』平凡社，1990年。
吉田千秋ほか『競争の教育から共同の教育へ』青木書店，1988年。
歴史学研究会編『日本同時代史4　高度成長の時代』青木書店，1990年。

3　グローバリゼーションのなかの生活と教育

低成長・バブル・「失われた10年」
　1960年代の高度経済成長は，1971（昭和46）年のドルショック，1973年に勃発した第4次中東戦争を契機とした第1次オイルショックによって終焉を迎

えた。これ以後10年以上にわたって構造不況が続く。日本は低成長時代に突入したのである。

　しかし，日本企業は，省エネ・省力化，生産・流通コストの削減，雇用調整などによる「減量経営」を徹底することによっていち早く立ち直り，1980年代前半には欧米への自動車や電気製品，半導体などの輸出が拡大して日本の景気は回復軌道にのった。だが，このことは同時にアメリカなどとのあいだで激しい貿易摩擦を引き起こすことになった。1985（昭和60）年9月のプラザ合意を契機として円高が進み，日本は再び不況に突入することになる。そこで，政府と日本銀行は，内需拡大を図るために規制緩和・民間活力の導入を促進し，超低金利政策を採用した。その結果，巨額の資金が土地や株式市場に流れ込み，いわゆる「バブル景気」が始まったのである。

　「バブル景気」のもとで人々の所得は増加し，高額な商品が売れるようになった。日本の保険会社がゴッホの「ヒマワリ」を53億円で落札したとか（実際は58億円），ソニーがアメリカの映画配給会社コロンビアを買収したなどといった景気のいいニュースが連日のように報道された。その一方で地価は高騰し，住宅問題が発生した。都市部に住む庶民にとってマイホームは高嶺の花となった。「地上げ」や「土地ころがし」が横行し，首都圏のみならず地方都市でも問題化した。

　しかし，1989年12月をピークに株価は値下がりを始めた。1990年8月の湾岸危機を契機とした下落をはさんで，同年10月には株価がついに暴落した。翌年には地価の下落が続いた。5年にわたった「バブル景気」が文字通りはじけたのである。バブル末期の1991年にオープンし，バブルに浮かれた日本社会を象徴していた外資系ディスコ「ジュリアナ東京」も1994年に閉鎖された。金融不安も高まり，バブル期に抱え込んだ不良債権の処理が進まないなか，1997年には北海道拓殖銀行，山一証券といった大手の金融機関が倒産や自主廃業に追い込まれる。そして，2000年代の初め頃まで，10年以上にわたる長期の経済不況に日本社会は苦しむことになる。

　その一方で，1990年代は経済のグローバル化が急速に進んだ時期でもあった。農業生産物に関しては，1991年にオレンジと牛肉の輸入が自由化された。

記録的な冷夏となり米が不作となった1993（平成5）年の末には政府は，ガット・ウルグアイラウンドの調停を受け入れて，それまで認めてこなかったコメ輸入の部分開放を決定した。日本の食料自給率がいっそう低下したことはいうまでもない。1990年代後半には，一向に立ち直りのきざしがみえない日本の金融システムの全般的な改革を企図して「金融ビッグバン」構想が発表された。これは，日本の金融市場を規制の緩和や撤廃などにより，「グローバル・スタンダード」に適合させることで，ニューヨーク，ロンドンと並ぶ国際的な市場とすることを目指すものだった。

　一方，製造業は，1980年代から貿易摩擦を避けるため欧米諸国に生産拠点を移し始めていたが，さらに1990年代には安価な労働力を求めて中国や東南アジアなどへの転出が進んだ。経済のグローバル化によって国内産業の空洞化が進行したのである。実際，1990年に2％程度だった完全失業率は，1995年には3％を超え，2001年には5％をも突破してしまった。正規雇用の職種が少なくなり，パートタイマーや派遣社員など，主として単純作業にあたる身分の不安定な職に就かざるを得ない若者が増えてきた。そして，フリーターやニートの増加が社会問題化しはじめた。このような1990年代は「失われた10年」とも呼ばれ，多くの企業が新卒者の採用を手控えたため厳しい就職難が続くこととなった。

　ただし注意しなければならないのは，就職難は誰にでも平等に訪れたのではないということである。大卒者への求人倍率が大きく落ち込んだ1996年の7月8日付の朝日新聞は「企業の採用なお学歴主義」という見出しで都内のマンモス大学の男子学生と大手広告代理店の面接担当者との次のようなやりとりを紹介している。担当者曰く，「わが社にはもっと上の大学の人間が大勢いるんだよ」。これに対し，学生が「今後の努力では負けません」と切り返すと，「君，いままでの努力が大切なんだ」と冷たく突き放されたという。

　同記事は，開設してからの年月が浅い新設大学への「差別」はさらに厳しいものであったと続ける。ある新設大学の女子学生が大手不動産会社のセミナーへの参加を電話で申し込もうとした。「大学名を告げると『失礼ですが，もう一度，大学名をおっしゃって下さい』。大学名を繰り返すと，『今年の採用はゼ

ロです』。ある新設大が千社を超す東証一部上場企業に文書で求人を要請したが，回答したのは，わずか数社だった」。その一方で早々に内定をもらい「昼は若手社員と映画などを，夜は幹部も交えて懐石料理などの食事をして過ごす毎日を送る学生がいる」という。学校歴による二極分化が進んできたのである。

　このような状況が現出するなかで，経済的な格差の拡大とその再生産が問題化してきた。1990年代の終わりには経済学者や社会学者によって日本の「平等神話」が崩壊したという警鐘が鳴らされ始めた。所得分配の不平等度を示す指標の1つとされる「ジニ係数」という聞きなれない学術用語がマスメディアにも登場するようになった。1999（平成11）年6月7日付の朝日新聞の社説は「平等イメージの強い日本社会にも，格差拡大の影は忍び寄っているのではないか」としたうえで，「最大の課題は教育である。階層間移動の『はしご』とも，階層再生産の道具ともなる。親の所得が進学の有利さにつながったり，学歴が人生を決めてしまったりする状態は変えていかなければならない」と訴えた。子どもたちの将来が経済的あるいは文化的な家庭の状況によって強く規定されることへの危惧が広く共有されるようになってきたのである。

少子化と家族の変貌

　高度経済成長が終わった1970年代前半以降，1年間に生まれてくる子どもの数が減少に転じた。1950年代後半以降1966年の丙午（ひのえうま）の年を除いてほぼ横ばいだった合計特殊出生率（1人の女性が一生のうちに産む子どもの数）も減少局面に入り，2000年には1.35にまで落ち込んでいる（図4-6）。2005年には出生数が死亡数を下回る自然減となり日本はついに「人口減少社会」に突入した。

　この現象を考えるにあたっては，2つの点に注意を払う必要がある。1つは，少子化は日本の国内で一様に進んでいるのではなく，その展開のスピードにはかなり大きな地域間格差があるということである。児童数の減少をうけて学校の統廃合を次々に進めている地域がある一方，大都市周辺の住宅地のなかには子どもの数が増え，幼稚園や小学校のマンモス化や教室の不足に頭を悩ませて

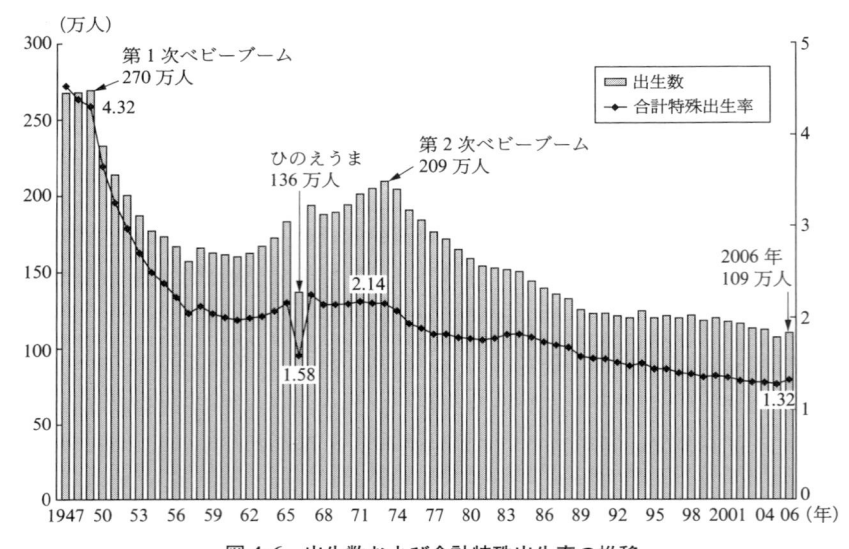

図 4-6 出生数および合計特殊出生率の推移
（厚生労働省大臣官房統計情報部「人口動態統計」）

いるところもある。

　もう1つは，子どもからみると，自分と一緒に暮らすきょうだいの数が少なくなっているというわけではないということである。合計特殊出生率は15歳から49歳までのすべての女性に関する出産傾向を計算したものである。そこには高校生や大学生，独身を貫いている女性も含まれているため，婚外子（婚姻関係をもたない男女から生まれる子ども）がかなり少ない日本の場合，合計特殊出生率の数値の低下は，無配偶者の女性の増加によっても生ずる。そこで，ある程度（15〜19年間）婚姻関係が続いている夫婦1組あたりの子どもの数をみると，1970年代前半から2000年代までほぼ一貫して2.2前後と安定しており，平均すると自分以外に1人くらいのきょうだいがいる計算になることがわかる。このことは，「近頃の子どもは一人っ子が多いからしつけがなっていない」といった物言いにはあまり客観的な根拠がないことを意味している。

　1970年代半ば以降に進んでいる家族の変化は，もっと質的なものとみるべきだろう。家族社会学者の山田昌弘によれば，高度経済成長期に形成された

「夫は仕事，妻は家事，豊かさを追求する家族」という「戦後家族モデル」は，オイルショック後の低成長とバブル崩壊後の時期において妻のパート労働者化と，未婚者の結婚の先送り（「パラサイト・シングル」）というかたちで「微修正」されることでなんとか維持されてきたものの，その戦略も1998（平成10）年以降，いよいよ限界に達し，モデルの解体が進んでいるという。原因として，山田は，近年の「ニュー・エコノミー」の浸透と家族の個人化という2つをあげている（山田昌弘『迷走する家族―戦後家族モデルの形成と解体―』有斐閣，2005年）。

　高度経済成長下の「オールド・エコノミー」では大量生産・大量消費を前提として終身雇用と年功制がとられていた。これに対して「ニュー・エコノミー」では，さまざまなデザインと機能があり，流行り廃りが激しい携帯電話のような商品に代表される嗜好の多様化と消費サイクルの短期化，既述のようなグローバル化の進展による雇用の不安定化が進む。このため経済的な基盤を失うことで否応なく「戦後家族モデル」からはみ出てしまう家族が増大することになる。山田は，近年，社会問題化している児童虐待もそのような家族のなかで起きているとみている。

　「ニュー・エコノミー」がこのところ急速にその姿を現してきたのに対して，家族の個人化はもう少し緩やかに，しかし着実に浸透してきたといえるだろう。家族の個人化には2つの背景が指摘されている。1つは物質的に豊かな社会になったことである。例えば，一家に1台しかなかったテレビが2台，3台と増えて個人に所有されるようになってきた。1970年代後半には家族のそれぞれが自分の部屋をもつようになり，家族にとって一番必要な部屋も客間から子ども部屋へと変わった。どんな狭い住宅でも子ども部屋が優先され，その傾向は地方にも波及していた。しかも子ども部屋が与えられる時期は年々低年齢化してきたとされる（天野正子ほか『モノと子どもの戦後史』吉川弘文館，2007年）。周囲の人に気兼ねすることなく音楽を楽しむことができる「ウォークマン」が発売されたのは1979年のことだった。赤ん坊から年寄りまでを含む総人口に対する携帯電話（PHSを含む）の所有者の比率は，1989年には0.4%だったが，以後急速に普及し1996年には21.5%，2000年には52.6%，2005年

には 60.0％に達している（総務省「情報通信統計データベース」）。

　家族の個人化のもう 1 つの背景は，家族成員の生活時間のリズムがバラバラになってきたことである。低成長からバブル崩壊以降，女性の家計補充的なパート労働者が増大し，その一方で，夫の労働時間は必ずしも減少していない。たしかに高度経済成長期には年間 2500 時間近くあった男性の労働時間は，その後減少傾向となり，2000（平成 12）年には 1986 時間にまで減っている。だが，これは必ずしも実態を正確に反映したものとはいえないだろう。実際，週平均の不払い残業（いわゆるサービス残業）はいまだに 5.6 時間と，アメリカやイギリスの 2 倍，ドイツの 9 倍にも達しているという研究もある（水野谷武志『雇用労働者の労働時間と生活時間―国際比較統計とジェンダーの視角から―』御茶の水書房，2005 年）。子どもたちは相変わらず塾通いに忙しい。個別化し多様化したライフ・スタイルを支える「コンビニ」は，1974 年に初めて登場したが，その後急速に増加していることは周知のとおりである。

　家族の個人化を象徴するのが食生活のあり方である。1982 年に放送された NHK 特集「こどもたちの食卓―なぜひとりで食べるの―」は，1 人で食事をする子どもたちが全国に広がっていることを伝え社会に衝撃を与えた。1999 年にはその追跡調査が行われたが，それによると調査日の朝食を 1 人で食べた子どもは，前回 17.8％だったのに対して今回は 26.4％に，子どもだけで食べた子どもは 20.6％から 24.5％に増加したことが明らかになった。半数以上の子どもの家庭の食卓から大人の姿が消えたのである。「孤食」が静かに広まりつつあることがわかる（図 4-7）。

　しかも，仕事や習い事などで都合がつかないから別々に食べるという家族ばかりではないことに注意する必要がある。例えば，子どもが「自分の部屋でゆっくりと朝の時間を過ごしているし，私も朝は自分の好きなことをして一日の活力にしていますので，食事を一緒に食べなくても，それぞれが朝食の時間を楽しく過ごしているのであれば，それでいいと思っています」というように親子別々の食事を自然なものと考えている親もある（足立己幸・NHK「子どもたちの食卓」プロジェクト『知っていますか子どもたちの食卓―食生活からからだと心がみえる―』日本放送出版協会，2000 年）。ライフ・スタイルについての考

図4-7 「孤食」の様子を描いた子どもの絵（K君の夕食）
（足立己幸ほか『知っていますか子どもたちの食卓―食生活からからだと心がみえる―』日本放送出版協会，2000年）

え方も家族や子どもたちの生活のあり方を変えつつあるといえるだろう。

臨時教育審議会の設置と「ゆとり教育」の推進

1980年代初頭，受験競争の激化，校内暴力の頻発，いじめや不登校などが大きな社会問題となっていた。そうした状況を受けて，1984（昭和59）年8月，中曽根康弘首相の主導で内閣直属の臨時教育審議会（臨教審）が設置された。臨教審は，明治期と戦後に次ぐ第3の教育改革を目指し，1985年から1987年にかけて，4次にわたる答申を出した。そのなかでは，①個性重視，②基礎・基本の重視，③創造性・考える力・表現力の育成，④選択の機会の拡大，⑤教育環境の人間化，⑥生涯学習体系への移行，⑦国際化への対応，⑧情報化への対応という基本原則が示され，以後の教育改革においても，世紀をまたいで継承されていくことになる。なお，臨教審が個性重視の原則による教育の多様化・自由化を提示した背景には，当時のアメリカ（レーガン大統領）やイギリス（サッチャー首相）における，市場原理（自由競争）の導入による公教育のスリム化を目指した，新自由主義に基づく教育改革の動向があった。また，臨教審設置の5年前（1979年10月）に，関西経済同友会が「教育改革へ

の提言―21世紀への選択―」を発表し，21世紀に向けての教育の重点目標の1つとして，「多様な個性と豊かな創造力の育成」を掲げ，「教育の場に適切な競争原理を導入し，教育機会の多様化を図り」，教育改革を進めていくべきであると主張していることも注目される。

「戦後教育の総決算」を狙い，教育制度の抜本的な見直しを図った臨時教育審議会の提言を受けて，1989（平成元）年に「学習指導要領」が改訂される。同改訂では，教育課程編成の基本的な方針として，「自ら学ぶ意欲と社会の変化に主体的に対応できる能力」の育成，「基礎的・基本的な内容の指導」の徹底，「個性を生かす教育」の充実が掲げられた。そして，従来における知識の伝達に偏った一方的で画一的な教育から，児童・生徒の主体的な学習への転換を図るため，「自ら学ぶ意欲や思考力，判断力，表現力などの能力」の育成を重視する，「新しい学力観」が打ち出された。

さらに，1996年7月には，臨教審以来の教育改革の流れを受け継ぎ，いっそうの明確化を図った答申が，中央教育審議会から出される。その第1次答申「21世紀を展望した我が国の教育の在り方について―子供に［生きる力］と［ゆとり］を―」は，これからの学校が目指す教育について，「［生きる力］の育成を基本とし，知識を一方的に教え込むことになりがちであった教育から，子供たちが，自ら学び，自ら考える教育への転換を目指す」と述べ，「教育内容を基礎・基本に絞り，分かりやすく，生き生きとした学習意欲を高める指導を行って，その確実な習得に努めるとともに，個性を生かした教育を重視する」とした。そして，従来の学校教育の基調の転換を目指す，この答申を受けて，1998年に小・中学校の，1999年に高等学校の「学習指導要領」が改訂されることになる。その特徴は，学校完全週5日制の実施，教育内容の厳選（3割削減），「総合的な学習の時間」の新設などであり，「ゆとり」路線の総仕上げとなった。

以上のように，臨教審が打ち出した，市場原理（自由競争）の導入，個性重視の原則に基づく，教育の多様化・自由化は，1990年代以降の，冷戦の終焉や科学技術の発達による国際化・情報化の進展，経済社会における市場の拡大や流動化といった，国内外の激しい情勢の変化を背景として，21世紀を目前

に具体化された。ところが、2002（平成14）年1月、その20世紀最後の「学習指導要領」改訂に基づく新教育課程実施（小・中学校は2002年度、高等学校は2003年度から）の直前に、文部科学省は「確かな学力の向上のための2002アピール『学びのすすめ』」を発表し、「ゆとり」重視の改革路線を軌道修正し始める。その背景には、授業時間や教育内容の削減といった「ゆとり教育」による「学力低下」を危惧する声の高まりがあった（後述）。そして、2003年12月に「学習指導要領」の一部改正が行われ、「学習指導要領」で示されている基礎的・基本的な内容を確実に指導した上で、児童・生徒の実態を踏まえて、そこに示されていない内容も追加して指導できることが明示された。「学習指導要領」を「最低基準」としていっそう明確に位置づけ、「発展的な学習」を取り入れた指導を認めるという、学力向上を重視する方向へと転換がなされたのである。

その後も「ゆとり」重視から「学力」重視への路線転換は進み、2007年11月に、中央教育審議会教育課程部会「審議のまとめ」が出される。そのなかでは、「学習指導要領」改訂のポイントとして、「基礎的・基本的な知識・技能の習得」を目指した授業時数の確保が掲げられた。具体的には、小学校の場合、国語、社会、算数、理科、体育の授業時数を増やし、総授業時数で278時間の増加、中学校の場合、国語、社会、数学、理科、外国語、保健体育の授業時数を増やし、総授業時数で105時間の増加となっている。そして、「ゆとり教育」を象徴する存在であった「総合的な学習の時間」については、時間数の縮減（小学校で150時間、中学校で20〜145時間）が示された。以上のように、「学力低下」批判を受けて「ゆとり」路線の転換が進むなか、「学力」重視の政策が、以前の詰め込み教育への回帰をもたらすことは避けねばならないであろう。

「総合的な学習の時間」の新設

2002（平成14）年度から、全国の小・中学校において実施された「学習指導要領」では、自ら学び考える力の育成を目的として、体験的・問題解決的な学習の積極的な導入が図られ、「総合的な学習の時間」が新設された。2003年度の「学校教育に関する意識調査」を通して、問題解決能力の育成を目指し、

「ゆとり教育」の目玉として位置づけられた「総合的な学習の時間」に対する，子どもや教員の評価をみてみると，小学生の場合で約89％，中学生の場合で約78％が「好き」（「どちらかといえば好き」を含む）と答えている。また，教員の約50％が，「総合的な学習の時間」を通じて，子どもたちは「思考力や判断力，表現力を身に付けた」，「自ら学び自ら考える力などの主体的な学習態度や意欲が高まった」と評価している。

　しかし，そうした肯定的な評価がある一方で，子どもの興味・関心を重視する結果，基礎的な知識や技能の習得がおろそかになり，学力の低下を生じさせるという批判もある。そして，体験的・問題解決的な学習を重視する「ゆとり教育」から，科学的な知識や技術の系統的な習得（基礎学力）を重視する方向への転換が図られるようになる。

　確かに，近年の国際教育到達度評価学会（IEA）や経済協力開発機構（OECD）による国際学力調査の結果で，日本の子どもの「学力低下」が問題となっている。だが，調査結果から浮かび上がってきた問題点は，獲得された知識や技能としての学力の低下ではなく，学習に対する意欲や態度としての学力の低さである。科学技術の急速な進歩，人や情報の激しい動き，価値観の多様化といった特徴を有する現代社会においては，科学的知識・技術の系統的な習得が必要なことはもちろんのこと，自らの力で問題を見出し，主体的な判断で解決する力が求められる。そうした点を踏まえると，「総合的な学習の時間」の教育的意義は決して軽くないであろう。ところが，前項でも述べたように，2007年11月に出された，中央教育審議会教育課程部会の「審議のまとめ」によって，「学習指導要領」改訂に伴う「総合的な学習の時間」の縮減が示されることになる。

情報化社会と教育

　情報教育が推進される契機となったのは，「ファミコンブーム」の1985（昭和60）年に出された，臨時教育審議会の第一次答申（6月）と，「情報化社会に対応する初等中等教育の在り方に関する調査研究協力者会議」の「第一次審議とりまとめ」（8月）である。前者は，「情報化への対応」において，「人々

が主体的な選択により情報を使いこなす力を身に付けること」が今後重要になるとした。また，後者によって，学校教育におけるコンピュータ利用等の基本的な考え方が示された。その後，臨時教育審議会は，翌年の4月に第二次答申を出し，「情報及び情報手段を主体的に選択し活用していくための個人の基礎的な資質」としての「情報活用能力」を，「読み」「書き」「算」と並び，学校教育の基礎・基本に位置づけた。

　以上のような情報教育を推進する動きは，「学習指導要領」の改訂にも反映されることになった。1989（平成元）年の改訂では，中学校の技術・家庭科に，新たな選択領域として「情報基礎」が設けられた。そして，1998年・1999年の改訂においては，中学校の技術・家庭科で情報に関する基礎的な内容を必修とするとともに，高等学校で新教科「情報」を設けて必修とした。

　情報に関する教育内容が必修化されるのに伴い，その指導に必要なコンピュータの設置やインターネットへの接続が，各学校において進められるようになった。2005年度の「学校における教育の情報化の実態等に関する調査結果」によると，教育用コンピュータ1台当たりの児童・生徒数は，全体で7.7人となっており，小学校の場合で9.6人，中学校の場合で6.9人，高等学校の場合で5.7人，盲・聾・養護学校の場合で3.3人となっている。また，インターネットに接続している学校の割合は99.9％で，そのうち，高速インターネット（回線速度400kbps）への接続率は89.1％となっている。

　近年における情報化の急激な進展によって，学校に限らず，子どもたちがパソコンやインターネットを利用する機会は増え，彼らにとって身近なものになっている。2006年度の「第5回情報化社会と青少年に関する意識調査」によると，パソコンおよび携帯電話の利用状況は，小学生で前者が約77％・後者が約31％，中学生で前者が約81％・後者が約58％，高校生で前者が約89％・後者が約96％となっている。また，パソコンおよび携帯電話によるインターネットの利用状況をみると，小学生で前者が約58％・後者が約27％，中学生で前者が約69％・後者が約56％，高校生で前者が約75％・後者が約96％となっている。

以上のように，子どもの日常生活にパソコンや携帯電話，そしてそれらを通じてのインターネットの利用が深く入り込み，身近なものとなるにつれて，関連の犯罪に巻き込まれる（被害者としてはもちろん，加害者としても）ことも増えている。先の「情報化社会と青少年に関する意識調査」によると，子ども（小・中・高生）がインターネット利用時に注意していることとしては，「怪しげなリンクをクリックしない」が最も多く（小学生で約54％，中学生で約64％，高校生で約67％），「無闇にダウンロードしない」がそれに続く。一方，保護者が子どものインターネット利用において心配していることとしては，「暴力的な内容，性的な内容，反社会的な内容を含むサイトにアクセスすること」が最も多く（父親で約38％，母親で約41％），その次に「詐欺などの犯罪に巻き込まれること」が多い。2006（平成18）年において，「出会い系サイト」を利用した犯罪の被害にあった少年は1,187人で，前年に比べて9.7％増加しているが，子どもや保護者の「出会い系サイト」利用に関連する知識（犯罪被害の実情や携帯電話の潜在的な危険性）をみてみると，「出会い系サイトを利用した結果として，犯罪に巻き込まれた被害者の大半が中学・高校生であること」を知っているのが，中学生で約36％，高校生で約52％，父親で約63％，母親で約67％となっており，けっして高いとはいえない。

　情報通信技術の急速な進歩・普及に伴い，学校教育においてはコンピュータなどの活用が進んでおり，それによって，教育の効率化，個に応じた指導の徹底，学校の枠にとらわれない学びの場の拡大といったことが可能になってきている。しかし，そうした強い「光」は，濃い「影」を伴うものであり，情報通信機器への依存や，バーチャル・リアリティ（仮想現実）の広がりによって，人や物との直接的な結びつきが希薄になり，個別的な学習の増加によって，学級などを単位とした集団による学びが崩れる可能性もある。

　「情報化の光と影」については，1986年の臨時教育審議会第二次答申で既に言及されており，「影」の部分として，情報への過度の依存や間接的な体験の増大などを掲げている。そして，16年後の2002年6月に出された，「情報教育の実践と学校の情報化―新『情報教育に関する手引』―」でも，情報化の「影」の部分への対応が重要な課題として取り上げられ，間接・疑似体験の増

加による人間関係の希薄化，生活・自然体験の不足といった問題点を指摘した上で，「情報社会には，より高い判断力やモラル，責任が必要となり，情報教育における適切な指導が必要である」と述べている。

そこで重要になってくるのが，「メディアリテラシー」の養成である。新「情報教育に関する手引」は，「メディアリテラシー」について，「メディアの特性を理解し，それを目的に適合的に選択し，活用する能力であり，メディアから発信される情報内容について，批判的に吟味し，理解し，評価し，主体的能動的に選択できる能力を示すもの」としている。情報教育を進めていくにあたり，コンピュータの操作技術の習得を図るだけでなく，「情報の氾濫」のなかでも「流され，溺れない」よう，手に入れた情報を主体的な判断に基づき的確に使いこなせる力を養成し，さらに，情報が自己の可能性を広げるものであるとともに，他者を傷つけるものにもなりうることを認識できるような指導が求められる。

個性伸長の教育と習熟度別指導の推進

子どもの個性や能力に応じたきめ細かな教育を掲げて，学習塾などでは習熟度別指導が一般的に行われているが，21世紀に入っての文部科学省の積極的な推進により，小・中学校においても習熟度別指導が急速に普及している。2004（平成16）年度の「公立小・中学校における教育課程の編成・実施状況調査」によると，習熟度別指導を実施している小・中学校の割合は，小学校の場合で約82％，中学校の場合で約72％にのぼる。

文部科学省による習熟度別指導推進の姿勢は，2001年1月の「21世紀教育新生プラン」を通じて示された。同プランは，従来の教育の在り方について，「行き過ぎた平等主義による教育の画一化や過度の知識の詰め込みにより，子どもの個性・能力に応じた教育がややもすれば軽視され」てきたと指摘し，「一律主義を改め，個性を伸ばす教育システムを導入する」として，習熟度別指導の推進を掲げている。

2003年度の「学校教育に関する意識調査」をみてみると，約75％の小・中学生が，習熟度別指導について，「自分のペースで勉強ができそう」と思い，

約70%が「先生がこれまで以上に一人一人の事を見てくれるので良さそう」と答えている。また、教員の場合も、約75%が「児童生徒一人一人に応じたきめ細かな指導が可能である」と肯定的にとらえている。しかし、その一方で、保護者の約45%が「子どもの間に優越感や劣等感が生まれるのではないかと不安」と感じ、同じく約89%が「色々な考え方の子どもが一緒に学ぶ機会も大切」と考えている。また、教員の約49%が「多様な考え方をもつ児童生徒が一緒に学ぶ機会が少なくなる」と答えている。

　以上のような調査結果を通しても分かるように、習熟度別指導は、従来において一般的な一斉指導に比べて、子どもの個性伸長を図るのに適していると考えられる。しかし、子どもに優越感や劣等感を抱かせる、学力格差の拡大・固定化を招くなど、保護者や教員が感じる不安にも通じる問題点が指摘されている。一斉指導を通じて、多様な個性の子どもが交流し、協力し合いながら学習をするという経験も重要であると考えられる。

構造改革と「教育特区」の設置

　構造改革特区は、地域の特性に応じた規制に関する特例措置を設け、地域が構造改革を主体的に行うことにより、地域の活性化、ひいては日本の経済発展を図るものとして位置づけられ、2002（平成14）年6月の「経済財政運営と構造改革に関する基本方針2002」において、導入が決定された。その後、構造改革特区における特例措置に関する提案募集がなされ、地方公共団体や民間事業者から400件以上の提案（教育関連のものは44件）が出された。

　それらの提案は政府によって検討され、2002年10月に、「構造改革特区推進のためのプログラム」が作成された。同プログラムでは、文部科学省関係の構造改革特区において実施することができる特例措置として、「研究開発学校制度の下に新設する『構造改革特区研究開発学校制度（仮称）』による、小中高一貫教育等、学校種間のカリキュラムの円滑な連携、教育課程の弾力化、教科の自由な設定、学習指導要領の弾力化」「不登校児童生徒を対象とした新しいタイプの学校の設置による、教育課程の弾力化」「幼稚園入園年齢制限の『満三歳に達する年度』への緩和」「市町村教育委員会による市町村費負担教職

員の任用の制度化」など，15項目が掲げられている。

　2002年12月に「構造改革特別区域法」が制定され，構造改革特区計画の第1回申請が行われた。その結果，117件が認定され，文部科学省関係のものとしては，群馬県太田市「太田外国語教育特区」，東京都八王子市「不登校児童・生徒のための体験型学校特区」，岐阜県可児市「IT等を活用した学校復帰支援特区」，山口県防府市「防府市内幼稚園入園年齢制限の緩和特区」など，41件が認められた。地方公共団体や民間事業者による発想のさらなる活用のため，2003年度以降も構造改革特区の提案募集は続けられ，特区計画の認定が進められている。

　文部科学省関係の構造改革特区として認められた「教育特区」においては，英語で授業を行う学校（群馬県太田市のぐんま国際アカデミー），不登校児童・生徒の学校（東京都八王子市の高尾山学園），株式会社立の学校（岡山県岡山市の朝日塾中学校）など，特色のある学校が登場してきている。

　群馬県太田市のぐんま国際アカデミーは，私立の小・中・高一貫校で，国際化の時代に対応できる能力の育成を教育目標に据えて，国語以外の授業で英語を用いた指導を行う，「英語イマージョン教育」を実施している。「イマージョ

図 4-8　ぐんま国際アカデミー（群馬県太田市）
（『新建築』第80巻第8号，新建築社，2005年7月）

ン教育」とは，母国語以外の言語の習得を目的として，授業を母国語とは異なる言語で行う教育方法であり，同校では，各学級に外国人教員と英語を話せる日本人教員の2名が配置されている。

東京都八王子市の高尾山学園では，不登校児童・生徒の興味や能力を考慮して，教育課程の編成が柔軟になされており（各自の課題に取り組む「のびのびタイム」や「体験講座」の設置），各教科の授業では，子ども一人一人の特徴に応じた個別学習を重視し，習熟度別指導を実施している。また，他者との関係形成が不得意な子どもが多いことを踏まえて，スクール・カウンセラーを配置し，小グループ学級を設け，校内に児童館を設置するなど，他者との関わり方を学び，自信をもつことができるようにしている。

岡山県岡山市の朝日塾中学校は，学校の設置主体として，従来の国，地方公共団体，学校法人の他に，株式会社やNPO法人も認められるという，構造改革特区の制度によって設立された。特区研究開発学校に認定された朝日塾中学校では，コミュニケーション能力の養成を目的とした「ディスカッション科」（全国初）を設けたり，英語以外の教科指導においても英語を使用するなど，「学習指導要領」の枠にとらわれない柔軟な教育課程の編成が行われている。

学校選択制の導入と教育バウチャー制度

従来においては，公立小・中学校の場合，就学すべき学校は教育委員会によって指定され，学校選択の自由は私学に限定されていた。しかし，1997（平成9）年1月の文部省通知「通学区域制度の弾力的運用について」を契機に，義務教育段階における学校選択の拡大・自由が推し進められるようになる。

義務教育諸学校における通学区域の弾力化・自由化は，1984年8月設置の臨時教育審議会で初めて取り上げられた。臨教審では，政府による規制緩和の流れを受け，教育改革の基本構想の1つとして「選択の機会の拡大」が掲げられ，義務教育にも市場原理（自由競争原理）を導入することが目指された。その後，1996年12月には，行政改革委員会の規制緩和小委員会が「規制緩和の推進に関する意見（第二次）」を出し，学校選択の弾力化が提言される。

以上のような，臨教審の答申や行政改革委員会の提言を受けて，上述の通学

区域制度の弾力的運用を求める通知が出され，公立の小・中学校における学校選択制の導入が推進されることになる。2005（平成17）年3月の「小・中学校における学校選択制等の実施状況」によると，2校以上の小学校または中学校を設置している市町村のうち，学校選択制を導入しているのは，小学校段階で227自治体（8.8%），中学校段階で161自治体（11.1%）となっている。また，導入を検討している自治体は，小学校の場合で150（5.8%），中学校の場合で138（9.5%）と数えている。小学校について詳しくみてみると，市町村内のすべての学校から希望校に就学を認める「自由選択制」を導入している自治体は31で，市町村をブロックに分け，そのブロック内の学校から選択が可能な「ブロック選択制」が6，従来の通学区域を残し，隣接する区域内の希望校への就学を認める「隣接区域選択制」が58，従来の通学区域を残し，特定の学校について通学区域に関係なく，どこからでも就学を認める「特認校制」が74，従来の通学区域を残し，特定の地域に居住する者に限って学校選択を認める「特定地域選択制」が65となっている。

公立小・中学校における学校選択制の導入には，親の教育権，子どもの学習権の保障を豊かなものにするとともに，特色のある学校づくりを促進するという利点があるとされている。しかし，その一方で，①受験競争の低年齢化が進む，②学校の序列化と学校間格差を生じさせる，③子どもの教育における学校と地域社会の協力関係が弱まる，といった問題点が指摘されている。

市場原理に基づく学校選択制とともに導入の検討がなされているものとして，教育バウチャー制度がある。これは，親や子どもが学校を自由に選択し，行政が発行したバウチャー（金券）を用いて選んだ学校へ教育費を支払う制度であり，各学校としては集めたバウチャーによって予算を確保することになる。したがって，多数の入学者を確保できた学校は豊富な資金を手に入れ，他校より有利な経営を行うことができる。教育バウチャー制度導入の狙いは，親や子どもの選択権を広く保障するとともに，私立も含めた学校間競争を促し，学校の多様化や質の向上を図るということにある。だが，特定の学校に同じ家庭環境・学力の子どもが集中し，多様な考え方をもつ子どもどうしの学習機会が乏しくなることを危惧する声もある。

在日外国人児童・生徒の教育

2005(平成17)年度,外国人登録者数は初めて200万人を超えた。10年前と比べると,65万人(48%)も増加している。特に,1990年6月に「出入国管理及び難民認定法」が改正され,日系外国人とその家族に定住者の在留資格が認められたのを契機として,就労目的で入国する南米(ブラジルやペルーなど)からの日系外国人が急激に増加している。グローバル化や少子高齢化が急速に進み,厳しい国際競争に直面している日本経済にとって,日系外国人は人手不足を補う安価な労働力として重要な位置を占めている。

外国人労働者が増加し,滞在期間が長期化するのに伴い,彼らの生活に関するさまざまな問題への対応が,緊急かつ重要な課題となっている。具体的な課題としては,就労環境の整備,基本的な生活情報の提供や相談,医療支援,日本語の習得などがあるが,外国人労働者の定住化が進むと,特に,彼らの子どもの教育が大きな問題として浮かび上がってくる。言語や生活習慣の違いによって日本の学校に馴染めず,十分な教育を受けていない子どもの存在に目を向け,日本語指導を始めとした教育の充実を図ることが求められている。

2005年度における,日本語指導が必要な外国人児童・生徒の数は2万692人で,そのうち小学校が1万4281人,中学校が5076人となっており,両者を併せると全体の94%を占める。そして,日本語指導が必要な外国人児童・生徒のうち,実際に日本語指導を受けている者は1万7591人(85%)となっている。母国語別でみてみると,ポルトガル語を母語とする者が最も多く(7562

図4-9　グローバル化する教室の風景(静岡県浜松市立遠州浜小学校)
(『教職課程』第34巻第2号,協同出版,2008年2月)

人），全体の37％を占めている。その次に多いのが中国語（4460人，22％）で，スペイン語（3156人，15％）がそれに続く。

　外国人児童・生徒の教育問題に対する各地方自治体による施策としては，①日本語指導を担当する教員の配置，②外国語（母語）を話せる相談員の派遣，③担当教員の研修，④就学・教育相談窓口の設置，⑤保護者用就学ガイドブックの作成，⑥日本語教室の開設，⑦日本語指導教材の作成，⑧センター校の指定，⑨異文化理解を深める交流活動の実施などがあげられる。外国人児童・生徒に対する教育の基本が，日本語指導教員の配置，日本語教室の開設，日本語指導教材の作成など，日本語指導にあることは，彼らが日本の社会で生活していかなければならない状況を考えれば当然といえよう。しかし，彼らに対する教育が，単なる「日本社会への適応」にとどまるものとなってしまわないよう留意する必要がある。外国人児童・生徒にとって，母国の言語や文化が，思考の手段として，またアイデンティティの形成・保持にとって重要であることを考えると，それらを学習する機会の保障が求められる。

　そして，外国人児童・生徒に対する教育の問題を，国際理解教育と結びつけて考えれば，日本の子どもたちが，彼らと接するなかで，異文化への理解を深め，自国の文化を相対化する貴重な契機として位置づけることができる。国籍や言語の如何に関わらず，日本人と外国人それぞれの児童・生徒が，同じ地域で生活する者として，互いの文化や価値観を尊重し，多文化共生社会の担い手として成長することが求められている。

教育基本法の「改正」

　これまでみてきた，1980年代以降の新自由主義に基づく教育改革をいっそう推し進めるために教育基本法の全面的「改正」が図られ，2006（平成18）年12月22日に公布・施行された。その背景としては，まず，急速にグローバル化する経済のなかで，厳しい国際競争に対応できる人材（エリート）の養成と，それを可能にする公教育制度の再編成を求める声が財界を中心に高まってきたことがあげられる。また，新自由主義による構造改革の進展に伴う，階層間格差の拡大（ごく一部の「勝ち組」と大多数の「負け組」という二極化），社会

の分裂・解体に対して，新たな国民統合のためのナショナリズムの強化によって対処しようとする動きが顕著になってきたことも，背景にある。グローバル化する社会において，格差を前提にした新自由主義的改革の推進（市場競争原理の導入）と，それによって生じる諸問題の抑止（愛国心や「公共性」の強調）という，2つの課題に対応した教育の在り方を示すものとして，「改正」教育基本法をとらえることができる。

教育基本法「改正」の方向性が明確に示されたのは，2000（平成12）年12月の教育改革国民会議（2000年3月，小渕恵三首相の私的諮問機関として設置）の最終報告「教育改革国民会議報告―教育を変える17の提案―」によってである。同報告において，「教育を変える」ためとして提案された17の事項とは，「教育の原点は家庭であることを自覚する」「学校は道徳を教えることをためらわない」「奉仕活動を全員が行うようにする」「一律主義を改め，個性を伸ばす教育システムを導入する」「職業観，勤労観を育む教育を推進する」「教育施策の総合的推進のための教育振興基本計画を」「新しい時代にふさわしい教育基本法を」などであった。それらのうち，「新しい時代にふさわしい教育基本法を」では，教育基本法の「改正」を考える際の重要な観点として，①新しい時代を生きる日本人の育成，②伝統，文化など次代に継承すべきものを尊重し，発展させていくこと，③これからの時代にふさわしい教育を実現するために，教育基本法の内容に理念的事項だけでなく，具体的方策を規定すること，の3つを掲げている。

このような教育改革国民会議の提言を受けて，2003年3月に，「新しい時代にふさわしい教育基本法と教育振興基本計画の在り方について」と題する答申が，中央教育審議会から出された。同答申は，教育基本法「改正」の必要性について，制定から半世紀以上が経って社会情勢が大きく変わり，また，教育全般においてさまざまな問題が生じているため，「教育の根本にまでさかのぼった改革」が求められると述べている。そして，「21世紀を切り拓く心豊かでたくましい日本人の育成」を目指す立場から，「改正」の視点として，①信頼される学校教育の確立，②「知」の世紀をリードする大学改革の推進，③家庭の教育力の回復，学校・家庭・地域社会の連携・協力の推進，④「公共」に主体

的に参画する意識や態度の涵養，⑤日本の伝統・文化の尊重，郷土や国を愛する心と国際社会の一員としての意識の涵養，⑥生涯学習社会の実現，⑦教育振興基本計画の策定を掲げている。

中央教育審議会の答申が出された2カ月後，第1回の与党教育基本法に関する協議会が開かれ，その翌月には，同協議会の下に与党教育基本法に関する検討会が設置される（協議会が10回，検討会が70回開催）。そして，2006年4月，教育基本法の「改正」案が閣議決定され，第164回通常国会に提出された。その後，同年12月15日の第165臨時国会において，「改正」案が可決・成立し，同月22日に法律第120号として公布・施行された。

新旧の教育基本法を比較した場合，以下のような点において大きな違いがみられる。まず，旧法では，前文と第1条（教育の目的）において，日本国憲法の第26条（教育を受ける権利）を踏まえ，「個人の尊厳」や「個人の価値」を尊重した，人格の完成に寄与する教育の在り方を示しているのに対し，新法では，国家の形成者として必要な「資質」を有する国民の育成が主眼となっている。次に，第2条をみてみると，旧法では，「教育の方針」について，教育の目的（人格の完成）を達成するために，「学問の自由」や「自発的精神」を重視する姿勢が示されている。それに対して，新法では，「教育の目的」として，「真理を求める態度」や「自主及び自律の精神」とともに，「道徳心」「公共の精神」「我が国と郷土を愛する」態度といった，国民に求められる「資質」を具体的に規定し，その涵養を掲げている。個人の人格の完成に向けて国として保障しなければならない原則を示した，「方針」ではなく，個人に達成することを求める徳目を掲げた，「目標」へと切り替えられているのである。

旧法の第10条（教育行政）では，教育が，政党や組合だけでなく教育行政からも不当な支配を受けず，主権者の国民に対して直接の責任を負って行われるものであることを示し，教育行政は，個人の人格の完成に必要な条件整備に努めなければならないことが定められていた。ところが，新法の第16条（教育行政）においては，国民に対する責任として行われる教育の在り方が姿を消し，当該法律やその他の法律に定められた内容に基づいて行われるものへと変容している。教育の軸を，主権者である国民から，政府・行政へ移す措置がと

られているといえる。さらに、第17条（教育振興基本計画）を新設し、教育振興の施策に関する方針、具体的な内容についての基本的な計画を定める権限を政府に認め、地方公共団体に対し、政府の計画を「参酌」して各自の教育振興に関する計画を立てるよう求めている。なお、政府が作成する計画については、国会への報告と公表が義務づけられているにすぎない。

　1947年（昭和22）年3月31日に公布・施行された、かつての教育基本法は、日本国憲法が掲げた、民主的で文化的な国家を建設し、世界の平和と人類の福祉に貢献するという理想の実現を目指して、戦後の新しい教育のあり方を定めたものだった。そして、それは、憲法の理念実現と不可分なものとして位置づけられたため、「教育の憲法」ともいわれてきた。そのような教育基本法が誕生後60年を目前にして「改正」されてしまった。グローバリゼーションや「市場の社会的深化」（テッサ・モーリス=スズキ）が急速に進むなか、国民国家の枠組みが大きく揺らいでいるのは確かである。だが、個人から国家に軸足を移す方向でなされた教育基本法「改正」の問題性は明らかである。それは、ここまでもみてきたように、戦前の教育がさまざまな可能性を内包しながらも、歴史の展開のなかで国家に奉仕する人間を育成するという位置づけを与えられ、最終的に国家が侵略戦争という破滅の道を突き進むのを阻止するどころか、進んでそれに加担してしまったという歴史の事実が端的に示している。

　私たちには、「改正」教育基本法のもとで展開される政策動向を注視していくとともに、子どもたち一人一人の人間形成にとって本当に望ましいのはどのような教育なのか、その実現のためにどうすればよいのか、いま一歩踏み込んで考えていくことが求められている。そこでは教育と国家の関係性が問われているといってよい。このことを考えていく際には、日本国憲法や国連の「子どもの権利に関する条約」が有力な指針となるだろうし、何より歴史が私たちに多くのことを教えてくれるだろうことは間違いない。

参考文献
浦野東洋一・佐藤広美・中嶋哲彦・中田康彦『改定教育基本法どう読みどう向きあうか』
　　（かもがわブックレット164）、かもがわ出版、2007年。
苅谷剛彦『教育改革の幻想』筑摩新書、2002年。

教育科学研究会編『現代教育のキーワード』大月書店，2006年。
斉藤貴男『教育改革と新自由主義』子どもの未来社，2004年。
佐藤秀夫『学校教育うらおもて事典』小学館，2000年。
篠田弘編著『資料でみる教育学―改革と心の時代に向けての―』福村出版，2007年。
橘木俊詔『格差社会―何が問題なのか―』岩波新書，2006年。
中村政則『戦後史』岩波新書，2005年。
浜田寿美男・小沢牧子・佐々木賢編著『学校という場で人はどう生きているのか』北大路書房，2003年。
広田照幸編『〈きょういく〉のエポケー第1巻 〈理想の家族〉はどこにあるのか？』教育開発研究所，2002年。

あ と が き

　教育史のテキスト『子どもの教育の歴史』は，1992年の初版以来，現在9刷まで増刷された。本書初版の企画に当たり，プロットの作成，原稿の検討など全てにわたって，渡辺かよ子（外国編担当・現愛知淑徳大学），吉川卓治（日本編担当・現名古屋大学）の両者に多大な協力を得た。次に本書初版の「あとがき」の一部を示す。

　21世紀を目前に控えた今日の大きな特徴は，社会の発展を「近代化」や「西洋化」の基準のみから判断することをやめ，国家，民族，性，年齢等によって異なるさまざまな価値観を互いに認め合おうという点にある。このことは，国際連合がすでに世界人権宣言や国際人権規約等において宣明していることであり，1989年の「子どもの権利に関する条約」においても，まず第一に「差別の禁止」が掲げられている。20世紀は児童の世紀であると言われてから久しいが，その後の歴史において，果して前記の条約にも定めるように「子供の最善の利益の考慮」がなされてきているであろうか。

　本書のねらいは，「まえがき」にもふれられているように，従来の教育史のごとく政策・制度や思想を中心とした通史とは異なり，それぞれの時代に生きた子どもの姿を中心にすえた叙述を目指したことである。すなわち，国や時代を異にする子どもたちの生活は如何なるものであったのか，その中で大人の側からの配慮としての教育がどの様になされたか，これらのことを描くことによって，現代の子どもの生活に歴史の「鏡」を提供することにあった。

　内容の構成について，まず外国編についてみる。各章の叙述は，1）それがどのような時代であったか（経済構造・人口動態・社会背景など），2）社会にとって子どもはなんであったか（子ども観・育児観・教育観・教育思想など），3）子どもはどの様に生きたか（子どもの生活・家庭・教育など）の3つの柱から構成され，具体的な内容については各国・各時代に特徴的な事柄を取り上げることとした。次に日本編についてみる。内容構成の基本的視点は外国編とほとんど同じであるが，1）経済構造と人口動態，2）子ども観と教育思想，3）育児と教育の実態，4）子どもの生活という4つの柱をたてて，教育政策・制度の歴史に偏することなく多元的な叙述を意図した。

一昨年10月，名古屋大学出版会から，本書の改訂について話があったが，現実の出版界の状況や，大学改革の嵐のなかにある執筆者諸君の状況を考えて，本書の改訂は困難であると思った。しかし，出版会で，伊藤専務理事や担当の三木さんから，「本書は教育史の概説書として優れたものであり，今後も書店の棚に並べられているべきものである」というような言葉で，改訂することを勧められた。この言葉は，多分にお世辞であるとしても，編集を担当した僕としては，"この書物は，執筆者の皆さんの努力が実り，外国と日本がコンパクトにまとめられ，また図版も多く入れられて読みやすくなっており，すぐれて要を得て簡潔に記述された一冊である"という自負はあった。

　しかし，本書は出版以来16年も経過しており，内容も新しいところを付け加える必要があり，また，それぞれが担当した部分も修正すべき箇所もあろう。そこで，従前の編集委員に加えて，教育学部に在職する加藤詔士さんと吉川卓治さんに参加を求め，実質的に編集作業を進めてもらった。

　旧版部分の改訂は必要最小限にとどめ，そして少し新しい内容を加えた。外国編については，第3章に新しく節を設け，新時代の教育について記述した。日本編については，新しく第4章を設け，従前の第3章の一部を改稿するとともに，経済の成長・停滞と生活・教育の変容について述べ，さらに，グローバリゼーションと生活・教育の動揺について記述した。また，新しくコラム欄を設け，現在の教育に関する問題意識も考慮した。この方針に沿って，新設の章，節，コラム欄等には新しい執筆者を依頼した。

　各章・節の叙述にあたり，数多くの文献・資料等が参考とされたが，紙幅の制約等もあり，各節末に「参考文献」として示されているのは，それらの一部（特に読者の参考になるもの）であることをお断りする。

　本書が，教育学を志す者のみならず，教育実践家をはじめ，広く教育に関わる方々に対して少しでもお役に立つことがあれば幸いである。

2008年2月

　　　　　　　　　　　　　　　　　　　　　　編者を代表して　　篠　田　　弘

年　表

◇は一般的事項

外　国	日　本
606　〔中国〕科挙試験の創始（〜1905）	6世紀中頃　仏教伝来
1065　〔イタリア〕この頃サレルノ医学校開設	701　大宝律令で大学，国学を制定
1096　◇十字軍の遠征（〜1270）	712　「古事記」
1241　◇ハンザ同盟	720　「日本書紀」
1299　◇マルコ・ポーロ『東方見聞録』	829　空海，綜芸種智院を開設
1338　◇百年戦争（〜1453）	1001　この頃「枕草子」なる
1376　◇ウィクリフ，イングランドで宗教改革（〜1384）	1007　◇この頃「源氏物語」なる
1378　◇教会分裂（〜1417）	13世紀中頃　北条実時，金沢文庫開設
	14世紀後半　『庭訓往来』なる
1402　ヴェルジェーリオ『子どものすぐれた諸習慣ならびに自由諸学芸について』	1400　世阿弥「花伝書」
1450　この頃グーテンベルク，活字印刷術を発明。ルネサンス文化全盛期	1467　◇応仁の乱（〜1477）
1453　◇東ローマ帝国滅亡	15世紀前半　今川了俊「今川状」
1455　◇〔イギリス〕バラ戦争（〜1485）	15世紀中頃　上杉憲実，足利学校を再興
1502　〔ドイツ〕ヴィッテンベルク大学設立	
1512　エラスムス『学問方法論』	
1516　モア『ユートピア』	
1517　◇宗教改革の始まり	
1531　ヴィーヴェス『学問論』。エリオット『統治者論』	1526　今川氏親，家法「今川仮名目録」制定
1532　ラブレー『パンタグリュエル物語』	
1534　ラブレー『ガルガンチュア物語』	
1540　〔イギリス〕イートン校設立	1543　◇鉄砲伝来
1541　◇〔スイス〕カルヴァンの改革	1549　キリスト教伝来
1562　◇〔フランス〕ユグノー戦争（〜1598）	
1567　〔イギリス〕ラグビー校設立	
1571　〔イギリス〕ハロー校設立	1576　◇織田信長，安土に築城
1580　モンテーニュ『随想録』	1580　イエズス会，セミナリオを設立
1582　◇マテオ・リッチ，中国での布教開始	1582　天正遣欧使節
1615　ラトケ『一般言語教授法序説』	1600　◇関ヶ原の戦い
1618　◇〔ドイツ〕三十年戦争（〜1648）	1603　徳川家康，江戸に幕府を開く
1619　〔ドイツ〕ワイマール「学校規程」制定	1615　武家諸法度公布
1620　◇〔アメリカ〕メイフラワー号，プリマス上陸	
1623　カンパネラ『太陽の都』	1630　林羅山，江戸忍岡に昌平黌開設
1642　〔ドイツ〕ゴータ学校令。〔アメリカ〕マサチューセッツ教育法	1639　ポルトガル船の来航禁止（「鎖国」完成）
◇〔イギリス〕ピューリタン革命始まる	
1648　ペティ『教育論』	
1657　コメニウス『大教授学』	1662　伊藤仁斎，古義堂を開設
1658　コメニウス『世界図絵』	1670　池田光政，閑谷黌を開設
1688　◇〔イギリス〕名誉革命	1674　会津藩，日新館設立
1693　ロック『教育に関する考察』	1691　昌平黌を湯島に移転し昌平坂学問所と改称
1702　フランケ『簡易教授論』	1703　香月牛山『小児必要養育草』
1707　〔ドイツ〕ゼムラー，実科学校を設立	1710　貝原益軒『和俗童子訓』
1719　デフォー『ロビンソン・クルーソー』	1713　貝原益軒『養生訓』

外　国	日　本
1744　〔イギリス〕ニューベリ，子ども専用の書店を開く。ニューベリ『小さなかわいいポケット・ブック』	1716　◇享保の改革（～1745）
1753　〔イギリス〕大英博物館設立	1719　萩藩，明倫館設立
1762　ルソー『エミール』	1729　石田梅岩，京都で心学を開講
1764　◇〔イギリス〕ハーグリーブス，紡織機を発明	
1765　◇〔イギリス〕ワット，蒸気機関を発明	
1768　◇〔イギリス〕アークライト，水力紡織機を発明	
1770　〔イギリス〕この頃，煙突少年雇用禁止運動始まる	1773　薩摩藩，造士館設立
1774　〔ドイツ〕バゼドウ，汎愛学園を設立	1774　杉田玄白ら『解体新書』
1775　◇アメリカ独立戦争（～1783）	1776　米沢藩，興譲館設立
1780　〔イギリス〕レイクス，日曜学校を創設。ペスタロッチ『隠者の夕暮』	
1781　ペスタロッチ『リーンハルトとゲルトルート』第1巻	1783　尾張藩，明倫堂設立
1784　〔ドイツ〕ザルツマン，汎愛学舎を設立。〔フランス〕アユイ，パリに盲学校を創設	1784　福岡藩，稽古館設立
	1787　◇寛政の改革（～1793）
1789　◇フランス革命	1790　寛政異学の禁
1795　ゲーテ『ウィルヘルム・マイスターの修業時代』	1794　本居宣長『玉勝間』初篇
1796　ベル『教育における実験』	1797　昌平坂学問所が幕府の正規の学問所に
1798　〔スイス〕ペスタロッチ，シュタンツ孤児院長に就任	1798　本居宣長『古事記伝』
1801　イタール『野生児の教育』。ペスタロッチ『ゲルトルート教育法』	1801　『孝義録』なる
1802　〔イギリス〕最初の工場法（徒弟の健康・道徳法）	
1803　ランカスター『教育における改善』。カント『教育学』	1803　脇坂義堂『撫育草』
1804　◇〔フランス〕ナポレオン法典	1805　広瀬淡窓，咸宜園を開設
1806　ヘルバルト『一般教授学』	
1807　〔ドイツ〕プロイセン改革 　　　◇〔ドイツ〕十月勅令	1807　水戸藩，延方学校設立
1808　◇〔ドイツ〕都市条例	
1811　〔イギリス〕国民協会発足	
1812　『グリム童話集』（～1822）	
1813　オーエン『新社会観』（～1816）	
1814　〔イギリス〕内外学校協会設立	
1815　ラヴェット『初期教育としつけの改善についての助言』	1815　杉田玄白『蘭学事始』
1816　〔イギリス〕オーエン，性格形成学院を設立	
1817　〔ドイツ〕フレーベル，カイルハウ学園を開設	
1818　ミル『教育論』	
1819　〔イギリス〕工場法（年少者健康維持法）	
1825　◇〔イギリス〕鉄道開通	1824　シーボルト，鳴滝塾を開設
1826　フレーベル『人間の教育』	
1828　〔イギリス〕アーノルド，ラグビー校校長に就任	1828　◇シーボルト事件
1829　フーリエ『新産業共同体世界』	
1833　〔イギリス〕工場法（工場監督官を設置）	
1834　◇ドイツ関税同盟	
1835　ディースターヴェーク『教職教養指針』。『アンデルセン童話集』。トクヴィル『アメリカにおけるデモクラシー』	
1837　〔アメリカ〕マン，マサチューセッツ州初代教育長に就任。〔フランス〕ブライユ点字の完成	
1838　◇〔イギリス〕チャーチスト「人民憲章」	1838　緒方洪庵，適塾を開設
1839　ティックナ『母親と乳母のための子育て指針』。	1839　◇蛮社の獄

年　表　299

	外　国		日　本
1840	〔イギリス〕煙突少年雇用禁止法制定。〔ドイツ〕プロイセン工場法　フレーベル，「幼稚園」を創設 　　◇アヘン戦争（～1841）		
1841	〔フランス〕児童労働の法的規制。セガン『知的障害児教育論』（～1842）	1841	水戸藩，弘道館設立 　　◇天保の改革（～1843）
1842	◇〔イギリス〕鉱山保安法		
1845	◇エンゲルス『イギリスにおける労働者階級の状態』		
1847	〔イギリス〕工場法		
1848	◇〔イギリス〕公衆衛生法。〔ドイツ〕三月革命		
1850	〔イギリス〕公共図書館法		
1851	◇〔イギリス〕国勢調査。ロンドン万国博覧会	1853	◇ペリー，浦賀に来航
1852	〔アメリカ〕マサチューセッツ州，就学義務制	1854	◇日米和親条約
1855	アボット『働くロロ―勤勉になる道一』	1856	蕃書調所開設。吉田松陰，松下村塾を開設
1857	ヒューズ『トム・ブラウンの学校生活』	1858	神田お玉ケ池に種痘所開設
1861	〔アメリカ〕シェルドン，オスウィーゴー師範学校を創設 　　◇〔アメリカ〕南北戦争（～1865）。〔ロシア〕農奴解放令		◇日米修好通商条約
		1860	幕府，神田お玉ケ池種痘所を直轄化
		1861	種痘所を西洋医学所に改称
1862	〔イギリス〕出来高払い制の導入。トルストイ『国民教育論』	1862	蕃書調書を洋書調所に改称
1863	〔フランス〕デュリュイ，公教育大臣に就任	1863	西洋医学所を医学所に改称。洋書調所を開成所に改称
1864	〔ロシア〕初等国民学校規定制定		
1865	キャロル『ふしぎの国のアリス』。〔フランス〕児童保護協会		
1866	〔アメリカ〕オスウィーゴー師範学校，ニューヨーク州立に	1866	福沢諭吉『西洋事情』初編
1868	〔イギリス〕パブリック・スクール法制定。ウシンスキー『教育的人間学』	1867	◇大政奉還
		1868	旧幕府学校を医学校，昌平学校，開成学校として復興。福沢諭吉，慶応義塾開設 　　◇王政復古の大号令。五カ条の誓文。
1869	◇〔アメリカ〕最初の大陸横断鉄道完成	1869	静岡藩，沼津兵学校附属小学校開設。府県施政順序制定。京都府，番組小学校開設。開成学校と医学校を大学分局とし昌平学校を中心に大学校とする。内田正雄訳『和蘭学制』 　　◇版籍奉還。人力車の発明
1870	〔イギリス（イングランド・ウェルズ）〕初等教育法 　　◇普仏戦争（～1871）	1870	大学校を大学，開成学校を大学南校，医学校を大学東校と改称。大学規則，中小学規則制定。大学（本校）閉鎖。小幡甚三郎『西洋学校軌範』。中村正直訳『西国立志編』
1871	◇ドイツ帝国成立	1871	文部省設置 　　◇廃藩置県。散髪脱刀令。岩倉遣外使節出発
1872	〔イギリス（スコットランド）〕初等教育法	1872	福沢諭吉『学問のすゝめ』初編。東京に師範学校設置。「学制」発布 　　◇教部省設置。ガス灯設置。鉄道開業。太陽暦採用
1873	◇ウィーン万国博覧会	1873	マレー，来日。伊沢太郎訳『仏国学制』 　　◇徴兵令。地租改正条例
1874	〔フランス〕ルセル法	1874	明六社発足 　　◇民選議院設立建白書提出
1875	〔イギリス〕煙突少年雇用禁止法改正。〔アメリカ〕パーカー，クインシィ運動開始	1875	福沢諭吉『文明論之概略』
		1876	東京女子師範学校内に幼稚園開設。「伊勢暴動」，多数の学校等を毀焼
		1877	東京大学設置。田口卯吉『日本開化小史』 　　◇西南戦争

外　国	日　本
1878　〔フランス〕ファーブル『昆虫記』(〜1910) ◇パリ万国博覧会	1878　◇三新法制定
1880　〔アメリカ〕ハル・ハウス設立	1879　教学聖旨。教育令公布。伊藤博文、教育議を提出
1881　〔フランス〕公立小学校無償化。グリーナウェイ『マザー・グース』	1880　改正教育令公布
1882　〔フランス〕公立小学校世俗化、義務化	1881　◇明治14年の政変
1883　ラスキン『おとぎの国』。スティーヴンスン『宝島』	1882　加藤弘之『人権新説』。中江兆民訳『民約訳解』 ◇軍人勅諭。伊藤博文、憲法調査のため欧州へ
1885　トウェーン『ハックルベリー・フィンの冒険』	1884　華族令制定。加波山事件。秩父事件
1886　ジョホノット『教授の原理および実際』。〔ドイツ〕統一学校連盟生まれる	1885　教育令再改正。内閣制度創設、森有礼、初代文相に ◇坪内逍遙『当世書生気質』(〜1886)
1888　グリーナウェイ『ハメルンの笛吹き』	1886　帝国大学令、師範学校令、小学校令、中学校令公布
1889　〔イギリス〕レディ、アボッツホルム校を開設。〔ドイツ〕統一学校連盟の結成。ナトルプ『社会的教育学』 ◇パリ万国博覧会	1887　ハウスクネヒト来日。徳富蘇峰、『国民之友』創刊。東京盲啞学校設置。文官試験試補及見習規則制定 ◇三大事件建白書を提出
1893　〔アメリカ〕ケリーによる工場視察報告。〔イギリス〕盲・ろう児初等教育法	1888　山県悌三郎、『少年園』創刊 ◇市制町村制公布
1894　〔イギリス〕学校健康診断の開始。キプリング『ジャングル・ブック』(〜1895)	1889　森有礼文相、刺殺 ◇大日本帝国憲法発布
	1890　第2次小学校令公布。教育勅語発布 ◇府県制、郡制公布。第1回帝国議会召集
	1891　巌谷小波『こがね丸』。内村鑑三不敬事件。小学校祝日大祭日儀式規程制定
	1893　文官任用令制定。実業補習学校規程制定。この頃ヘルバルト主義が流行
	1894　実業教育費国庫補助法公布。高等学校令公布 ◇日清戦争(〜1895)
1896　〔アメリカ〕デューイ、シカゴ大学に実験学校を創設。〔中国〕官費留学生の日本派遣開始。梁啓超『変法通義』	1895　『少年世界』創刊 ◇台湾総督府設置
1897　〔アメリカ〕イリノイ州の義務教育法。ユジャコフ『教育の諸問題』	1896　高等教育会議設置
1898　〔ドイツ〕リーツ、田園教育舎を開設。ドモラン『新教育』	1897　京都帝国大学設置。帝国大学は東京帝国大学に改称。師範教育令公布
1899　〔フランス〕ドモラン、ローシュ学校を開設。デューイ『学校と社会』。クルプスカヤ『婦人労働者』 ◇レーニン『ロシアにおける資本主義の発展』	1899　北海道旧土人保護法公布。中学校令改正。実業学校令、高等女学校令公布。樋口勘次郎『統合主義新教授法』。私立学校令公布
1900　ケイ『児童の世紀』	1900　第3次小学校令公布。津田梅子、女子英学塾を開設。『幼年世界』創刊
1901　ポター『ピーター・ラビットの話』	1901　北海道、旧土人児童教育規程制定。成瀬仁蔵ら、日本女子大学校を開設
1902　◇ゴーリキー『どん底』	1902　『少年界』『少女界』創刊。教科書疑獄事件発覚
1903　ビネー『知能の研究』 ◇ロシア民主労働党第2回大会。〔中国〕雑誌『江蘇』創刊。ウェーバー『プロテスタンティズムの倫理と資本主義の精神』	1903　専門学校令公布。国定教科書制度成立 ◇幸徳秋水ら、『平民新聞』創刊
	1904　◇日露戦争(〜1905)。日韓協約調印
	1905　◇日比谷焼討事件。第2次日韓協約調印
1906　〔イギリス〕学校給食法	1906　谷本富『新教育講義』
1907　〔イタリア〕モンテッソーリ、児童の家を設立	1907　小学校令中改正により翌年から尋常小学校を6年

年	外国	年	日本
			制に延長。師範学校規程制定。東北帝国大学設置 ◇第3次日韓協約調印
		1908	戊申詔書発布
1909	メーテルリンク『青い鳥』		
1910	◇〔中国〕この頃，新文化運動始まる	1910	九州帝国大学設置 ◇大逆事件。「韓国併合」
1911	クルプスカヤ『生徒間の自殺と自由労働学校』 ◇〔中国〕辛亥革命	1911	南北朝正閏問題。高等中学校令公布(1913年に施行を無期延期)。朝鮮教育令公布。工場法公布
1912	〔中国〕フランス勤工俭学運動	1912	西山哲次，帝国小学校開設。及川平治『分団式動的教育法』
		1913	京大沢柳事件。東北帝大，女子学生を受け入れ ◇大正政変
1914	◇第1次世界大戦(〜1918)	1914	『少年倶楽部』創刊
1915	クルプスカヤ『国民教育と民主主義』。〔中国〕留法勤工俭学会の結成 ◇陳独秀，『青年雑誌』創刊	1915	内務・文部省，青年団に関し共同訓令公布 ◇対華21カ条要求
1916	デューイ『民主主義と教育』	1916	ケイ『児童の世紀』翻訳刊行
1917	ヴェンツェリ『子どもの権利宣言の発布』 ◇ロシア革命	1917	成城小学校開設。臨時教育会議設置
1918	〔ソビエト〕教会と国家及び学校との分離に関する法令，統一労働学校令，統一労働学校の基本原則制定。クルプスカヤ『社会主義学校における問題』 ◇魯迅『狂人日記』	1918	市町村義務教育費国庫負担法公布。北海道帝国大学設置。鈴木三重吉，『赤い鳥』創刊。大学令公布，高等学校令を改正 ◇シベリア出兵。米騒動。原敬内閣発足
1919	〔アメリカ〕進歩主義教育協会の結成。デューイ，中国を訪問。〔ドイツ〕徹底的学校改革者同盟の結成。シュタイナー，自由ヴァルドルフ学校を開設	1919	台湾教育令公布。改正帝国大学令公布。デューイ来日
1920	〔アメリカ〕ドルトン・プラン公表 ◇国際連盟発足。ラジオ放送開始	1920	慶応義塾，早稲田が初の私立大学として認可
1921	第1回国際新教育会議の開催。国際新教育連盟の結成。〔アメリカ〕ボストンに初のハイスクール ◇アメリカ産児制限連盟の結成	1921	羽仁もと子，自由学園開設。西村伊作ら，文化学院開設。八大教育主張講演会
1922	デュルケーム『教育と社会学』。〔中国〕学校系統改革令。〔ソビエト〕ピオネールの組織発足	1922	第2次台湾教育令，第2次朝鮮教育令公布。未成年者飲酒禁止法公布。少年法公布 ◇全国水平社結成
1923	〔イギリス〕保育学校連盟結成。〔ドイツ〕生活共同体学校4校成立	1923	盲学校及聾唖学校令公布 ◇関東大震災。国民精神作興に関する詔書
1924	〔ドイツ〕イエナ大学付属学校でイエナ・プラン実施	1924	パーカースト来日。野口援太郎ら，池袋児童の村小学校開設。文政審議会設置。京城帝国大学設置。赤井米吉，明星学園開設。川井訓導事件
1925	デューイ『経験と教育』	1925	桜井祐男ら，芦屋児童の村小学校開設。陸軍現役将校学校配属令公布 ◇治安維持法。普通選挙法。ラジオ放送開始
1926	ラッセル『教育論』。ミルン『くまのプーさん』	1926	京都学連事件。青年訓練所令公布
1927	〔イギリス〕サマーヒル・スクール，開校。〔フランス〕フレネ，『学校印刷誌』創刊。〔中国〕陶行知，暁荘師範学校を開校	1927	◇金融恐慌
1928	◇〔イギリス〕フレミング，ペニシリン発見	1928	台北帝国大学設置
1929	◇中華ソビエト共和国臨時政府の組織。世界恐慌おこる。	1929	小原国芳，玉川学園開設。小砂丘忠義ら，『綴方生活』創刊
1930	〔イタリア〕ムッソリーニ，産児制限と堕胎を禁止。〔ソビエト〕8歳からの4年制義務教育確立	1930	『北方教育』創刊。新興教育研究所結成。日本教育労働者組合結成。郷土教育連盟結成
1931	◇〔中国〕民法改正	1931	田河水泡「のらくろ二等卒」『少年倶楽部』に連載開始。大阪帝国大学設置

年	外国	年	日本
			◇「満州事変」開始
		1932	◇「満州国」建国宣言。5・15事件
1933	〔イギリス〕ハドウ報告書。〔ドイツ〕断種法。〔ソビエト〕小学制度暫定条例，小学課程教則大綱制定。マカレンコ『教育誌』(〜1935) ◇〔ドイツ〕ナチス政権成立	1933	城戸幡太郎ら，『教育』創刊。島田啓三「冒険ダン吉」『少年倶楽部』に連載開始。京大滝川事件 ◇国際連盟脱退
1934	〔中国〕「民営公助学校についての公開書簡」公布	1934	警視庁，学生・生徒・未成年者のカフェ・バー出入りを禁止
1935	〔中国〕新安児童旅行団の結成。〔フランス〕フレネ，ヴァンスに新学校を開校	1935	野村芳兵衛ら，『生活学校』創刊。青年学校令公布。天皇機関説事件。教学刷新評議会設置
1936	〔ソビエト〕妊娠中絶の禁止 ◇テレビ放送開始	1936	◇2・26事件。日独防共協定調印
1937	〔フランス〕指導学級の設置	1937	文部省，『国体の本義』頒布。教育審議会設置 ◇日中戦争開始。国民精神総動員運動開始。南京事件
1938	〔アメリカ〕エッセンシャリスト論争	1938	勤労動員開始 ◇国家総動員法
1939	◇第2次世界大戦（〜1945）	1939	名古屋帝国大学設置。青年学校を男子義務制とする。青少年学徒ニ賜ハリタル勅語。満蒙開拓青少年義勇軍壮行会
1940	キルパトリック『デモクラシーのための集団教育』	1940	義務教育費国庫負担法公布 ◇国民優生法。大政翼賛会発足
		1941	国民学校令公布。文部省教学局『臣民の道』 ◇太平洋戦争開始
1943	リード『芸術教育論』	1943	中等学校令公布。師範教育令改正により師範学校を官立化し専門学校と同程度化。学徒戦時動員体制確立要綱を閣議決定。学徒出陣
1944	〔イギリス〕バトラー法。〔ソビエト〕幼稚園規定	1944	学童疎開促進要綱を閣議決定。学徒勤労令公布
		1945	決戦教育措置要綱を閣議決定。戦時教育令公布。文部省「新日本建設ノ教育方針」を発表。GHQ「日本教育制度ニ対スル管理政策」発令，以後12月まで4つの教育指令を出す ◇広島，長崎に原爆投下。ポツダム宣言受諾
1946	国際連合（国連）成立	1946	日本側教育家委員会発足。米国対日教育使節団来日，報告書を提出。教育刷新委員会発足。『子供マンガ新聞』創刊 ◇日本国憲法制定
1947	〔フランス〕ランジュヴァン・ワロン改革案 ◇フランク『アンネの日記』	1947	文部省『学習指導要領一般編（試案）』。教育基本法・学校教育法制定。国民学校は小学校に。新制中学校発足。日教組結成。児童福祉法制定 ◇石坂洋次郎「青い山脈」新聞連載開始
1948	国連，「世界人権宣言」採択	1948	『漫画少年』創刊。文部省，「保育要領」発行。新制高等学校発足。教育勅語等の排除・失効の確認の国会決議。教育委員会法公布。少年法公布 ◇優生保護法公布
1949	◇中華人民共和国成立	1949	教育公務員特例法公布。新制国立大学発足。教育刷新委員会を教育刷新審議会に改称。社会教育法公布。『きけわだつみのこえ』刊行
1950	◇朝鮮戦争（〜1953休戦）	1950	第2次米国対日教育使節団報告書を提出
1951	ユネスコ憲章。サリンジャー『ライ麦畑でつかまえて』	1951	無着成恭編『山びこ学校』。『学習指導要領一般編（試案）』改訂版。政令改正問問委員会答申決定 ◇対日講和条約・日米安保条約調印
		1952	中央教育審議会令制定。翌年1月中教審発足

外　国	日　本
1953 〔南ア連邦〕バンツー教育法。ウシンスキー『教育的人間学』（〜1954）	
1954 〔アメリカ〕ブラウン判決	1954 「教育二法」制定。学校給食法公布
	1955 文部省『高校学習指導要領（一般編）』 ◇社会党統一。自由民主党結成。
1956 〔ソビエト〕新カリキュラム作成。ヴィゴツキー『思考と言語』	1956 幼稚園教育要領。「地方教育行政の組織及び運営に関する法律」制定。任命制教育委員会発足
1957 〔ソビエト〕人工衛星（スプートニク）打ち上げ	1957 ◇石川達三「人間の壁」新聞連載開始
1958 〔アメリカ〕国防教育法	1958 「小・中学校学習指導要領道徳編」告示。日教組等，勤評阻止全国統一行動実施。小・中学校学習指導要領を官報に告示
1959 国連,「児童の権利宣言」採択	1959 『週刊少年マガジン』『週刊少年サンデー』創刊 ◇伊勢湾台風。厚生省，水俣病の原因特定
1960 ユネスコ,「教育における差別待遇の防止に関する条例」採択。アリエス『アンシャンレジューム期の子どもと家庭生活』。ブルーナー『教育の過程』	1960 高校学習指導要領告示 ◇「国民所得倍増計画」決定
	1961 高等専門学校設置のため学校教育法一部改正。全国一せい学力テスト実施
1962 〔アメリカ〕人材開発訓練法。フリードマン『資本主義と自由』	1962 高校全員入学問題全国協議会結成。文部省『日本の成長と教育』
	1963 手塚治虫「鉄腕アトム」放映開始
1964 〔アメリカ〕経済機会法	1964 ◇東京オリンピック開催
1965 〔アメリカ〕ヘッドスタート計画開始。ユネスコのラングラン,生涯教育を提唱 ◇ベトナム戦争開始（〜1975）	1965 家永三郎，教科書検定を違憲として国を提訴。「保育所保育指針」作成
1966 〔中国〕文化大革命の開始	1966 円谷プロ制作「ウルトラマン」放映開始。中教審「後期中等教育の拡充整備について」最終答申，別記「期待される人間像」提出
1967 〔フランス〕産児制限の合法化。〔イギリス〕プラウデン報告書	
1968 〔イギリス〕妊娠中絶の合法化	1968 東大紛争開始。小学校学習指導要領告示
1969 ◇アポロ11号月面着陸	1969 中学校学習指導要領告示。TBS制作「8時だヨ！全員集合」放映開始
1970 ユネスコ等,「万人のための世界教育会議」開催。フレイレ『被抑圧者の教育学』。イリッチ『脱学校の社会』	1970 家永教科書訴訟で原告勝訴の判決（杉本判決）。高校学習指導要領告示 ◇大阪で日本万国博覧会開催
1971 〔アメリカ〕人種統合のためのバス通学に合憲判決	1971 中教審「今後における学校教育の総合的な拡充整備のための基本施策」最終答申 ◇日本マクドナルド1号店オープン。ドルショック
1972 〔ソビエト〕模範生徒規則改定	1972 ◇札幌冬季オリンピック。沖縄返還。日中共同声明
1973 〔ソビエト〕国民教育基本法	1973 藤子不二雄原作「ドラえもん」放映開始 ◇第1次オイルショック
1974 ◇コクセン『シンガポール育ち―ある苦力の自伝―』	1974 ◇ユリ・ゲラー来日，超能力ブーム。コンビニ登場
1975 国連,「障害者の権利宣言」採択	1975 学校教育法一部改正により専修学校が制度化
1976 ドア『学歴社会』	1976 主任制度化。旭川学力テスト訴訟最高裁判決
	1977 小・中学校学習指導要領告示
1978 〔イギリス〕試験官ベビーの誕生	1978 高校学習指導要領告示。
1979 〔アメリカ〕全米フリー・スクール連合の発足。国際児童年。国連,「女性差別撤廃条約」採択。〔中国〕一人っ子政策の開始	1979 第1回共通一次学力テスト実施。養護学校の義務制実施。インベーダーゲーム登場。ソニー「ウォークマン」発売。小山内美江子原作「3年B組金八先生」放映開始 ◇第2次オイルショック
	1980 川崎市の予備校生が両親を金属バットで殺害。任

外 国	日 本
	天堂「ゲーム&ウォッチ」発売
1981　国際障害者年	
	1982　教科書問題が外交問題化。穂積隆信『積木くずしー親と子の二百日戦争一』
1983　〔アメリカ〕連邦教育省の審議会報告書「危機に立つ国家」発表	1983　東京ディズニーランド開園。任天堂が家庭用ゲーム機「ファミリーコンピューター」発売
1984　〔ソビエト〕「普通教育学校と職業学校の改革の基本方向」採択 　　　◇ウッド『わが父シューマッハー―その思想と生涯―』	1984　臨時教育審議会設置法公布
1985　◇プラザ合意	1985　◇NTT，JT発足
1986　中華人民共和国義務教育法 　　　◇〔ソビエト〕チェルノブイリ原発で事故	1986　東京都中野区の中学生がいじめを苦に自殺。ファミコン用ゲームソフト「ドラゴンクエスト」発売
1987　◇ワレサ『ワレサ自伝―希望への道―』	1987　◇国鉄が分割民営化されJRに
1988　〔イギリス〕イギリス教育改革法。ナショナル・カリキュラムの開始。全国統一学力テストの開始	1988　◇リクルート事件
1989　国連，「子どもの権利に関する条約」採択。〔フランス〕ジョスパン法。〔中国〕「希望工程」開始 　　　◇天安門事件。「ベルリンの壁」崩壊	1989　女子高生コンクリート詰め殺人事件。小・中・高校学習指導要領告示。教員の初任者研修制度開始。任天堂が小型ゲーム機「ゲームボーイ」発売
1990　国際識字年。ユネスコ等，「万人のための教育世界会議」開催。〔アメリカ〕教育バウチャー制度，ウィスコンシン州で開始 　　　◇〔イギリス〕代理母裁判。ミュラー『母と子のナチ強制収容所―回想ラーフェンスブリュックー』。イラク軍がクウェート侵攻（湾岸危機）。東西ドイツ統一	1990　初の大学入試センター試験実施。兵庫県立神戸高塚高校で校門圧死事件
1991　〔アメリカ〕最初のチャーター・スクール法制定。教育戦略「2000年のアメリカ」 　　　◇ソ連崩壊	1991　大学設置基準の大綱化 　　　◇牛肉，オレンジの輸入自由化
1992　〔アメリカ〕チャーター・スクール，ミネソタ州で開始。ロシア連邦教育法	1992　月1日の学校週五日制を開始 　　　◇PKO協力法成立
1993　〔フィンランド〕IT分野への集中的財政投入の開始	1993　「山形マット死事件」 　　　◇コメ輸入の部分開放決定
1994　国際家族年。ローリング『ハリー・ポッターと賢者の石』。〔フィンランド〕教育改革の着手	1994　愛知県西尾市の中学生がいじめを苦に自殺
1995　◇国際社会開発サミット	1995　日教組，文部省との協調に路線転換 　　　◇阪神・淡路大震災。地下鉄サリン事件
1996　OECD教育大臣会議，「万人のための生涯学習の保障」を提唱	1996　ゲームボーイ用ソフト「ポケットモンスター」発売
	1997　神戸連続児童殺傷事件で中学3年生逮捕。 　　　◇優生保護法改正，母体保護法に。北海道拓殖銀行破綻。山一証券自主廃業
	1998　学校教育法施行規則一部改正により「総合的な学習の時間」が加わる。小・中学校学習指導要領告示 　　　◇長野冬季オリンピック開催
1999　主要国首脳会議（ケルン・サミット）で，「ケルン憲章―生涯学習の目的と希望―」を宣言	1999　広島県立高校長が「君が代」「日の丸」対立で自殺。高校学習指導要領告示。文部科学省設置法公布。「国旗及び国歌に関する法律」公布。東京都品川区教育委員会，公立小学校の学校選択の自由化を決定
2000　OECDによる第1回PISA調査。IEAの国際数学・理科教育動向調査。〔韓国〕英才教育振興法制定	2000　教育改革国民会議設置。少年法改正
2001　『世界がもし100人の村だったら』刊行 　　　◇アメリカ同時多発テロ	2001　「21世紀教育新生プラン」

外　国	日　本
2002 〔イギリス〕市民性教育を国家政策として推進。 〔アメリカ〕「落ちこぼれを作らないための初等中等教育法」	2002 文部科学省「確かな学力の向上のための2002アピール『学びのすすめ』」発表。完全学校週五日制開始 　　　◇日朝平壌宣言。「構造改革特区推進のためのプログラム」策定。構造改革特別区域法公布
2003 〔シンガポール〕義務教育制度の導入 　　　◇イラク戦争開始	2003 宮崎駿監督「千と千尋の神隠し」がアカデミー賞受賞。国立大学法人法公布。学習指導要領の一部改訂
2004 〔フランス〕全国共通の教育スタンダードの設定。 〔ロシア〕連邦教育科学省への再編	
2005 〔フランス〕フィヨン法	2005 ◇愛・地球博開催
	2006 教育再生会議設置。認定こども園制度発足。新教育基本法公布

図表一覧

外 国 編

図 1-1	マテオ・リッチと徐光啓	3
図 1-2	イタリアのサレルノ医学校	6
図 1-3	小さな大人	14
図 1-4	17世紀ヨーロッパのラテン語学校	21
図 1-5	成人男子識字力概算	24
図 1-6	スワドリング	26
図 2-1	ニューベリ『靴ふたつさんの物語』（1766年版）	34
図 2-2	オーエンの性格形成学院における授業	36
図 2-3	助教法学校	38
図 2-4	児童の補導	41
図 2-5	煙突少年	44
表 2-1	貴族階級の新生児のうち5歳までに死亡した子どもの数の割合	45
図 2-6	家族の団らん（19世紀）	48
図 2-7	家族のなかで子どもが意識された時期	55
図 2-8	捨児養育院（パリ）と「回転箱」（19世紀）	56
図 2-9	トゥルニケによる歩行訓練	58
図 2-10	温度計つきのガラス製哺乳瓶（1886年）	59
図 2-11	工場で働く子ども	65
図 2-12	放課後の子ども	67
図 2-13	大家族	69
図 2-14	娘学校	70
図 2-15	子ども同士で遊ぶ子ども	72
図 2-16	19世紀初期のディストリクト・スクール	78
図 2-17	移民のための学校	82
図 2-18	孤児列車	84
図 2-19	児童労働	87
図 2-20	強制同化されたネイティブ・アメリカン	92
図 2-21	トルストイと農奴の子どもたち	95
図 2-22	トルストイの教科書	95
図 2-23	孤児院（1910年）	98
図 2-24	学ぶ子ども	104
図 2-25	魯迅の書斎	106
図 2-26	現代中国の絵本	110
図 3-1	ベルリンの壁崩壊	115
図 3-2	子どもの描いたポーランドの収容所の絵	117
図 3-3	キリバスの子どもたち	121
図 3-4	フレネ学校での印刷機を使った学習	123
図 3-5	国家と教育（1932年）	127
表 3-1	高等教育への進学率	131
表 3-2	地域別の非識字者（1990年時点）	133

表 3-3	非識字者が 50% を越える国（2004 年時点）	133
表 3-4	就労する女性の比率（先進国 5 カ国）	136
表 3-5	離婚率の推移（欧米 3 カ国と日本を例に）	136
表 3-6	「発展途上国」の生活指標（9 カ国を例に）	138
表 3-7	PISA 調査によるランキング	142-143
図 3-6	『世界がもし 100 人の村だったら』	148

日 本 編

図 1-1	子をとろ子とろ	153
図 1-2	寺子屋の図	160
図 1-3	1877 年頃の授業の様子	167
図 1-4	翻訳教科書とその原本	170
図 1-5	現代日本	177
図 1-6	『世界国尽―亜細亜州』の最初の頁	180
図 2-1	明治憲法下における統治機構	184
図 2-2	憲法発布式の図	185
図 2-3	製糸工場で働く女工（明治末期）	189
図 2-4	教育勅語	196
表 2-1	読書科	199
図 2-5	池袋児童の村小学校の運動会（1934 年）	201
表 2-2	14 歳未満の工場別職工数と比率	205
表 2-3	死因別死亡者年齢	207
図 2-6	戦争ごっこをする日本の学童たち（写生画）	208
図 2-7	出生率・死亡率の推移	210
図 2-8	飢饉に襲われた岩手県青笹村小水門部落の子どもたち	214
図 2-9	防空壕掘り	216
表 2-4	勤労動員・学童疎開関係年表	222
図 3-1	小学校を視察する米国教育使節団（第一次）	227
図 3-2	高校生も男女共学	232
図 3-3	青空教室	237
図 3-4	模擬議会	242
図 3-5	外国人女性の靴を磨く原爆孤児	246
表 3-1	浮浪児の出身地	246
図 3-6	苦い虫下しを飲む	248
図 3-7	布製のグローブ	250
図 4-1	ひばりが丘中学校の生徒集会の様子（1963 年 6 月 27 日）	260
表 4-1	高校進学率の上昇と全入全協および文部省の推計	261
図 4-2	高校増設，すしづめ学級解消を求める東京の母親たち（1961 年）	262
図 4-3	夕食とテレビ	265
図 4-4	小学校入学試験の特訓（1978 年）	268
図 4-5	非行や校内暴力をなくす生徒会活動（1983 年）	269
図 4-6	出生数および合計特殊出生率の推移	274
図 4-7	「孤食」の様子を描いた子どもの絵（K 君の夕食）	277
図 4-8	ぐんま国際アカデミー（群馬県太田市）	285
図 4-9	グローバル化する教室の風景（静岡県浜松市立遠州浜小学校）	288

人名索引

ア 行

アーノルド（Arnold, Thomas, 1795-1842） 39
赤井米吉（1887-1974） 201
阿久悠（1937-2007） 251
飛鳥井雅道（1934-2000） 175
アダムズ（Addams, Jane, 1860-1935） 86
安倍能成（1883-1966） 229
アボット（Abbott, Jacob, 1803-1879） 79
天野貞祐（1884-1980） 243
荒畑寒村（1887-1981） 211
アリエス（Ariès, Philippe, 1914-1984） 26-27, 58
有賀鐵太郎（1899-1977） 231
アンネ（Frank, Anne, 1929-1945） 118
石川達三（1905-1985） 258
石坂洋次郎（1900-1986） 251
石原慎太郎（1932-） 252-253
イタール（Itard, Jean M. G., 1774-1838） 50
伊藤博文（1841-1909） 171, 183-185
伊東巳代治（1857-1934） 183
井上毅（1843-1895） 183, 194-195
イリッチ（Illich, Ivan, 1926-2002） 126
岩倉具視（1825-1883） 169, 183
巌谷小波（1870-1933） 211
ヴィーヴェス（Vives, Juan L., 1492-1540） 17
ウィクリフ（Wycliffe, John, 1320頃-1384） 10
ウェーバー（Weber, Max, 1864-1920） 11
植木枝盛（1857-1892） 176
ヴェルジェーリオ（Vergerio, Pier P., 1370-1444） 7, 17
内田正雄（1838-1876） 165
エラスムス（Erasmus, Desiderius, 1465-1536） 21
エリオット（Elyot, Sir Thomas, 1490頃-1546） 17
エンゲルス（Engels, Friedrich, 1820-1895） 32
及川平治（1875-1939） 200
オーエン（Owen, Robert, 1771-1858） 36-37
大久保利謙（1900-1995） 175
大久保利通（1830-1878） 155, 169, 183
大宅壮一（1900-1970） 252
緒方洪庵（1810-1863） 156
尾崎紅葉（1867-1903） 211
小川未明（1882-1961） 213
小木新造（1924-2007） 176
押川春浪（1876-1914） 213
小田実（1932-2007） 253
小幡甚三郎（1845-1873） 165
小幡篤次郎（1842-1905） 178

カ 行

海後宗臣（1901-1987） 258
貝原益軒（1630-1714） 153
勝田守一（1908-1969） 258
カッツ（Katz, Michael B., 1939-） 77
加藤弘之（1836-1916） 174, 176
金子堅太郎（1853-1942） 183
カバリー（Cubberley, Ellwood P., 1868-1941） 18
カルヴィン（Calvin, Jean, 1509-1564） 9, 11
カンパネラ（Campanella, Tommaso, 1568-1639） 17
キケロ（Cicero, Marcus T., 前106-前43） 7
ギゾー（Guizot, François P. G., 1787-1874） 174
木戸孝允（1833-1877） 176, 183
木下竹次（1872-1946） 200
キャロル（Carroll, Lewis, 1832-1898） 34
キルパトリック（Kilpatrick, William H., 1871-1965） 241
グナイスト（Gneist, Rudolf von, 1816-1895）

人名索引　309

クルプスカヤ（Krupskaya, Nadezhda K., 1869-1939）　94, 97, 101　183
ケイ（Key, Ellen, 1849-1926）　116
ケリー（Kelley, Florence, 1859-1932）　86, 88
河野敏鎌（1844-1895）　171
ゴーリキー（Gor'kii, Maksim, 1868-1936）　100
国分一太郎（1911-1985）　216
近衛文麿（1891-1945）　222
コメニウス（Comenius, Johann A., 1592-1670）　18
コレット（Colette, Sidonie-Gabrielle, 1873-1954）　11
コンドルセ（Condorcet, Marie J. A. N. de C., 1743-1794）　28

　　　　　サ 行

西郷隆盛（1827-1877）　155
堺利彦（1870-1933）　168
寒川道夫（1910-1977）　258
佐久間象山（1811-1864）　172
桜井祐男（1890-1952）　201
佐沢太郎（1838-1896）　165
沢柳政太郎（1865-1927）　200
サンガー（Sanger, Margaret H., 1879-1966）　124
サン・シモン（Saint-Simon, Claude Henri de R., 1760-1825）　50
三条実美（1837-1891）　183
シェルドン（Sheldon, Edward. A., 1823-1897）　80
志垣寛（1889-1965）　201
島田啓三（1900-1973）　218
シュタイナー（Steiner, Rudolf, 1861-1925）　128
シュタイン（Stein, Lorenz, 1815-1890）　183
スコット（Scott, Marion M., 1843-1922）　168
鈴木三重吉（1882-1936）　201, 213
ストーン（Stone, Lawrence, 1919-1999）　23-25
ストッダード（Stoddard, G. D., 1887-1981）　227-228
スペンサー（Spencer, Herbert, 1820-1903）　174

スマイルズ（Smiles, Samuel, 1812-1904）　175
スレイター（Slater, Samuel, 1768-1835）　75
セガン（Seguin, E. O., 1812-1880）　50-52
ゼムラー（Semler, C. A., 1669-1740）　19

　　　　　タ 行

ダーウィン（Darwin, Charles R., 1809-1882）　174
田河水泡（1899-1989）　218
田口卯吉（1855-1905）　176
武井武雄（1894-1983）　218
田中不二麻呂（1845-1909）　170
谷本富（1866-1946）　200
陳独秀（Chén Dú-xiù, 1880-1942）　105
ツィラー（Ziller, Tuiskon, 1817-1882）　198
津田梅子（1864-1929）　169
津田真道（1829-1903）　174-175
坪内逍遙（1859-1935）　176-177
ディースターヴェーク（Diesterweg, Friedrich A, 1790-1866）　67-68
ティックナ（Ticknor, George, 1791-1871）　35
手塚治虫（1928-1989）　265
手塚岸衛（1880-1936）　200
デューイ（Dewey, John, 1859-1952）　80-81, 107, 123, 241
デュリュイ（Duruy, Victor, 1811-1894）　60
デュルケーム（Durkheim, Émile, 1858-1917）　52
陶行知（Táo Xíng-zhī, 1891-1946）　107
トクヴィル（Tocqueville, Alexis C. H. M. C., 1805-1859）　76
徳富蘇峰（1863-1957）　176, 210
ドモラン（Demolins, Joseph E., 1852-1907）　52, 122
土門拳（1909-1990）　248
トルストイ（Tolstoi, Lev, 1828-1910）　93-94, 99

　　　　　ナ 行

仲新（1912-1985）　178
永井秀夫（1925-2005）　178
中江兆民（1847-1901）　176, 185
中江藤樹（1608-1648）　153

中村正直（まさなお）(1832-1891) 174-175
南原繁 (1889-1974) 228
ニイル (Neill, Alexander S., 1883-1973) 128
西周（あまね）(1829-1897) 174
西村伊作 (1884-1963) 201
西村茂樹 (1828-1902) 174-175
ニューベリ (Newbery, John, 1713-1767) 33
野口援太郎 (1868-1941) 201

ハ 行

パーカー (Parker, Francis W., 1837-1902) 80
パーカースト (Parkhurst, H., 1887-1973) 201
ハウスクネヒト (Hausknecht, Emil, 1853-1927) 198
バグリー (Bagley, William C., 1874-1946) 241
バックル (Buckle, Henry T., 1821-1862) 174
羽仁もと子（はに）(1873-1957) 201
馬場辰猪（たつい）(1850-1888) 176
樋口勘次郎 (1871-1917) 200
ビネー (Binet, Alfred, 1857-1911) 52
広瀬淡窓 (1782-1856) 156
フーリエ (Fourier, François, M. Ch., 1772-1837) 50
福沢諭吉 (1835-1901) 164-166, 174-175, 178
藤沢衛彦（もりひこ）(1885-1967) 173, 177
フス (Hus, Jan, 1370頃-1415) 10
フビライ汗 (Khubilai Khan, 1260-1294) 2
ブライユ (Braille, Louis, 1809-1852) 51
プラトン (Platon, 前428-前348) 7-8
フランケ (Francke, August H., 1663-1727) 19
ブリス (Bliss, Daniel, 1823-1916) 83
フルトン (Fulton, Robert, 1765-1815) 75
ブレイス (Brace, Charles L., 1826-1890) 84
フレイレ (Freyre, Gilberto, 1900-1987) 126
フレーベル (Fröbel, Friedrich, 1782-1852) 67-68, 80
フレネ (Freinet, C., 1896-1966) 52, 123
ベーコン (Bacon, François, 1561-1626) 18
ペスタロッチ (Pestalozzi, Johann H., 1746-1827) 19, 79-80, 122, 198
ペティ (Petty, William, 1623-1687) 19
ペトラルカ (Petrarca, Francesco, 1304-1374) 7
ベル (Bell, Andrew, 1753-1832) 38
ヘルバルト (Herbart, Johann F., 1776-1841) 19, 198
ベンサム (Bentham, Jeremy, 1748-1832) 174
ボールズ (Bowles, Samuel, 1826-1878) 77
堀田（三浦）綾子 (1922-1999) 225

マ 行

マカレンコ (Makarenko, Anton S., 1888-1939) 100
マクファーレン (Macfarlane, Alan, 1941-) 12
マッカーサー (MacArthur, Douglas, 1880-1964) 227-228
マホメット (Mahomet, 571頃-632) 4
マルカスター (Mulcaster, Richard, 1530-1611) 18
マルコ・ポーロ (Marco Polo, 1254-1324) 2-3, 6, 9
マン (Mann, Horace, 1796-1859) 77, 80
ミード (Mead, Margaret, 1901-1978) 124
箕作麟祥（みつくりりんしょう）(1846-1897) 165, 174
ミル (Mill, John S., 1806-1873) 174
三輪弘忠 (1856-1927) 211
無着成恭（むちゃくせいきょう）(1927-) 258
メランヒトン (Melanchthon, Philipp, 1497-1560) 10
モア (More, Thomas, 1478-1535) 17
毛沢東 (Máo Zé-dōng, 1893-1976) 108-109
元田永孚（ながざね）(1818-1891) 171, 195
森有礼（ありのり）(1847-1889) 174, 192
モリソン (Morrison, Henry C., 1871-1945) 241
モンテーニュ (Montaigne, Michel E. de, 1533-1592) 17
モンテスキュー (Montesquieu, Charles L. de S., 1689-1755) 174
モンテッソーリ (Montessori, Maria, 1870-1952) 123
モンロー (Monroe, Paul, 1869-1948) 107

ヤ 行

山県有朋（やまがたありとも）(1838-1922) 194
山県悌三郎 (1858-1940) 210
山下徳治（とくじ）(1892-1965) 217
山本鼎（かなえ）(1882-1946) 201
山本滝之助 (1873-1931) 209
ユジャコフ (Yuzhakov, Sergei, 1849-1910) 99
芳川顕正（あきまさ）(1841-1920) 194, 196
吉田惟孝（これたか）(1879-?) 202
吉田松陰 (1830-1859) 156
吉野作造 (1878-1933) 175, 191
与田凖一 (1905-1997) 218

ラ 行

ライン (Rein, Wilhelm, 1847-1929) 198
ラヴェット (Lovett, William, 1800-1877) 35, 37
ラスキン (Ruskin, John, 1819-1900) 37
ラトケ (Ratke, Wolfgang, 1571-1635) 18-19
ラブレー (Rabelais, François, 1494頃-1553) 17
ランカスター (Lancaster, Joseph, 1778-1838) 38
リーツ (Lietz, Hermann, 1868-1919) 123
リッチ (Ricci, Matteo,（利瑪竇りまとう）1552-1610) 3, 17
梁啓超 (Liáng Qǐ-chāo, 1873-1929) 105
ルイ13世 (Louis XIII, 1601-1643) 13
ルソー (Rousseau, Jean-Jacques, 1712-1778) 19, 33, 122, 174
ルター (Luther, Martin, 1483-1546) 9-11, 17, 28, 79
レーニン (Lenin, Vladimir I., 1870-1924) 94, 97-99
レディ (Reddie, Cecil, 1858-1932) 123
魯迅 (Lǔ-xùn, 1881-1936) 105
ロック (Locke, John, 1632-1704) 19, 33, 35, 79

事項索引

ア行

IEA（国際教育到達度評価学会） 145, 280
アウシュビッツ 118
『青い山脈』 251-252
『赤い鳥』 201, 213
アカデミー 7-8
芦屋（御影）児童の村小学校 201
『アンデルセン童話集』 34, 111
『アンネの日記』 117
池袋児童の村小学校 201
いじめ 268, 277
『イソップ童話』 111
1年志願兵資格 73
インベーダーゲーム 266
ウォークマン 275
乳母養育 26, 35, 45
「ウルトラマン」 265
英才教育振興法 145
エイズ孤児 137
『エミール』 48
煙突少年 43-44
「黄金バット」 219, 265
欧州高等教育圏 141
往来物 159
オープン・スクール 127-128
おかみさん学校 38, 44
お仲間 155
「おばけのQ太郎」 265
お屋敷奉公 160-161
『和蘭学制』 165
オルタナティブ・スクール 127-128, 141-142
『女大学』 159

カ行

カイルハウ学園 67
科挙試験 14-15
科挙制度 3, 17
核家族 263-264
――化 135, 263-264
学習指導要領 236-237, 239-241, 243-244, 254, 267-268, 270, 278-281, 284, 286
「学制」 164-170, 172, 174, 178, 193
学童疎開 221, 248, 253
学徒出陣 221-222
『学問のすゝめ』 166, 174
学歴病 119, 121
学校化（scolarisation） 60
学校給食 37, 247-248
学校教育法 229, 231, 233, 256
学校系統改革令 106
学校焼討ち 170
家庭の教育力 264
カテキズム（教義問答，教義問答書） 23, 38, 42, 64, 66
「仮面ライダー」 265-266
『ガリバー旅行記』 111
川口プラン 242
咸宜園 156
キー・コンピテンシー 143
『きけわだつみのこえ』 222
義校 164
騎士教育 5, 9, 13
「期待される人間像」 256
希望工程 112
義務教育法 89
ギムナジウム 70, 72-73
宮廷学校 9
『窮理図解』 178
『窮理問答』 179
教育改革国民会議 290
教育改革法 140
教育課程審議会 269-270
教育議 171
教育基本法 229-232, 289-292
教育刷新委員会 229
教育審議会 217
『教育に関する考察』 35
「教育ニ関スル勅語」（教育勅語） 183, 185, 192, 194-198, 218, 231
教学聖旨 171
『狂人日記』 106

強制バス通学制度　127
教諭所　157
キンダーガルテン　67
勤務評定　254, 259
勤労動員　221, 253
『グリム童話集』　34
慶応義塾　174
芸術教育運動　201, 213
啓蒙　99, 163, 166, 174-176, 178
　──思想　79, 105
　──主義　22, 33
　──書　165, 168, 174, 179
ゲーム＆ウオッチ　266
『月刊子供マンガ』　249
元服　153, 155
硯友社　211
郷校　155, 157, 167
高校三原則　234
高校全入運動　261
興譲館　155
工場法　32, 36-37, 42, 44, 64, 86, 96-97, 204-205
郷村教育運動　107
郷中　152, 155
高等学校令　194, 199
弘道館　155
高等女学校　194, 201-202, 232
高等専門学校　256
高等中学校　192
校内暴力　268, 277
ゴータ学校令　29
『こがね丸』　211
国際教科書対話　128
国際識字年　125, 132
国民学校　217, 220, 224-225, 228, 235-236
『国民教育論』　101
『国民新聞』　176
『国民之友』　176, 210-211
孤食　276
孤児列車　85
御真影　196-197, 218, 231
国公立大学共通一次試験　268
子供組　157
子供仲間　155, 157
子どもの権利に関する条約　125, 292
『子供マンガ新聞』　249
子供連中　157
コモン・スクール　88

──運動（公立学校運動）　77
コレージュ　28, 60

サ　行

『西国立志編』　175, 179
サマーヒル・スクール　128
産児制限　47, 54, 124, 219
三大発明　4, 9
「3年B組金八先生」　269
CI＆E（民間情報教育局）　226-227, 231, 236, 238, 241
識字　132
　──運動　126
　──率　116, 119, 121, 148
　──力　16, 24-25
試験管ベビー　124
私塾　15, 156, 167, 177, 181
四書・五経　155
閑谷学校　157
市町村義務教育費国庫負担法　199
実業学校　194, 232
　──令　194
実業補習学校　209, 218
　──規程　194, 209
『実語教』　159
児童虐待　101, 116, 275
児童中心主義　80-81, 94, 107, 122
児童の権利宣言　125
児童の世紀　116
児童福祉法　233
師範学校　166, 168, 173, 179, 192, 194, 200-201, 234, 252
市民性（シティズンシップ）　89, 148-149
　──教育　149
「ジャングル大帝」　249
自由ヴァルドルフ学校　128
自由学園　201
『週刊少年サンデー』　249
『週刊少年マガジン』　249
自由七科　5
修道院学校　5
受験競争　266-269, 287
書院　15
生涯学習　144, 277, 291
生涯教育　126
松下村塾　156
小学校令　192-193

小皇帝　111, 113
『少女界』　213
『少年園』　210
『少年界』　213
『少年倶楽部』　218
『少年世界』　211-212
「少年探偵団」　265
『少年之玉』　211
少年兵士　148
『商売往来』　159
助教法学校　38, 40
女子英学塾　169
ジョスパン法　145
女中奉公　161, 206
初等教育法　32, 40
初等国民学校規定　94
『人権新説』　176
新興教育運動　215, 217
新興教育研究所　217
『新社会観』　36
「新日本建設ノ教育方針」　225
スコラ哲学　5, 20
捨児養育院　54, 56
ストリート・チルドレン　148
スプートニクショック　102
スワドリング　26, 35, 44
性格形成学院　36
生活単元学習　241
生活綴方運動　215-217, 258
成城小学校　200-201
聖書主義　10-11, 23
精神白紙説　19
青年学校　218-219, 228, 235-236
青年訓練所　200, 218
　　──令　199
青年団　209
『西洋学校軌範』　165
『西洋事情』　165, 174, 179
政令改正諮問委員会　256
　　──答申　258
『世界がもし100人の村だったら』　147
『世界国尽』　178-179
『世界風俗往来』　179
『瀬戸内少年野球団』　251
全国一せい学力テスト　255, 259
戦災孤児　245
専門学校令　194

僧院学校　13, 16, 20
造士館　155

タ 行

第1次小学校令　193
大学規則　163
大学入学資格（Abitur, アビトア）　73, 131
大学令　199
第3次小学校令　193
第2次小学校令　192-193
太陽族　252
代理母裁判　124
脱学校論　126
多文化教育　134-135
「地方教育行政の組織及び運営に関する法律」
　（地方教育行政法）　258-259
地域社会の教育力　264
小さな大人　13, 33, 153
知識基盤社会　142
知能テスト　52
チャーター・スクール　127, 140
チャーチスト運動　32, 37
中央教育審議会　256, 278-280, 290-291
　　──答申　256-257, 278, 290-291
中華人民共和国義務教育法　111
中学校令　192, 194
中小学規則　163
中等学校令　232, 234
『綴方生活』　215
帝国大学　192, 194-195, 198-199
TIMSS 調査　145-146
適塾　156
丁稚奉公　205
「鉄腕アトム」　265
寺子屋　153, 157, 159, 167-168, 170
田園教育舎　123
『天変地異』　178
『童子教』　159
童心主義　213
『当世書生気質』　176
『童蒙教草』　179
都市学校　7, 16
徒弟奉公　74, 159, 205
ドルトン・プラン　201-202

ナ 行

『にあんちゃん』　248-249

日曜学校 38, 40, 44
日新館 155
『日本開化小史』 176
日本側教育家委員会 228-229, 231
日本教育労働者組合 217
日本教職員組合（日教組） 244, 257-259, 261
「日本の成長と教育」 255
『人間の壁』 258
認定こども園 233
任命制教育委員会 254, 259
能力主義 126, 255-256, 267
延岡学校 157
「のらくろ」 218

ハ 行

ハイタレント・マンパワー 255
バウチャー制度 127, 140, 286-287
バカロレア 128, 131
『働くロロ―勤勉になる道―』 79, 83
八大教育主張講演会 200
番組小学校 164
藩校 153, 155-156, 167
『万国史略』 174
バンツー教育法 120
万人司祭主義 10-11, 23
PISA調査（生徒の学習到達達成調査） 143, 145
非識字 65-66, 88, 102, 132-133
――率 66, 82, 94, 132-133
一人っ子政策 111, 113, 146
ファミリー・コンピューター 266
フィヨン法 145
府県施政順序 164
『ふしぎの国のアリス』 34
プチテコール 28
不登校 268, 277, 284-286
『仏国学制』 165
フランス勤工倹学運動 106
文化学院 201
文化大革命（文革） 109-110
文政審議会 199
文法学校 5, 8, 13
米国対日教育使節団（使節団） 226-229, 231
――報告書 228-229, 231, 243
ヘッドスタート法 127
保育所保育指針 233
保育要領 233

奉安殿 197
『冒険王』 249
「冒険ダン吉」 218
ホーム・スクール 127
戊申詔書 190
『北方教育』 215
北方性綴方運動 215
本山学校 5

マ 行

『漫画少年』 249
満蒙開拓青少年義勇軍 220
明星学園 201
民営公助学校についての公開書簡 108
『民訳約解』 176
娘組 153, 158, 209
娘連中 158
明倫堂 155
『明六雑誌』 174-175
明六社 174-178
メディアリテラシー 283
裳着 153
モニトリアルシステム 38
問題解決学習 241

ヤ 行

『野球少年』 249
『山芋』 258
『山びこ学校』 258
ユネスコ 125-126, 132
幼児班 110
幼稚園教育要領 233
『幼年世界』 212
幼保一元化 233
四大教育指令 226

ラ・ワ行

ランジュヴァン・ワロン改革 52
陸軍現役将校学校配属令 199
良妻賢母 45, 169
臨時教育会議 199
臨時教育審議会（臨教審） 270, 277-278, 280-282, 286
ロシア連邦教育法 141
若者組 152-153, 157-158, 181, 209
若連中 157, 181

執筆者紹介 （執筆順）

江藤恭二　監修者，奥付参照。まえがき

外国編

津田純子　新潟大学名誉教授。1-1, 1-2
久保田圭司　岐阜工業高等専門学校教授。1-3
加藤詔士　編者，奥付参照。2-1
佐藤実芳　愛知淑徳大学教授。2-1
佐藤伸一　元金城学院大学教授。2-2
向井一夫　椙山女学園大学教授。2-2
勝山吉章　福岡大学教授。2-3
寺澤幸恭　岐阜聖徳学園大学名誉教授。2-3
竹市良成　元愛知学院大学教授。2-4
鈴木清稔　大阪経済法科大学教授。2-4
児嶋文寿　愛知工業大学名誉教授。2-5
肖　朗　浙江大学教育学系教授。2-6
王　鳴　浙江大学外国語系副教授。2-6
渡辺かよ子　愛知淑徳大学教授。3-1, 3-2
小口功　近畿大学教授。3-3
五島敦子　南山大学教授。3-4
藤井基貴　静岡大学准教授。3-4, Column①
伊藤昭道　元愛知淑徳大学准教授。Column②，③
青山佳代　愛知江南短期大学教授。Column④，⑥

日本編

竹内明　佛教大学名誉教授。1-1
中井良宏　松阪大学名誉教授。1-2
高木靖文　元名古屋大学教授。1-3
梅村佳代　奈良教育大学名誉教授。2-1
志村廣明　中部大学教授。2-2
吉川卓治　編者，奥付参照。2-3, 4-3
高木雅史　中央大学教授。2-4
中村治人　元岡崎女子短期大学准教授。2-4, 4-2
井上知則　元愛知学院大学教授。3-1
浅見恒行　元愛知学院大学短期大学部教授。3-2
羽場俊秀　元愛知学泉大学教授。3-3
堀浩太郎　熊本大学名誉教授。4-1
粂幸男　名古屋市立大学名誉教授。4-2
曽野洋　四天王寺大学教授。4-2
内田純一　愛知県立大学教授。4-2, 4-3
松尾由希子　静岡大学准教授。Column⑤，⑦，⑧，⑨
竹内通夫　金城学院大学名誉教授。Column⑩
篠田弘　編者，奥付参照。あとがき

《監修・編者紹介》

江藤恭二　元名古屋大学教授

篠田　弘　名古屋大学名誉教授
鈴木正幸　神戸大学名誉教授
加藤詔士　名古屋大学名誉教授
吉川卓治　名古屋大学大学院教授

新版 子どもの教育の歴史

2008 年 3 月 31 日　初版第 1 刷発行
2020 年 3 月 31 日　初版第 3 刷発行

定価はカバーに
表示しています

監修者	江 藤 恭 二
編 者	篠 田 　 弘
	鈴 木 正 幸
	加 藤 詔 士
	吉 川 卓 治
発行者	金 山 弥 平

発行所　一般財団法人　名古屋大学出版会
〒464-0814　名古屋市千種区不老町1 名古屋大学構内
電話(052)781-5027／FAX(052)781-0697

ⓒ Kyoji Eto et al., 2008　　　　　　Printed in Japan
印刷・製本 亜細亜印刷㈱　　　ISBN978-4-8158-0586-9
乱丁・落丁はお取替えいたします。

JCOPY〈出版者著作権管理機構 委託出版物〉
本書の全部または一部を無断で複製（コピーを含む）することは，著作権法上での例外を除き，禁じられています．本書からの複製を希望される場合は，そのつど事前に出版者著作権管理機構 (Tel：03-5244-5088, FAX：03-5244-5089, e-mail：info@jcopy.or.jp) の許諾を受けてください．

吉川卓治著
公立大学の誕生
―近代日本の大学と地域―
A5・408 頁
本体 7,600 円

早川操／伊藤彰浩編
教育と学びの原理
―変動する社会と向き合うために―
A5・256 頁
本体 2,700 円

速水敏彦編
教育と学びの心理学
―基礎力のある教師になるために―
A5・330 頁
本体 2,800 円

広田照幸編
歴史としての日教組（上）
―結成と模索―
A5・336 頁
本体 3,800 円

広田照幸編
歴史としての日教組（下）
―混迷と和解―
A5・326 頁
本体 3,800 円

橋本伸也著
帝国・身分・学校
―帝制期ロシアにおける教育の社会文化史―
A5・528 頁
本体 9,000 円

近藤孝弘著
政治教育の模索
―オーストリアの経験から―
A5・232 頁
本体 4,100 円

広田照幸／古賀正義／伊藤茂樹編
現代日本の少年院教育
―質的調査を通して―
A5・396 頁
本体 5,600 円

天野郁夫著
新制大学の時代
―日本的高等教育像の模索―
A5・558 頁
本体 4,500 円

広田照幸著
大学論を組み替える
―新たな議論のために―
四六・320 頁
本体 2,700 円